दिनकर : अर्धनारीश्वर कवि

[आलोचना]

दिनकर : अर्धनारीश्वर कवि

नंदकिशोर नवल

राजकमल प्रकाशन

ISBN : 978-81-267-2485-7

मूल्य : ₹695

पहला संस्करण : 2013
पहली आवृत्ति : 2023

प्रकाशक : राजकमल प्रकाशन प्रा. लि.
1-बी, नेताजी सुभाष मार्ग, दरियागंज
नई दिल्ली-110 002

शाखाएँ : अशोक राजपथ, साइंस कॉलेज के सामने, पटना-800 006
पहली मंजिल, दरबारी बिल्डिंग, महात्मा गांधी मार्ग, प्रयागराज-211 001

वेबसाइट : www.rajkamalprakashan.com
ई-मेल : info@rajkamalprakashan.com

मुद्रक : बी.के. ऑफसेट
नवीन शाहदरा, दिल्ली-110 032

DINKAR : ARDHNARISHWAR KAVI
Alochana by Nandkishore Nawal

प्यारी बिटिया पूर्वा और बहूरानी सुनीता को

निवेदन

दिनकरजी की कविता पर पूरी पुस्तक लिखने का मेरा कतई इरादा न था। कारण यह था कि दिनकर रचनावली के आरंभिक पाँचों काव्य-खंडों का संपादन करके मैंने सोचा था कि मेरे ऊपर जो उनका साहित्यिक ऋण है, उसका शोध मैंने कर दिया। लेकिन 'आधुनिक हिंदी कविता का इतिहास' लिखने के क्रम में जब मैं उनके काव्य से फिर गुजरा, तो महसूस किया कि जैसे मैंने आधुनिक हिंदी कविता के प्रत्येक दौर के सर्वश्रेष्ठ कवि पर स्वतंत्र पुस्तक लिखी है, यथा मैथिलीशरण, निराला और मुक्तिबोध पर, वैसे ही मुझे अपने दौर के सर्वश्रेष्ठ कवि दिनकरजी की कविता पर भी एक मुकम्मल पुस्तक लिखनी चाहिए। लेकिन यह खयाल अभी खयाल ही था कि एक दिन इसने अचानक संकल्प का रूप ले लिया। दिनकर-काव्य मेरा जाना- समझा था, फिर भी मैंने उनकी रचनावली के पाँचों काव्य-खंड निकाले और उन्हें उलट-पुलट कर पुस्तक की पूरी रूपरेखा बना डाली। सोचा कि लेखों के लिखने के क्रम में ही कविताओं और उनसे संबद्ध संदर्भ-ग्रंथों को ध्यानपूर्वक पढ़ूँगा और नोट्स लेकर लिखाना शुरू कर दूँगा। इसी पद्धति से चलकर यह पूरी पुस्तक लिखी या लिखाई गई है।

मेरे गुरुदेव प्रो. नलिनविलोचन शर्मा सूत्र-शैली में आलोचना लिखा करते थे, जिससे बहुत प्रबुद्ध पाठक ही उनके संकेतों को ग्रहण कर पाते थे। इस कारण मैंने अपने छात्र-जीवन में ही यह निश्चय कर लिया था कि मैं सूत्र-शैली में आलोचना नहीं लिखूँगा, जिससे कि वह केवल विशिष्ट लोगों की चीज बनकर न रह जाए। मेरे सामने श्रद्धेय डा. नामवर सिंह की आलोचना भी थी, जिसमें न अनावश्यक संकुचन है, न अनावश्यक विस्तार। लेकिन यह उनके व्यक्तित्व की विशेषता है, जिससे उसका अनुकरण नहीं किया जा सकता। लिहाजा मैं जब लिखने लगा, तो अपने लेखन को स्वतंत्र रूप से अपनी गति और दिशा में बढ़ने दिया। मैंने इसकी चिंता छोड़ दी कि इससे मुझे पाठकों का प्यार मिलेगा या वे मुझे ठुकरा देंगे। आज मुझे यह देखकर आश्चर्य-मिश्रित प्रसन्नता होती है कि पाठकों ने मुझे अपनाकर थोड़ा या बहुत प्यार ही दिया है।

दिनकरजी की कविता विश्लेषण का विशेष अवसर नहीं देती। उन्होंने स्वयं

लिखा है कि अच्छी कविता आलोचना के लिए एक चुनौती होती है। और वह कविता यदि प्रांजल और बोधगम्य हुई, तो स्वभावतः कठिनाई बढ़ जाती है। कहने की आवश्यकता नहीं कि स्वयं दिनकरजी इस दृष्टि से आदर्श कवि हैं। उनमें बीच-बीच में संस्कृत के अप्रचलित शब्द मिलते हैं, पर उनका अर्थ जान लेने पर अभिव्यक्ति भी स्पष्ट हो जाती है और उस शब्द के प्रयोग का सौंदर्य भी प्रकट हो जाता है। स्वभावतः मैंने विश्लेषण की जगह ज्यादातर संकेतों से काम लिया है, जिससे सिर्फ कविता का संदर्भ स्पष्ट हो जाए और उसके रस-ग्रहण में कोई बाधा न पड़े। इस पुस्तक के अंत में 'उर्वशी' पर जो लेख दिया गया है, वह दस-बारह वर्ष पहले का लिखा हुआ है, सो उसका स्वर किंचित् भिन्न है। कारण यह कि यह दिनकरजी की सर्वाधिक महत् और साथ ही सर्वाधिक विवादास्पद कविता भी है। इसमें व्यक्त की गई दिनकर-संबंधी मेरी धारणाओं की पहले दिए गए लेखों में यत्र-तत्र आवृत्ति भी हुई है, जिसके लिए मैं पाठकों से क्षमाप्रार्थी हूँ।

इस पुस्तक को प्रकाशित देखकर सबसे अधिक प्रसन्नता दिनकरजी के कनिष्ठ पुत्र केदार बाबू को होगी। उन्हें इस बात से खुशी होगी कि इस पुस्तक के अंतिम अंश, उन्होंने मेरे जन्मदिन पर मुझे जो दो कलमें भेंट की थीं, उन्हीं में से एक से लिखे गए हैं। इसका प्रूफ भी लाल स्याहीवाली दूसरी कलम से ही देखा गया है। उनकी प्रसन्नता का मेरे लिए बहुत मूल्य है। दिनकरजी पर पूरी पुस्तक लिखी जाने की सूचना पाकर उन्होंने जो हर्ष प्रकट किया था, उससे मुझे बहुत बल मिला। स्वभावतः वे मेरे हार्दिक धन्यवाद के पात्र हैं। डा. तरुण कुमार मेरे एकमात्र ऐसे मित्र हैं, जो मेरी साहित्यिक समझ-बूझ में भागीदारी करते हैं और मुझे हमेशा उपयुक्त सुझाव देते हैं। डा. योगेश ने इस पुस्तक के लेखन में भी मेरी अनेक प्रकार से सहायता की है। इसका 'डिक्टेशन' मेरे पुराने शोध-छात्र डा. पं. विनयकुमार ने लिया है और उनकी अनुपस्थिति में वह काम मेरी सहधर्मिणी श्रीमती रागिनी शर्मा ने किया है। तरुणजी, योगेश और विनयजी का मैं चिर आभारी हूँ और अपनी सहधर्मिणी के प्रति चिर कृतज्ञ। मनोज कुमार झा (हाजीपुर) ने पुस्तक को मुद्रण-योग्य बनाया है। उनके अतिरिक्त संजय शांडिल्य और राकेश रंजन के साहाय्य के बिना मेरा कोई साहित्यिक आयोजन पूरा नहीं होता। वे भी मेरे लिए धन्यवादार्ह हैं।

आशा है, यह पुस्तक दिनकर-काव्य के प्रेमियों को पसंद आएगी और शायद यह उसके कुछ नए प्रेमी बनाने में भी सफल हो।

नंदकिशोर नवल

301, राजप्रिया अपार्टमेंट
बुद्धा कॉलोनी, पटना-800 001
26 सितंबर, 2012

अनुक्रम

नारियाँ बिलखने लगीं, बाँसुरी के भीतर
जादू था, कोई अदा बड़ी मतवाली थी,
गर्जन में भी थी नमी, आग से भरे हुए
गीतों में भी कुछ चीज रुलानेवाली थी।

चिंतन में डूबा हुआ, सरल, भोला-भाला
बालक था, कोई पुरुष दिव्य अवतारी था।
तुम तो कहते हो मर्द, मगर मन के भीतर
यह कलावंत हमसे भी बढ़कर नारी था।

('कवि मृत्यु')

मोहिनी, यह कैसा आह्वान ?

रवींद्रनाथ ने भारत-भूमि को 'भुवन-मन-मोहिनी' कहा है। दिनकरजी उसे केवल 'मोहिनी' कहते हैं। दोनों उक्तियों में फर्क यह है कि रवींद्रनाथ का ध्यान जहाँ विश्व के लिए भारत का महत्त्व बतलाने पर है, वहाँ दिनकरजी उसके साथ गहन आत्मीयता का संकेत देते हैं। यह आत्मीयता उनके संपूर्ण राष्ट्रीय काव्य में है, वह स्वतंत्रता-संघर्ष के दौरान रचा गया हो, या स्वतंत्रता-प्राप्ति के बाद। देशभक्ति स्वतंत्रता-संघर्ष के युग में आवेश का विषय बन गई थी, सो उनकी स्वच्छंद प्रवेगवाली राष्ट्रीय कविताओं में एक ऐसी तड़प देखी जाती है, जिसकी झलक सिर्फ माखनलाल चतुर्वेदी में मिली थी। दिनकरजी के आरंभिक राष्ट्रीय काव्य के विषय और छंद दोनों पर उनके प्रथम कविता-संग्रह 'हिमकिरीटिनी' का प्रभाव है। यह आकस्मिक नहीं है कि उनके प्रथम बृहत् और प्रतिनिधि कविता-संग्रह 'रेणुका' की पहले संक्षिप्त और बाद में विस्तृत भूमिका माखनलालजी ने ही लिखी थी। दिनकरजी उन्हें अपना काव्य-गुरु भी मानते थे। स्वभावतः उन्होंने उनके साठ पूरे करने पर उन पर जो कविता लिखी, उसकी आरंभिक पंक्तियाँ हैं—

रेशम के डोरे नहीं, तूल के तार नहीं,
तुमने तो जो कुछ बुना साँस के धागों से।
बेंतों की रेखाएँ रगों में बोल उठीं,
गुलबदन किरण फूटी कड़ियों के रागों से।

ज्ञातव्य है कि माखनलालजी को जेल में बेंतों की सजा मिली थी, जिससे उनकी पीठ पर खून की रेखाएँ छलछला आई थीं। दिनकरजी यही नहीं कहते कि उन्होंने अपनी कविता अपने आत्मानुभवों से लिखी है, यह भी कहते हैं कि उनकी कविताओं का रंग खून का रंग है। अंतिम पंक्ति में उनकी कविता का बहुत माकूल विशेषण दिया गया है, 'गुलबदन किरण', जो उनकी हथकड़ियों की चमक और खनक से बनी थी।

राष्ट्रीयता दिनकरजी की मूल प्रवृत्ति थी, जिसका प्रमाण उनकी प्रथम काव्य-पुस्तिका 'विजय-संदेश' है, जिसकी प्रायः सारी कविताएँ बारदोली में सरदार पटेल के नेतृत्व में चलाए गए किसान-आंदोलन की सफलता के अभिनंदन में लिखी गई हैं। उनका

राष्ट्रीय-काव्य दो हिस्सों में बँटा है— स्वतंत्रता-संघर्ष के दौरान लिखा गया काव्य और स्वतंत्रता-प्राप्ति के बाद लिखा गया काव्य। पहले हिस्से का काव्य बहुत सशक्त और आविष्ट भाषा में लिखा गया है, बावजूद इसके कि सरकारी नौकरी में रहने के कारण खुफिया पुलिस हमेशा उनके पीछे लगी रहती थी। दिनकरजी पारिवारिक कारणों से सरकारी नौकरी से इस्तीफा न देते थे और चाहते थे कि हुकूमत ही उन्हें बरखास्त कर दे। उधर हुकूमत उनकी लोकप्रियता देखकर सोचती थी कि यदि इस व्यक्ति को नौकरी से हटा दिया गया, तो यह पूर्णतः स्वच्छंद हो जाएगा और पूरे देश में सरकार के विरुद्ध लुकवारी भाँजता फिरेगा, सो इस पर यथासंभव नियंत्रण बनाए रखने के लिए इसे नौकरी में बनाए रखना चाहिए। पर वह दिनकरजी को हद से ज्यादा परेशान करने से बाज नहीं आती थी, जिसका एक सबूत यह है कि सब-रजिस्ट्रारी के पद पर चार वर्षों में बाईस बार उनका तबादला किया गया। द्वितीय विश्वयुद्ध के काल में सरकार ने उन्हें युद्ध-प्रचार-विभाग में भेज दिया, जहाँ उनसे युद्ध के पक्ष में प्रचार करने को कहा गया। इससे अनुमान लगाया जा सकता है कि हमारे कवि को कैसी-कैसी अग्नि-परीक्षाओं से गुजरना पड़ा है। बहरहाल।

दिनकरजी की कविता में पाए जानेवाले आवेश को देखकर यह भ्रम न होना चाहिए कि वे सिर्फ गर्जन-तर्जन करनेवाले कवि थे। ज्ञातव्य यह है कि उनकी प्रत्येक राष्ट्रीय या राष्ट्रीयेतर कविता के पीछे एक वैचारिक संरचना छिपी होती है, जो उनके आवेश को सँभाले रहती है, वर्ना कवि का प्रचंड आवेश नियंत्रणहीन रूप में अभिव्यक्त होता, तो उसकी कविताएँ टूट-फूट जातीं। ऐसी दुर्घटना वैचारिक संरचना की अवस्थिति के कारण ही घटित नहीं हो सकी। इस बात को बहुत ही तीक्ष्ण अंतर्दृष्टिसंपन्न आलोचक प्रो. नलिनविलोचन शर्मा ने लक्ष्य किया था और कहा था कि दिनकर की कविता में 'विचारों का संगीत' है!

अपने स्वातंत्र्योत्तर काव्य में उन्होंने मुक्त हृदय से समस्याओं को ध्यान में रखते हुए स्वतंत्रता का स्वागत किया, लेकिन एक वर्ष बाद ही भारतीय स्वतंत्रता से उनका मोहभंग हो गया और कांग्रेस का संसद-सदस्य रहते हुए भी उस पार्टी में वे विपक्ष की भूमिका निभाने लगे, जिसे हम दूसरे लेख में देखेंगे।

अब तक ज्यादा विद्वान् दिनकरजी की उपेक्षा करते रहे हैं। उनका कहना है कि उनमें वक्तृता है, प्रचार है और अभिव्यक्ति में अत्यधिक फैलाव है, जबकि कविता 'फुसफुसाहट', बल्कि 'सन्नाटे का छंद' है और वह अतिशय निगूढ़ वाणी है, उसकी अनावश्यक स्फीति नहीं। चूँकि दिनकरजी स्वतंत्रता-संघर्ष के जनकवि थे, इसलिए उनमें वक्तृता का होना स्वाभाविक है, जिसे यूनानी साहित्यिक सौंदर्यशास्त्र में एक सकारात्मक वस्तु माना जाता है। प्रमाणस्वरूप औदात्त्य पर लिखी गई लोंजाइनस की पुस्तक देखी जा सकती है, जो वक्तृत्त्व-कला पर लिखी गई है, पर जिसकी बातें कविता पर भी लागू की जाती रही हैं। लेकिन वक्तृता दिनकरजी की थोड़ी ही कविताओं में है। कारण यह कि राष्ट्रीय कविताएँ

उन्होंने इतने प्रकार की और इतने कोणों से इतने स्वरों में लिखी हैं कि देखकर आश्चर्य होता है। प्रचार या प्रचारवाद की बात भी उस हद तक सही नहीं है, जिस हद तक वह विज्ञापनों में देखने को मिलता है। दिनकरजी में प्राय: कुछ भी साहित्य या काव्य के स्तर से च्युत नहीं है। जहाँ तक अभिव्यक्तिगत फैलाव की बात है, यह नोट करने लायक बात है कि उनमें फैलाव तो है, पर शिथिलता नहीं है। सर्वत्र एक तनाव है। जहाँ अपवाद-स्वरूप थोड़ी शिथिलता आ गई है, वहाँ प्रभाव की सांद्रता कुछ कम हो गई है। उनकी भाषा एक तरफ सरल है और दूसरी तरफ बीच-बीच में उसमें संस्कृत के ऐसे गूढ़ शब्दों का प्रयोग हुआ है कि एक बार मैंने उनके द्वितीय सुपुत्र केदार बाबू से फोन पर पूछा कि क्या दिनकरजी को अमरकोष कंठस्थ था ? उन्होंने हर्षविह्वल होकर उत्तर दिया : 'आपने पकड़ लिया ! अमरकोष हमेशा उनके साथ रहता था।' एक तरफ सरलता की साधना और दूसरी तरफ अभिव्यक्ति के आभिजात्य की रक्षा— कविता में यह कोई मामूली साधना नहीं है। एक बात यह कि दिनकरजी की काव्य-भाषा की बनावट द्विवेदीयुगीन है, यानी पूरे-पूरे वाक्योंवाली व्यवस्थित भाषा, लेकिन उनके साथ बच्चन को भी ले लें, तो इन दोनों बड़े कवियों की काव्य-भाषा पूरे-पूरे वाक्योंवाली होती हुई भी स्वच्छंदतावादी रंग में रँगी हुई है, जिससे द्विवेदीयुगीन काव्य-भाषा की गद्यात्मकता पर हमारा ध्यान नहीं जाता। स्मरणीय है कि उर्दू गजलों में पूरे-पूरे वाक्यों का प्रयोग देखकर हिंदी में भी उस चीज को लाने के लिए निराला ने 'बेला' की गजलें लिखी थीं, जिनमें उन्हें कविता को उम्दा गजल तक उठाने में आंशिक सफलता ही मिली, पर इससे उनके एक महत्त्वपूर्ण प्रयोग का पता तो चलता ही है। अपनी बाद की कविताओं में यथासंभव उन्होंने पूर्ण वाक्यों का प्रयोग करने की कोशिश की और इसी कारण जहाँ वाक्य पूरा हो, कविता की पंक्ति के बीच में ही पूर्ण विराम देना शुरू किया। निश्चय ही इससे कविता में एक नया सौंदर्य और तनाव संभव हुआ। इसका कारण यह था कि उसे एक ओर गद्य की व्यवस्थित भाषा खींचती थी और दूसरी ओर कविता की स्वच्छंद भाषा।

अब हम दिनकरजी की राष्ट्रीय कविताओं पर विचार करें, जिनसे अभिभूत होकर जनता ने उन्हें 'राष्ट्रकवि' कहना शुरू किया, क्योंकि उन्होंने अपने राष्ट्रीय काव्य में राष्ट्रीय मूल्यों को बिना भुलाए लगातार उन्हें प्रक्षेपित किया है। उन्होंने लिखा है कि शुरू में उनमें कई बातों को लेकर एक द्वंद्व की स्थिति थी, यथा कविता में सोद्देश्यता और निरुद्देश्यता, कर्म और सौंदर्य, समकालीनता और स्थायित्व, वीरता और शृंगार आदि। दिलचस्प है कि आगे उन्होंने कहा है कि अब इनमें से कई प्रश्न उन्हें कुछ-कुछ 'बेहूदे-जैसे' लगते हैं, लेकिन 1930 से 1945 तक ऐसे ही प्रश्न उन्हें व्याकुल किए रहते थे। अंत में उन्होंने यह राज भी प्रकट किया है कि जिस तरह वे जवानी-भर इकबाल और रवींद्रनाथ के बीच झटके खाते रहे, उसी प्रकार जीवन-भर गाँधी और मार्क्स के बीच। इसीलिए उनके शब्दों में, उजले को लाल से गुणा करने पर जो रंग बनता है, वही रंग उनकी कविता का रंग है। उन्हें विश्वास था कि अंततोगत्वा यही रंग भारतवर्ष के व्यक्तित्व का भी होगा।

दिनकरजी को जो कुछ द्वंद्व या प्रश्न बाद में 'बेहूदे-से' लगने लगे थे, वे वस्तुत: तत्कालीन युग के द्वंद्व या प्रश्न थे। इसका ठोस सबूत फैज की यह प्रसिद्ध नज्म है— 'मुझसे पहले-सी मुहब्बत मेरे महबूब न माँग'। उसका भाष्य डा. नामवर सिंह के विनोदपूर्ण शब्दों में सुनिए : 'हे प्रिये, अब तुम मुझसे पहले-जैसी मुहब्बत की अपेक्षा न करो, क्योंकि मैं क्रांति करने जा रहा हूँ!' स्वभावत: जब फैज का काव्य-बोध परिपक्व हुआ, तो प्रेम और क्रांति के द्वंद्व को मिथ्या करार देते हुए उन्होंने अपनी उक्त अतिशय लोकप्रिय नज्म को अपनी अच्छी नज्मों की सूची से निकाल दिया। जब वे अंतिम बार भारत आए, तो सोवियत दूतावास में उनके सम्मान में हिंदी कवियों और लेखकों की एक गोष्ठी आयोजित की गई। उसमें उन्होंने ढेरों नज्में सुनाईं। अंत में श्रीकांत वर्मा ने उनसे अनुरोध किया कि वे अब 'मुझसे पहले-सी मुहब्बत' वाली नज्म सुनाने की कृपा करें, लेकिन फैज ने उनके अनुरोध को ठुकराते हुए कहा कि वह अच्छी नज्म नहीं है। इसलिए ये द्वंद्व या प्रश्न केवल दिनकरजी के ही नहीं, बल्कि उस पूरे दौर के द्वंद्व या प्रश्न थे। हम इसी से शुरू करें।

'असमय आह्वान' दिनकरजी की एक जितनी ही सशक्त कविता है, उतनी ही सुंदर भी। इसमें सौंदर्य एवं प्रेम-भावना और देश-भक्ति के बीच चलनेवाला द्वंद्व भी प्रकट हुआ है, जिसमें कवि सौंदर्य और प्रेम-भावना को छोड़कर देश-प्रेम को गले लगा लेता है। देखने की बात यह है कि उसने पूरी स्थिति का वर्णन कितने महत्त्वपूर्ण ढंग से किया है। सबसे पहले यह अंश :

समय-असमय का तनिक न ध्यान,
मोहिनी, यह कैसा आह्वान?

पहन मुक्ता के युग अवतंस, रत्न-गुंफित खोले कच-जाल,
बजाती मधुर चरण-मंजीर, आ गई नभ में रजनी-बाल।
झींगुरों के सुन शिंजन-नाद, मिलन-आकुलता से द्युतिमान,
भेद प्राची का कज्जल-भाल, बढ़ा ऊपर विधु वेपथुमान।
गया दिन धूलि-धूम के बीच तुम्हारा करते जय जयकार,
देखने आया था इस साँझ, पूर्ण विधु का मादक शृंगार।
एक पल सुधा-वृष्टि के बीच जुड़ा पाए न क्लांत मन-प्राण,
कि सहसा गूँज उठा सब ओर तुम्हारा चिर-परिचित आह्वान।

और भी—

न लूँगा आज रजत का शंख, न गाऊँगा पौरुष का राग;
स्वामिनी! जलने दो उर-बीच एक पल तो यह मीठी आग।
....

देवि, कितना कटु सेवा-धर्म! न अनुचर को निज पर अधिकार,
न छिपकर भी कर पाता हाय! तड़पते अरमानों को प्यार।

लेकिन अंत में होता क्या है? कवि की सौंदर्य और प्रेम-भावना पराजित होती है और वह भुवन-मन-मोहिनी भारत-भूमि के आह्वान की उपेक्षा करने में अपने को असमर्थ पाता है। फिर दृढ़तापूर्वक यह संकल्प लेता है :

फेंकता हूँ, लो, तोड़-मरोड़ अरी निष्ठुरे! बीन के तार;
उठा चाँदी का उज्ज्वल शंख फूँकता हूँ भैरव-हुंकार।
नहीं जीते-जी सकता देख विश्व में झुका तुम्हारा भाल;
वेदना-मधु का भी कर पान आज उगलूँगा गरल कराल।
सोख लूँ बनकर जिसे अगस्त्य कहाँ बाधक वह सिंधु अथाह?
कहो खांडव-वन वह किस ओर आज करना है जिसका दाह?
....
चाहती हो बुझना यदि आज होम की शिखा बिना सामान?
अभय दो कूद पड़ूँ जय बोल, पूर्ण कर लूँ अपना बलिदान।

यह द्वंद्व दिनकरजी की इस कविता के पहले की एक अति प्रसिद्ध कविता 'हाहाकार' और इसके बाद की एक कविता 'वसंत के नाम पर' में भी बहुत प्रभावशाली रूप में वर्णित हुआ है। 'हाहाकार' में वे कविता से कहते हैं :

मेरी भी यह चाह, विलासिनि! सुंदरता को शीश झुकाऊँ,
जिधर-जिधर मधुमयी बसी हो, उधर वसंतानिल बन धाऊँ।
एक चाह कवि की यह देखूँ— छिपकर कभी पहुँच मालिनि-तट,
किस प्रकार चलती मुनि-बाला यौवनवती लिए कटि पर घट।
....
पर नभ में न कुटी बन पाती, मैंने कितनी युक्ति लगाई,
आधी मिटती कभी कल्पना, कभी उजड़ती बनी-बनाई।
रह-रह पंखहीन खग-सा मैं गिर पड़ता भू की हलचल में,
झटिका एक बहा ले जाती स्वप्न-राज्य आँसू के जल में।

'वसंत के नाम पर' में :

प्रात जगाता शिशु वसंत को नव गुलाब दे-दे ताली;
तितली बनी देव की कविता वन-वन उड़ती मतवाली।
सुंदरता को जगी देखकर जी करता मैं भी कुछ गाऊँ;
मैं भी आज प्रकृति-पूजन में निज कविता के दीप जलाऊँ।

लेकिन—

> *कलम उठी कविता लिखने को, अंतस्तल में ज्वार उठा रे!*
> *सहसा नाम पकड़ कायर का पश्चिम-पवन पुकार उठा रे!*
> *देखा, शून्य कुँवर का गढ़ है, झाँसी की वह शान नहीं है।*
> *दुर्गादास-प्रताप बली का प्यारा राजस्थान नहीं है।*
> ....
> *चढ़े अश्व पर सेंक रहे रोटी नीचे कर भालों को,*
> *खोज रहा मेवाड़ आज फिर उन अल्हड़ मतवालों को।*

अंत में कवि फिर कहता है—

> *हाँ, वसंत की सरस घड़ी है, जी करता मैं भी कुछ गाऊँ;*
> *कवि हूँ, आज प्रकृति-पूजन में, निज कविता के दीप जलाऊँ।*
> *क्या गाऊँ! सतलज रोती है, हाय! खिलीं बेलियाँ किनारे।*
> *भूल गए ऋतुपति, बहते हैं, यहाँ रुधिर के दिव्य पनारे।*
> ....
> *उफ, वसंत या मदन-बाण है? वन-वन रूप-ज्वार आया है।*
> *सिहर रही वसुधा रह-रहकर यौवन में उभार आया है।*
> *कसक रही सुंदरी— 'आज मधु-ऋतु में मेरे कंत कहाँ?'*
> *दूर द्वीप में प्रतिध्वनि उठती, 'प्यारी और वसंत कहाँ?'*

ऊपर एक उद्धरण में 'वेपथुमान' शब्द आया है, जिसका अर्थ है 'काँपता हुआ'। फिर बाद के उद्धरण में 'झटिका' शब्द है, जिसे दिनकरजी ने 'झटका' से बना लिया है। ये उद्धरण इस बात का प्रमाण हैं कि दिनकरजी की देश-भक्ति सरल न थी, बल्कि उसे वैयक्तिकता का गहरा स्पर्श प्राप्त था, जिससे वह प्रभावशाली बनी है। आप उस पंक्ति की मार्मिकता देखिए, जिसमें कवि अपने को 'कायर' कहता है : 'कलम उठी कविता लिखने को, अंतस्तल में ज्वार उठा रे!/सहसा नाम पकड़ कायर का पश्चिम-पवन पुकार उठा रे।' यह स्थिति ठीक मुक्तिबोध वाली है, जिनकी कविताओं को प्रभावशाली बनानेवाली चीज है उनका आत्मसंघर्ष, जो हिंदी के अन्य प्रगतिशील कवियों में अनुपस्थित है। वे जैसे मार्क्सवाद को बने-बनाए हार की तरह अपने गले में धारण कर लेते हैं। दूसरी ओर मुक्तिबोध हैं, जो अपने व्यक्तित्वांतरण के लिए भयानक आत्मसंघर्ष के दौर से गुजरते हैं। 'हाहाकार' की 'रह-रह पंखहीन खग-सा मैं गिर पड़ता भू की हलचल में' बेचैनी से भरी पंक्ति हमें सीधे उनकी याद दिलाती है। 'वसंत के नाम पर' की आरंभिक पंक्तियों में दिनकरजी ने देव-जैसे सुंदर कवि के एक प्रसिद्ध कवित्त की इस पंक्ति का हवाला दिया है : 'मदन महीप जू को बालक बसंत ताहि/प्रात ही जगावत गुलाब चटकारी दै',

जिससे इस बात का पता चलता है कि कवि ने हिंदी कविता की प्रेम और श्रृंगार की परंपरा को भी आत्मसात् किया था, वर्ना संघर्ष का कवि बिहारी और देव को अस्पृश्य मानता। इस कविता की 'चढ़े अश्व पर सेंक रहे रोटी नीचे कर भालों को,/खोज रहा मेवाड़ आज फिर उन अल्हड़ मतवालों को' पंक्तियाँ तो किसी भी देशभक्त को पागल कर देने के लिए काफी हैं। 'उफ, वसंत या मदन-बाण है? वन-वन रूप ज्वार आया है' यह उक्ति हमें कवि की प्रचंड वर्णन-शक्ति से परिचित कराती है। आज वसंत देशभक्ति में ही है, प्रेम में नहीं, क्योंकि कवि उस कांता से यही कहता है, जो मादक वसंत ऋतु में अपने कंत की प्रतीक्षा करती है : 'कसक रही सुंदरी— आज मधुऋतु में मेरे कंत कहाँ?/दूर द्वीप में प्रतिध्वनि उठती, प्यारी और वसंत कहाँ?'

आचार्य रामचंद्र शुक्ल ने भारतेंदु की ये पंक्तियाँ उद्धृत की हैं—

हाय पंचनद, हा पानीपत। अजहुँ रहे तुम धरनि विराजत।
हाय चितौर! निलज तू भारी। अजहुँ खरो भारतहिं मँझारी।
तुममें जल नहिं जमुना गंगा। बढ़हु बेगि किन प्रबल तरंगा?
बोरहु किन झट मथुरा कासी? धोवहु यह कलंक की रासी।

और कहा है कि " 'चितौर', 'पानीपत' इन नामों में ही हिंदू-हृदय के लिए कितने भावों की व्यंजना भरी है। उसके लिए ये नाम ही काव्य हैं।" आज के वैज्ञानिक दृष्टि-संपन्न इतिहासकार भारतीय इतिहास के प्राचीन काल को महिमा-मंडित करने के विरुद्ध हैं। ऐसी स्थिति में भारतेंदु से लेकर दिनकर तक यदि अपनी कविता में स्वर्णिम भारतीय अतीत का हवाला देते हैं, तो इसे इतिहास न मानकर मिथक ही मानना चाहिए। निश्चय ही इससे कविता को कोई क्षति नहीं पहुँच सकती, क्योंकि अंततः वह स्वयं मिथक है, यथार्थ नहीं। मिथक कहने का यह मतलब कतई नहीं है कि वह अनुपयोगी है। साहित्य-मात्र में उसकी भारी उपयोगिता है, जैसे धर्म की, जो केवल यथार्थ नहीं है, बल्कि यथार्थ से काफी ऊपर की चीज फैंटेसी है। इस धर्म की उपयोगिता से कौन इनकार करेगा? यह ठीक है कि धर्म में बहुत ज्यादा पाखंड का ही प्रवेश नहीं हो चुका है, बल्कि हिंसा और 'सेक्स' के लिए उसमें पहले से ही काफी जगह है। लेकिन ये चीजें तो राजनीति में भी भर गई हैं, जबकि उसकी आयु धर्म की तुलना में बहुत कम है। दिनकरजी इतिहास के विद्यार्थी थे, इसलिए उनमें इतिहास-प्रेम कुछ ज्यादा ही है। ज्ञातव्य है कि उनके एक संकलन का नाम ही है 'इतिहास के आँसू'। उनके चारों प्रबंध- काव्य की सामग्री भी इतिहास क्या, पुराण से ली गई है। इतिहास उनकी राष्ट्रीय कविताओं में अनेक रूपों में विद्यमान है। 'पाटलिपुत्र की गंगा से' की ये पंक्तियाँ देखिए :

घूम रहा पलकों के भीतर स्वप्नों-सा गत विभव विराट्?
आता है क्या याद मगध का सुरसरि! वह अशोक सम्राट्?
संन्यासिनी-समान विजन में कर-कर गत विभूति का ध्यान,

व्यथित कंठ से गाती है क्या गुप्त-वंश का गरिमा-गान?
गूँज रहे तेरे इस तट पर गंगे! गौतम के उपदेश,
ध्वनित हो रहे इन लहरों में देवि! अहिंसा के संदेश।

दिनकर की यह कविता निराला की कविता 'यमुना के प्रति' का विलोम है। मिलाकर देखने पर दोनों कविताओं में स्पष्ट अंतर दिखलाई पड़ता है। यह दो कवियों के मिजाज का ही अंतर नहीं है, बल्कि दो युगों का भी अंतर है। निराला की कविता भारतीय स्वाधीनता-आंदोलन के उस दौर की कविता है, जब वह उग्रता के दौर में प्रवेश कर रही थी, और दिनकर की कविता उस दौर की कविता है, जब स्वाधीनता-आंदोलन संपूर्ण देश में उग्र हो उठा था। इसके अलावा निराला की रुचि जहाँ सांस्कृतिक और क्लासिकी थी, वहाँ दिनकर की रुचि राजनीतिक और रोमानी।

कभी 'विशाल भारत' में एक बहस चली थी— 'कस्मै देवाय हविषा विधेम?' दिनकरजी ने इस प्रश्न के उत्तर में एक कविता लिखी और उसमें अपने देश की भयावह स्थिति का वर्णन किया, जिससे यह व्यंजित हो जाता है कि कविता किसके लिए लिखी जाए? अब उनकी कविता 'कस्मै देवाय?' की ये पंक्तियाँ :

धन-पिशाच के कृषक-मेध में नाच रही पशुता मतवाली,
आगंतुक पीते जाते हैं दीनों के शोणित की प्याली।
उठ भूषण की भाव-रंगिनी! लेनिन के दिल की चिनगारी!
युग-मर्दित यौवन की ज्वाला! जाग-जाग, री क्रांति-कुमारी!

अंतिम पंक्तियों में 'आगंतुक' शब्द का जो प्रयोग हुआ है, वह अंग्रेजों के लिए, जो इस देश में व्यापार करने के लिए आए थे, पर तिकड़म, धोखाधड़ी और विश्वासघात से इस देश के मालिक बन बैठे। क्रांति को दिनकरजी ने 'युग-मर्दित यौवन की ज्वाला' कहा है, जिससे युवा-पीढ़ी में उनका दृढ़ विश्वास प्रकट होता है। आकस्मिक नहीं कि इस पीढ़ी के कवियों की कविता को 'जवानी का काव्य' कहा गया है। यही वह वक्त था, जबकि युवक स्वाधीनता-आंदोलन में सबसे आगे थे और पं. नेहरू अपने स्वाधीनता-संबंधी उग्र विचारों के कारण उनमें अतिशय लोकप्रिय होने से 'युवक-हृदय-सम्राट्' कहे गए थे।

अब हम दिनकरजी की जनप्रिय कविता 'हिमालय के प्रति' के कुछ अंश देखें, जिसमें देश की पराधीनता की पीड़ा तो अभिव्यक्त हुई ही है, अतीत का गौरव-गान भी किया गया है, :

ओ, मौन तपस्या-लीन यती! पल भर को तो कर दृगुन्मेष!
रे ज्वालाओं से दग्ध, विकल है तड़प रहा पद पर स्वदेश।
सुखसिंधु, पंचनद, ब्रह्मपुत्र, गंगा, यमुना की अमिय-धार
जिस पुण्यभूमि की ओर बही तेरी विगलित करुणा उदार,

जिसके द्वारों पर खड़ा क्रांत सीमापति! तूने की पुकार,
'पद-दलित इसे करना पीछे पहले ले मेरा सिर उतार'।
उस पुण्यभूमि पर आज तपी! रे, आन पड़ा संकट कराल,
व्याकुल तेरे सुत तड़प रहे डँस रहे चतुर्दिक विविध व्याल।

इस समय तक दिनकरजी का जिस क्रांति में विश्वास था, वह आंतकवादी थी, इसलिए उनमें सशस्त्र-संग्राम पर इतना जोर है। आतंकवादी क्रांति मजबूत क्रांतिकारी संगठन, क्रांतिकारी विचाराधारा और क्रांति के लिए वस्तुगत परिस्थिति की अनुकूलता को कोई महत्त्व नहीं देती। इसीलिए उक्त कविता में वे हिमालय से कहते हैं—

रे, रोक युधिष्ठिर को न यहाँ, जाने दे उनको स्वर्ग धीर,
पर, फिरा हमें गांडीव-गदा, लौटा दे अर्जुन-भीम वीर।

'विपथगा' उनकी प्रसिद्ध कविता है, जिसके पीछे आतंकवादी क्रांति की अवधारणा दृढ़ रूप में मौजूद है। उसकी भी कुछ पंक्तियाँ देखिए :

मुझ विपथगामिनी को न ज्ञात, किस रोज किधर से आऊँगी,
मिट्टी से किस दिन जाग क्रुद्ध अंबर में आग लगाऊँगी।
आँखें अपनी कर बंद देश में जब भूकंप मचाऊँगी,
किसका टूटेगा शृंग, न जाने, किसका महल गिराऊँगी।
निर्बंध, क्रूर, निर्मोह सदा मेरा कराल नर्तन-गर्जन।
झन-झन-झन-झन-झन-झनन-झनन।

'हुंकार' की 'दिल्ली' कविता बचपन से ही मेरे लिए सुपरिचित है। स्वर्गीय बाबू रामसोहाग सिंह, जो ग्रामीण नवयुवक पुस्तकालय के पुस्काध्यक्ष और मेरे प्रथम साहित्यिक गुरु थे, इस कविता को गाकर हमलोगों को सुनाते थे। उसका लहजा ऐसा था कि वह आज तक मेरे दिल में धँसा हुआ है। दिनकरजी ने इस कविता के बारे में लिखा है कि यह 1933 में रची गई, लेकिन इसकी पृष्ठभूमि 1929 की है। नई दिल्ली का प्रवेशोत्सव 1929 में मनाया गया था। उसी वर्ष भगत सिंह पकड़े गए और लाहौर-कांग्रेस में पूर्ण स्वाधीनता का प्रस्ताव पास हुआ। 1930 में सत्याग्रह-आंदोलन उठा और देश में दमन का चक्र जोरों से चलने लगा। उत्सव और दमन, इन्हीं विरोधों पर यह कविता आधारित है। इस संदर्भ की जानकारी के बाद इस कविता का अर्थ आईने की तरह साफ हो जाता है। इसका आरंभ व्यथापूर्ण स्वर से हुआ है—

यह कैसी चाँदनी अमा के मलिन तमिस्र गगन में!
कूक रही क्यों नियति व्यंग्य से इस गोधूलि-लगन में?
मरघट में तू साज रही दिल्ली कैसे शृंगार?

यह बहार का स्वांग अरी, इस उजड़े हुए चमन में!
....
गुलचीं निष्ठुर फेंक रहा कलियों को तोड़ अनल में,
कुछ सागर के पार और कुछ रावी-सतलज-जल में;
हम मिटते जा रहे, न ज्यों अपना कोई भगवान।
यह अलका-छवि कौन भला देखेगा इस हलचल में?

अंतिम चार पंक्तियों में दमन का चित्रण है। 'गुलचीं' का अर्थ है 'माली', जो यहाँ अंग्रेजों के लिए प्रयुक्त है। तात्पर्य यह कि जो इस देश रूपी वाटिका के मालिक हैं, वे निष्ठुरतापूर्वक वाटिका की कलियों को तोड़कर आग और पानी में फेंक रहे हैं। अब इतिहास—

हमने देखा यहीं पांडु-वीरों का कीर्ति-प्रसार,
वैभव का सुख-स्वप्न, कला का महास्वप्न-अभिसार।
यहीं कभी अपनी रानी थी, तू ऐसे मत भूल,
अकबर, शाहजहाँ ने जिसका किया स्वयं शृंगार।

इस उद्धरण से इस बात का पता चलता है कि दिनकरजी मुगलों के शासन को अपना शासन मानते थे, विदेशी शासन नहीं, क्योंकि मुगल यहीं बस गए थे और कमोबेश इस देश की संस्कृति तथा इस देश के लोगों से मिलकर शासन चला रहे थे। आज के हिंदुत्ववादियों को उनकी यह मान्यता रास नहीं आएगी। दिनकरजी आरंभ से ही धर्मनिरपेक्ष थे, जिसकी चरम परिणति उनके द्वारा लिखे गए ग्रंथ 'संस्कृति के चार अध्याय' में हुई।

1935 में रक्त-पिपासु इतालवी फासीवादियों ने अबीसीनिया पर आक्रमण किया। दिनकरजी ने इसे फासीवाद के उदय का संकेत माना। स्वभावतः उस पर अपनी प्रतिक्रिया उन्होंने इन शब्दों में व्यक्त की :

हुआ विधाता वाम, 'जनेवा' बीच सुधी चकराते हैं।
बुझा रहे ज्वाला साँसों से, कर से आँच लगाते हैं।
'राइन'-तट पर खिली सभ्यता, हिटलर खड़ा कौन बोले?
सस्ता खून यहूदी का है, 'नाजी' निज 'स्वस्तिक' धो ले।

उनकी आशंका सही साबित हुई और 1939 में धुरी राष्ट्रों अर्थात् इटली, जर्मनी और जापान ने मिलकर विश्व-युद्ध छेड़ दिया। इस विश्व-युद्ध में भारत सहित दुनिया के सभी देश तबाह हो गए। करोड़ों लोग मारे गए और कहा जाता है कि उसमें जो धन खर्च हुआ, यदि विश्व-आबादी में उसका वितरण कर दिया जाता तो विश्व का प्रत्येक व्यक्ति करोड़पति हो जाता। इससे उस युद्ध की भयावहता का अंदाजा लगाया जा सकता है। सिपाही पर एक कविता माखनलालजी की भी है। कदाचित् उसी से प्रेरित होकर दिनकरजी ने भी

उस पर एक कविता लिखी, जिसकी कुछ सुंदर पंक्तियाँ हैं, सिपाही की जुबानी :

विजय-विटप को विकच देख जिस दिन तुम हृदय जुड़ाओगे,
फूलों में शोणित की लाली कभी समझ क्या पाओगे?
वह लाली हर प्रात क्षितिज पर आकर तुम्हें जगाएगी,
सायंकाल नमन कर माँ को तिमिर-बीच खो जाएगी।
देव करेंगे विनय, किंतु, क्या स्वर्ग-बीच रुक पाऊँगा?
किसी रात चुपके उल्का बन कूद भूमि पर आऊँगा।
तुम न जान पाओगे, पर, मैं रोज खिलूँगा इधर-उधर,
कभी फूल की पंखुड़ियाँ बन, कभी एक पत्ती बनकर!

कहा जा चुका है कि दिनकरजी की राष्ट्रीय कविताओं में केवल वक्तृता नहीं है और है भी, तो उनकी ऐसी अनेक कविताएँ अनेक रूपों और अनेक स्वरों में लिखी गई हैं। ऐसी ही एक कविता है 'प्रभाती', जो प्रचुर गंभीर और कवित्वपूर्ण है। इसका सिर्फ पहला बंद :

रे प्रवासी, जाग, तेरे देश का संवाद आया।

भेदमय संदेश सुन पुलकित खगों ने चंचु खोली;
प्रेम से झुक-झुक प्रणति में पादपों की पंक्ति डोली;
दूर प्राची की तटी से विश्व का तृण-तृण जगाता;
फिर उदय की वायु का वन में सुपरिचित नाद आया।
रे प्रवासी, जाग, तेरे देश का संवाद आया।

1937-38 में कांग्रेस और मुस्लिम लीग के बीच समझौता-वार्ता विफल होने के बाद भी दिनकरजी ने एक कविता लिखी— 'तकदीर का बँटवारा'। इस समय तक मुस्लिम लीग द्वारा पाकिस्तान की माँग की जाने लगी थी और उसे मनवाने के लिए हथकंडे के रूप में सांप्रदायिक दंगे को इस्तेमाल किया जाने लगा था। दिनकरजी इस बात से अत्यंत पीड़ित हो उठे और इस कविता में उन्होंने अपनी तड़पन व्यक्त की :

है बँधी तकदीर जलती डार से, आशियाँ को छोड़ उड़ जाऊँ कहाँ?
वेदना मन की सही जाती नहीं, यह जहर लेकिन, उगल आऊँ कहाँ?
पापिनी कह जीभ काटी जायगी, आँख-देखी बात जो मुँह से कहूँ,
हड्डियाँ गल जायँगी, मन मारकर जीभ थामे मौन भी कैसे रहूँ?
....
हाथ की जिसकी कड़ी टूटी नहीं, पाँव में जिसके अभी जंजीर है;
बाँटने को हाय! तौली जा रही, बेहया उस कौम की तकदीर है!
....

खूँ बहाया जा रहा इनसान का सींगवाले जानवर के प्यार में!
कौम की तकदीर फोड़ी जा रही मस्जिदों की ईंट की दीवार में।

'सींगवाले जानवर' से मतलब है 'गाय' से। हिंदू लोग गाय के प्रति पूज्य भावना रखते हैं, जबकि मुसलमान गोमांसाहारी होने के कारण उसकी हत्या करते हैं। यह बात हिंदुओं को बर्दाश्त नहीं होती थी और वे मुसलमानों के विरुद्ध दंगे पर उतर आते थे। दूसरी तरफ भीष्म साहनी के उपन्यास 'तमस' के साक्ष्य से कहा जाए, तो मुसलमान लोग सुअर को बहाना बनाकर हिंदुओं को मारने-मरने पर उतारू हो जाते थे, क्योंकि सुअर उनके लिए हराम है। एक कविता में वर्तमान कवि को संबोधित करता है। संदर्भ विश्व-युद्ध का ही है। वह कवि से कहता है :

शैल-श्रृंग चढ़ समय-सिंधु के आर-पार तुम हेर रहे,
किंतु, ज्ञात क्या तुम्हें, भूमि पर कौन दनुज पथ घेर रहे?
दो वज्रों का घोष, विकट संघात धरा पर जारी है,
वह्नि-रेणु चुन स्वप्न सजा लो, छिटक रही चिनगारी है।
रण की घड़ी, जलन की वेला, रुधिर-पंक में गान करो,
अपना साकल धरो कुंड में, कुछ तुम भी बलिदान करो।

पाठकों को अब तक अंदाजा हो गया होगा कि दिनकर जैसी सशक्त और सटीक भाषा आधुनिक हिंदी कविता में विरल है। अलग से एक नमूना देखना हो, तो ये पंक्तियाँ देखिए : 'दिशा तप्त हो लरज रही है,/घटा क्रोध से गरज रही है,/लाल-लाल टुकड़े उड़ते हैं, उठा चाहता है तूफान'। मेरे ध्यान में अंगारों के लिए प्रयुक्त 'लाल-लाल टुकड़े उड़ते हैं' है। दिनकरजी को विश्वास था कि शोषणमुक्त नया युग आएगा और उसका प्रकाश एशिया से ही फूटेगा, जिसमें नेतृत्व भारत का होगा। 'भविष्य की आहट' शीर्षक कविता का यह उद्धरण अवलोकनीय है :

कल्पने, भावी हृदय से आज क्यों फूटती खरतर भयंकर रागिनी?
फूँकता श्रृंगी भयानक आ रहा कौन यह खोंसे जटा में नागिनी?
ऐंठती वसुधा प्रसव की पीर से, स्वेदमय प्राची-दिशानन लाल है,
व्योम का अंतर विकल निर्घोष से, किस महारवि के उदय का काल है?
पूर्व की छाती फटी किस रोर से? कालिमा भागी अचानक रात की।
खेलने हिमश्रृंग पर चढ़कर लगीं रश्मियाँ क्या एशिया के प्रात की?
....
किस अनागत लग्न की महिमा अरी, कीर्ण पुण्य-प्रकाश नव उत्सर्ग का;
दे रहा संदेश पीड़ित विश्व को श्रृंग चढ़ जय-शंख भारतवर्ष का।

अब हम पाठकों को दिनकरजी की एक ऐसी कविता से परिचित कराना चाहते हैं,

जो 'कुरुक्षेत्र' काव्य का पूर्वाभास देनेवाली है। वह कविता है 'कलिंग-विजय'। कलिंग-युद्ध में भयानक रक्तपात करने के बाद अशोक को ग्लानि और पश्चात्ताप ने जकड़ लिया, जिसके परिणामस्वरूप उसने अपनी तलवार बगल की दया नदी में फेंक दी और बौद्ध धर्म को स्वीकार करके हमेशा के लिए हिंसा न करने की कसम खाई। दिनकरजी का प्रकृति-वर्णन भी उतना ही सशक्त होता था, जितना उनका अन्य वर्णन। हम यहाँ उसकी एक झलक दिखलाना चाहते हैं, जो अशोक की मनोभावना को प्रतिच्छायित करता है,—

छा गया तम, आ गए तारे तिमिर को चीर,
आ गया विधु; किंतु, क्यों आकृति किए गंभीर?
और उस घन-खंड ने विधु को लिया क्यों ढाँक?
फिर गया शशि क्या लजाकर पाप नर के झाँक?
चाँदनी घन में मिली है छा रही सब ओर,
साँझ को ही दीखता ज्यों हो गया हो भोर।

यह वर्णन सटीक होते हुए भी सूक्ष्म है, जिसमें मुखर रूप में प्रकृति-सौंदर्य का चित्रण नहीं किया गया, इसलिए इसका आनंद उठाने के लिए इसे एक से अधिक बार पढ़ना पड़ता है। अब अशोक की प्रत्यक्ष रूप में करुणाजनक स्थिति :

अर्धनारीश्वर अशोक महीप;
नर पराजित, नारि सजती है विजय का दीप।
पायलों की सुन मृदुल झनकार,
गिर गई कर से स्वयं तलवार।
वज्र का उर हो गया दो टूक,
जग उठी कोई हृदय में हूक।
लाल किरणों में यथा हँसता तटी का देश,
एक कोमल ज्ञान से त्यों खिल उठा हृद्देश।

कहने की आवश्यकता नहीं कि इसके पीछे बुद्ध की अहिंसा ही नहीं, गाँधी की अहिंसा भी है, जिसका वे स्वाधीनता-आंदोलन में बड़े पैमाने पर इस्तेमाल कर रहे थे।

आजादी की लड़ाई में जब अंग्रेजों का दमन-चक्र जोरों से चलने लगता था, तो वह लड़ाई थोड़ी देर के लिए थम जाती थी और समाज में पस्ती फैलने लगती थी। ऐसे ही दौर में दिनकरजी ने 'प्रतिकूल' शीर्षक एक कविता लिखी, जिसकी आरंभिक पंक्तियाँ हैं—

है बीत रहा विपरीत ग्रहों का लग्न-याम;
मेरे उन्मादक भाव, आज तुम लो विराम।
उन्नत सिर पर जब तक हो शंपा का प्रहार,

सोओ तब तक जाज्वल्यमान मेरे विचार।
तब भी आशा मत मरे, करे पीयूष-पान;
वह जिए सोच, मेरा प्रयास कितना महान।
द्रुम अचल, पवन ले जाय उड़ा पत्ती-पराग;
बुझती है केवल शिखा, कभी बुझती न आग।

स्पष्टतः उक्त उद्धरण के अंत में उन्होंने यह कहकर कि 'बुझती है केवल शिखा, कभी बुझती न आग' भारतीय जनता को आशा और विश्वास का संदेश दिया। 'आग की भीख' शीर्षक कविता बयालीस के आंदोलन को क्रूरता से दबाए जाने के बाद लिखी गई थी। इसकी भी आरंभिक पंक्तियाँ द्रष्टव्य हैं—

धुँधली हुईं दिशाएँ, छाने लगा कुहासा,
कुचली हुई शिखा से आने लगा धुआँ-सा।
कोई मुझे बता दे, क्या आज हो रहा है;
मुँह को छिपा तिमिर में क्यों तेज रो रहा है?
दाता, पुकार मेरी, संदीप्ति को जिला दे;
बुझती हुई शिखा को संजीवनी पिला दे।
प्यारे स्वदेश के हित अंगार माँगता हूँ।
चढ़ती जवानियों का शृंगार माँगता हूँ।

एकाधिक बार संकेत किया जा चुका है कि युवा पीढ़ी में दिनकरजी की बहुत आस्था थी। वह इस उद्धरण की अंतिम पंक्ति में भी अभिव्यक्त हुई है। बयालीस के आंदोलन की पृष्ठभूमि में ही उन्होंने एक बहुत ही सशक्त कविता लिखी : 'जयप्रकाश'। हुआ यह था कि जैसा कि कहा गया है, उक्त आंदोलन को दबा दिया गया था और सारे नेता जेलों में बंद थे, सो जनता को निर्देश देनेवाला और उसका नेतृत्व करनेवाला कोई नहीं था। ऐसी ही स्थिति में जयप्रकाशजी अपने कई साथियों के साथ बिहार के सेंट्रल जेल हजारीबाग से निकल भागे और नेपाल जाकर वहाँ की कैद से भी छूटकर भारत आए और पूरे देश का दौरा कर आंदोलन की बुझती हुई आग को सुलगाने की कोशिश की। इसी कोशिश में अमृतसर जाते हुए वे ट्रेन में गिरफ्तार किए गए और सभी नेताओं के छूटने पर सबसे अंत में रिहा हुए। इस अवसर पर यानी 1946 में गाँधी मैदान में, जो तब पटना लॉन कहलाता था, रेकार्डतोड़ भीड़ ने उनका स्वागत किया। उसी स्वागत-समारोह में दिनकरजी ने 'जयप्रकाश' शीर्षक अपनी कविता पढ़ी, जिसमें पं. नेहरू के बाद के युवानेता का अभिनंदन है। इसकी कुछ पंक्तियाँ नीचे उद्धृत हैं, जिनमें तत्कालीन इतिहास के संदर्भ हैं :

झंझा सोई, तूफान रुका, प्लावन जा रहा कगारों में;
जीवित है सबका तेज किंतु, अब भी तेरे हुंकारों में।

दो दिन पर्वत का मूल हिला, फिर उतर सिंधु का ज्वार गया,
पर सौंप देश के हाथों में वह एक नई तलवार गया।

वह तलवार थे 'तरुण देश के सेनानी' जयप्रकाश, जो बयालीस के आंदोलन की पैदावार थे। दिनकरजी कहते हैं : 'विप्लव ने उगला तुम्हें, महामणि उगले ज्यों नागिन कोई'। इस कविता में आगे उन्होंने यह भी कहा है कि 'अब जयप्रकाश है नाम देश की आतुर, हठी जवानी का'।

'जवानी का झंडा' और 'जवानियाँ' युवकों को विषय बनाकर लिखी गई उनकी दो कविताएँ हैं, जिनमें से पहली कविता एक वामपंथी पार्टी की नौजवान-सभा का उद्‌घाटन-गान है। वह यूनान के युद्धोत्तर विद्रोह के समय रची गई थी। कवि का यह उद्‌बोधन देखिए—

खड़ा हो कि पच्छिम के कुचले हुए लोग उठने लगे ले मशाल,
खड़ा हो कि पूरब की छाती से भी फूटने को है ज्वाल कराल!
खड़ा हो कि फिर फूँक विष की लगा धूर्जटी ने बजाया विषाण,
खड़ा हो, जवानी का झंडा उड़ा, ओ मेरे देश के नौजवान!

इस कविता में भी दृढ़ आशा की व्यंजना करनेवाला कवि का यह मोहक प्रकृति-वर्णन हमारा ध्यान खींचता है :

अहा! जगमगाने लगी रात की माँग में रौशनी की लकीर,
अहा! फूल हँसने लगे, सामने देख, उड़ने लगा वह अबीर।

दूसरी कविता के शुरू में ही 'लहू' शब्द का प्रयोग हुआ है, जिसका हिंदी में सीधा अर्थ लेकर दिनकरजी की इस उक्ति को सस्ता करार दिया गया है, लेकिन ज्ञातव्य है कि इस शब्द का प्रयोग यहाँ लाक्षणिक अर्थ में किया गया है, जिसका तात्पर्य है 'सुबह की लालिमा'। इस बात की पुष्टि आगे की पंक्तियों से होती है, जिन्हें आलोचकों ने नहीं देखा। मैं नीचे वे पंक्तियाँ दे रहा हूँ :

नए सुरों में शिंजिनी बजा रहीं जवानियाँ,
लहू में तैर-तैर के नहा रहीं जवानियाँ।
....
प्रभात-शृंग से घड़े सुवर्ण के उँड़ेलती,
रँगी हुई घटा में भानु को उछाल खेलती;
तुषार-जाल में सहस्र हेम-दीप बालती,
समुद्र की तरंग में हिरण्य-धूलि डालती;
सुनील चीर को सुवर्ण-बीच बोरती हुई,

धरा के ताल-ताल में उसे निचोड़ती हुई;
उषा के हाथ की विभा लुटा रहीं जवानियाँ।

इस उद्धरण में पुनः प्रकृति का शहजोर चित्रण दर्शनीय है। छायावादी कविता में बहुत ढूँढ़कर विराट् बिंबों के कुछ उदाहरण लाए जाते हैं, जबकि दिनकर की कविता में वे भरे पड़े हैं। ऐसा ही बिंब इसी कविता से नीचे दिया जा रहा है—

समस्त सूर्य-लोक एक हाथ में लिए हुए,
दबाके एक पाँव चन्द्र-भाल पर दिए हुए,
खगोल में धुआँ बिखेरती प्रतप्त श्वास से,
भविष्य को पुकारती हुई प्रचंड हास से;
उछाल देव-लोक को मही से तोलती हुई,
मनुष्य के प्रताप का रहस्य खोलती हुई;
विराट् रूप विश्व को दिखा रहीं जवानियाँ।

इसे युवा-शक्ति में कवि की प्रचंड आस्था का विस्फोट कहना चाहिए। ताज्जुब नहीं कि शायरे-इनकलाब जोश जब पहली बार दिनकरजी से मिले, तो बेसाख्ता उनके मुँह से यह रुबाई निकली, जो उन्होंने उन्हें सुनाई : 'हिंद में लाजवाब हैं दोनों,/शायरे-इनकलाब हैं दोनों,/देखने में अगर्चे जर्रे हैं,/वाकई आफ़ताब हैं दोनों।'

'दिल्ली और मास्को' भी दिनकरजी की एक प्रसिद्ध कविता है, जिसमें उन्होंने पहले रूसी क्रांति का अभिनंदन किया है और तत्पश्चात् भारतीय कम्युनिस्ट पार्टी की इसके लिए आलोचना की है कि वह देश की आजादी से अधिक महत्त्व सर्वहारा-क्रांति को दे रही थी। बयालीस के आंदोलन में उसका राज पूरी तरह से फाश हो गया, क्योंकि उसने उक्त आंदोलन का विरोध करते हुए द्वितीय विश्व युद्ध में, फासीवादी शक्तियों के विरुद्ध, देश के स्वाधीनता-आंदोलन को स्थगित कर, सोवियत संघ के समर्थन पर बल दिया। कारण यह कि हिटलर ने सोवियत संघ पर आक्रमण कर दिया था, सो विश्वयुद्ध, जो उसके लिए अब तक साम्राज्यवादी शक्तियों का आपसी संघर्ष था, अब लोकयुद्ध में बदल चुका था। यह कम्युनिस्टों द्वारा मान्य सर्वहारा के अंतर्राष्ट्रीयतावाद का गलत अर्थ निकालना था। दिनकरजी ने उक्त कविता में निर्द्वंद्व भाव से यह उन्हें बतलाया, लेकिन उन पर इसका कोई असर नहीं पड़ा। परिणामतः उन्हें बदले में जनता के आक्रोश का सामना करना पड़ा और अपनी सारी लोकप्रियता गँवा देनी पड़ी। उनकी ओर इशारा करनेवाली कविता का सिर्फ यह अंश देखिए :

एक देश है जहाँ विषमता से अच्छी हो रही गुलामी,
जहाँ मनुज पहले स्वतंत्रता से हो रहा साम्य का कामी।
भ्रमित ज्ञान से जहाँ जाँच हो रही दीप्त स्वातंत्र्य-समर की,
जहाँ मनुज है पूज रहा जग को, बिसार सुधि अपने घर की।

जहाँ मृषा संबंध विश्व-मानवता से नर जोड़ रहा है,
जन्मभूमि का भाग्य जगत् की नीति-शिला पर फोड़ रहा है।

दिनकरजी की एक सुंदर कविता है 'जा रही देवता से मिलने?', जिसमें वे देवता को पृथ्वी की बदहाली से परिचित कराने के साथ-साथ अपनी सुदृढ़ आशा भी प्रदर्शित करते हैं। इस दृष्टि से कविता का आरंभिक और अंतिम अंश विशेष रूप से उल्लेखनीय है। आरंभिक अंश—

जा रही देवता से मिलने? तो इतनी कृपा किए जाओ।
अपनी फूलों की डाली में दर्पण यह एक लिए जाओ।
आरती, फूल, फल से प्रसन्न जैसे हों, पहले कर लेना,
जब हाल धरित्री का पूछें, सम्मुख यह दर्पण धर देना।
बिंबित है इसमें पुरुष पुरातन के मानस का घोर भँवर;
है नाच रही पृथ्वी इसमें, है नाच रहा इसमें अंबर।

अंतिम अंश—

झाँकी उस नई परिधि की जो है दीख रही कुछ थोड़ी-सी;
क्षितिजों के पास पड़ी पतली, चमचम सोने की डोरी-सी।
छिलके उठते जा रहे, नया अंकुर मुख दिखलाने को है।
यह जीर्ण तनोवा सिमट रहा, आकाश नया आने को है।

कहने की आवश्यकता नहीं कि अंतिम अंश में प्रकृति-वर्णन भी असाधारण सौंदर्य से युक्त है और उसकी व्यंजना भी सार्थक है, जो इस पार्थिव जीवन के दुख-दर्द के बीच भी परिवर्तन के समारंभ की सूचना देती है।

'हे मेरे स्वदेश!' सांप्रदायिक दंगों पर लिखी गई दिनकरजी की राष्ट्र-प्रेम से लबालब एक ऐसी कविता है, जिसमें अभिव्यक्त आत्मीयता उनकी किसी दूसरी कविता में नहीं दिखलाई पड़ती। यह 1946 में नोआखाली और बिहार के सांप्रदायिक दंगों के समय लिखी गई थी। नोआखाली में, जब चारों तरफ से छुरे और घातक हथियार चल रहे थे, महात्मा गाँधी बिना सुरक्षा के अकेले और पाँव पियादे वहाँ के गाँवों की यात्रा कर रहे थे और इस तरह घूम-घूमकर दंगे की आग बुझा रहे थे। पटने के फुलवारीशरीफ में दंगा छिड़ने के बाद वे यहाँ भी आए थे और उसमें भी निर्भय होकर एक शांतिदूत की भूमिका निभाई थी। दिनकरजी की बेचैनी देखिए—

छिप जाऊँ कहाँ तुम्हें लेकर? इस विष का क्या उपचार करूँ?
प्यारे स्वदेश! खाली आऊँ? या हाथों में तलवार धरूँ?
....

जलते हैं हिंदू-मुसलमान, भारत की आँखें जलती हैं,
आनेवाली आजादी की, लो! दोनों पाँखें जलती हैं।

अंत में महात्मा गाँधी की ओर संकेत करनेवाली ये पंक्तियाँ :

दुनिया भी देखे अंधकार की कैसी फौज उमड़ती है।

औ' एक अकेली किरण व्यूह में जाकर कैसे लड़ती है।

इस ब्यौरे से यह स्पष्ट है कि स्वाधीनता-आंदोलन के दौरान रचित दिनकरजी की कविताओं में युग का अंतर्द्वंद्व, आंदोलन की एकाधिक अंतर्धाराएँ और उसमें होनेवाले उतार-चढ़ाव सबों का वर्णन है। इस तरह उसे उक्त दौर का प्रामाणिक अभिलेख समझना चाहिए।

चल रहे ग्राम-कुंजों में पछिया के झकोर

दिनकरजी के स्वातंत्र्योत्तर राष्ट्रीय काव्य को जाने बगैर उनकी राष्ट्रीयता के स्वरूप का ठीक-ठीक परिचय नहीं प्राप्त किया जा सकता। उनकी पहली प्रतिबद्धता जनता के प्रति थी, फिर किसी दल या उसके नेतृत्व के प्रति। जनता को उन्होंने कभी नहीं भुलाया और वही उनके लिए स्वतंत्रता की कसौटी थी, जैसे प्रेमचंद के लिए हर अंग्रेजी कानून या कांग्रेस के प्रस्ताव की कसौटी किसानों का हित थी। दिनकरजी जनता की निराशा और बदहाली से भी परिचित थे और उसमें निहित इतिहास को बदलनेवाली शक्ति से भी। जब 15 अगस्त, 1947 को देश को आजादी मिली, तो उन्होंने सगर्व उसका अभिनंदन किया, लेकिन अपनी बुद्धि और विवेक को बिना गँवाए, भावुकता के प्रवाह में बहते हुए नहीं। इस ऐतिहासिक अवसर पर उन्होंने 'अरुणोदय' शीर्षक कविता लिखी और उसमें सिर ऊँचा कर यह कहा :

मंगल-मुहूर्त; रवि! उगो हमारे क्षण ये बड़े निराले हैं,
हम बहुत दिनों के बाद विजय का शंख फूँकनेवाले हैं।
मंगल-मुहूर्त; तरुगण! फूलो, नदियो! अपना पयदान करो,
जंजीर तोड़ता है भारत, किन्नरियो! जय-जय गान करो।
भगवान साथ हों, आज हिमालय अपनी ध्वजा उठाता है,
दुनिया की महफिल में भारत स्वाधीन बैठने जाता है।

लेकिन जैसा कि कहा गया, उन्होंने देश की आजादी के साथ आनेवाली चुनौती की भी याद दिलाई। वह चुनौती यह थी कि भारत का पुनर्निर्माण करना था और देश का जो विभाजन हुआ था, उसे खत्म करके उसे फिर अखंड रूप देना था। आज पाकिस्तान को अंतर्राष्ट्रीय मान्यता मिल चुकी है, इसलिए उसके अस्तित्व को समाप्त नहीं किया जा सकता, लेकिन उस समय बात कुछ और थी। माखनलालजी भी इसी तरह सोचते थे। कुछ वर्षों बाद स्थिति समझकर डा. लोहिया ने कहा था कि पारस्परिक शांति और प्रगति के लिए हमें दोनों देशों का एक परिसंघ यानी 'कनफेडरेशन' बनाना चाहिए। दिनकरजी का कथन देखिए—

आजादी नहीं, चुनौती है, यह बीड़ा कौन उठाएगा?
खुल गया द्वार, पर कौन देश को मंजिल तक पहुँचाएगा?
है कौन, हवा में जो उड़ते इन सपनों को साकार करे?
है कौन उद्यमी नर, जो इस खँडहर का जीर्णोद्धार करे?
माँ का अंचल है फटा हुआ, इन दो टुकड़ों को सीना है,
देखें, देता है कौन लहू, दे सकता कौन पसीना है?

उनमें आशा और उत्साह उदग्र रूप में था, सो उन्होंने कविता के अंत में कहा—

सम्मुख असंख्य बाधाएँ हैं, गरदन मरोड़ते बढ़े चलो,
अरुणोदय है, यह उदय नहीं, चट्टान फोड़ते बढ़े चलो।

इसी वर्ष उन्होंने बापू पर एक लंबी कविता लिखी। यह कविता उन्होंने नोआखाली में महात्मा गाँधी के साहसपूर्ण अभियान से प्रभावित होकर लिखी थी। यह अत्यंत प्रभावशाली कविता है, जिसे कवि की आत्मस्वीकृति ने और प्रभावशाली बना दिया है :

संसार पूजता जिन्हें तिलक, रोली, फूलों के हारों से,
मैं उन्हें पूजता आया हूँ बापू! अब तक अंगारों से।
अंगार, विभूषण यह उनका विद्युत् पीकर जो आते हैं,
ऊँघती शिखाओं की लौ में चेतना नई भर जाते हैं।
उनका किरीट, जो कुहा-भंग करते प्रचंड हुंकारों से,
रोशनी छिटकती है जग में जिनके शोणित की धारों से।
....
पर, तू इन सब से परे, देख तुझको अंगार लजाते हैं,
मेरे उद्वेलित-ज्वलित गीत सामने नहीं हो पाते हैं।

महात्मा गाँधी ने देश क्या, संपूर्ण विश्व को प्रेम का संदेश दिया और कहा कि इससे बड़े से बड़ा लक्ष्य प्राप्त किया जा सकता है। वे इस बात को महत्त्व नहीं देते थे कि प्रेम का प्रतिदान मिलता है या नहीं, लेकिन दुनियावी आदमी के लिए एकतरफा प्रेम करना कठिन है, सो दिनकरजी कहते हैं—

बापू ने राह बना डाली, चलना चाहे, संसार चले,
डगमग होते हों पाँव अगर तो पकड़ प्रेम का तार चले।
दानवता से मैं भी अधीर नर पर मेरा भी सहज प्यार,
मैं भी चाहता पकड़ पाऊँ इस अमिट प्रेम का क्षीण तार।
पर, हाय, प्रणय के तार! छोर बस एक हमारे कर में है;
क्या अन्य छोर भी इसी तरह आबद्ध अपर अंतर में है?

अंत में वे नोआखाली के दंगे की तरफ संकेत करते हुए पाठकों से पूछते हैं—

थी पड़ी दृष्टि पहले भी क्या तेरी ऐसे नर नामी पर,
जो खुले पाँव निःशंक घूमता हो साँपों की बामी पर?

कहने की आवश्यकता नहीं कि महात्मा गाँधी की नोआखाली–यात्रा ने दिनकर की कविता को एक मोड़ दिया और वे गाँधीवाद की तरफ पहले से ज्यादा झुक गए। महात्मा गाँधी की शहादत के बाद उन्होंने दो कविताएँ लिखीं– 'वज्रपात!' और 'अघटन घटना, क्या समाधान?' दूसरी कविता में उन्होंने तीन बार इस बात को दुहराया कि 'गोली से डाला मार उन्हें उन्मत्त एक हत्यारे ने/जो हिंदू था।' मुझे गाँधी संग्रहालय, पटना में गाँधी के पुण्य–दिवस पर आयोजित एक शोक–सभा में शामिल होने का मौका मिला था। उसमें गीता, कुरान और बाइबिल से उद्धरण पढ़े गए, लेकिन एक बार भी इस बात का जिक्र नहीं किया गया कि उनकी हत्या एक संप्रदायवादी हिंदू ने की थी। जो व्यक्ति अभय का अवतार था, उसके संबंध में भय के मारे एक ज्वलंत सत्य की चर्चा करने का साहस आयोजकों में से किसी को नहीं हुआ, जैसे उससे आग लग जाएगी। उन्हें शायद इस बात का पता नहीं कि सांप्रदायिकता की आग तो इस देश में लगी हुई है, जो रह–रहकर भड़क उठती है। यह आग सत्य को छिपाने से नहीं, बल्कि गणेशशंकर विद्यार्थी और गाँधी का उदाहरण देकर सांप्रदायिकता को समूल नष्ट करने से शांत होगी। दिनकर निरर्थक भय के शिकार नहीं थे, इसलिए बार–बार उन्होंने कहा कि बापू का हत्यारा कोई पापी हिंदू ही था।

लेकिन कांग्रेसी नेताओं और सरकार का रंग–ढंग देखकर एक साल में ही आजादी से दिनकरजी का मोहभंग हो गया। 'पहली वर्षगाँठ' शीर्षक कविता में उन्होंने बहुत कड़वे स्वर में कहा :

आजादी खादी के कुरते की एक बटन,
आजादी टोपी एक नुकीली तनी हुई।
फैशनवालों के लिए नया फैशन निकला,
मोटर में बाँधो तीन रंगवाला चिथड़ा
औ' गिनो कि आँखें पड़ती हैं कितनी हम पर,
हम पर यानी आजादी के पैगंबर पर।

'जनता और जवाहर' शीर्षक कविता के आरंभ में उन्होंने जनता में फैली पस्ती का इस रूप में वर्णन किया :

फीकी उसाँस फूलों की है, मद्धिम है ज्योति सितारों की;
कुछ बुझी–बुझी–सी लगती है झंकार हृदय के तारों की।
चाहे जितना भी चाँद चढ़े, सागर न किंतु लहराता है;
कुछ हुआ हिमालय को, गरदन ऊपर को नहीं उठाता है।

अरमानों में रौशनी नहीं, इच्छा में जीवन का न रंग,
पाँखों में पत्थर बाँध कहीं सूने में जा सोई उमंग।

नेता जनता को तरह-तरह से ठग और लूट रहे थे। दिनकरजी ने उन्हें चेताया—

जनसमुद्र यह नहीं, सिंधु है यह अमोघ ज्वाला का,
जिसमें पड़कर बड़े-बड़े कंगूरे पिघल चुके हैं।
लील चुका है यह समुद्र जाने कितने देशों में,
राजाओं के मुकुट और सपने नेताओं के भी।
....
मणि, मुक्ता, वैदूर्य, रत्न पच गए जहाँ पानी-से,
क्या बिसात है वहाँ तुम्हारे तृणकोमल वत्कल की?
सावधान, जनभूमि किसी का चारागाह नहीं है,
घास यहाँ की पहुँच पेट में काँटा बन जाती है।

भारत के गणतंत्र घोषित होने पर दिनकरजी ने 'जनतंत्र का जन्म' शीर्षक अपनी प्रसिद्ध कविता लिखी, क्योंकि वे गणतंत्र को ही सच्चा जनतंत्र मानते थे। उसकी पंक्ति 'सिंहासन खाली करो कि जनता आती है' हिंदी क्षेत्र में नारा बन चुकी है। इसमें उन्होंने जनता की शक्ति का एहसास कराते हुए अपनी प्रसन्नता भी प्रकट की और भारतीय जनतंत्र का महत्त्व बतलाते हुए जनता की पहचान भी बतलाई—

अब्दों, शताब्दियों, सहस्त्राब्द का अंधकार
बीता; गवाक्ष अंबर के दहके जाते हैं;
यह और नहीं कोई, जनता के स्वप्न अजय
चीरते तिमिर का वक्ष उमड़ते आते हैं।

सबसे विराट जनतंत्र जगत का आ पहुँचा,
तैंतीस कोटि-हित सिंहासन तैयार करो;
अभिषेक आज राजा का नहीं, प्रजा का है,
तैंतीस कोटि जनता के सिर पर मुकुट धरो।

आरती लिए तू किसे ढूँढ़ता है मूरख,
मंदिरों, राजप्रसादों में, तहखानों में?
देवता कहीं सड़कों पर गिट्टी तोड़ रहे,
देवता मिलेंगे खेतों में, खलिहानों में।

एक अन्य कविता में पुनः उनका स्वर कड़वा हो जाता है और देश को गाँधी के मार्ग से

विपरीत दिशा में जाते हुए देखकर उससे कहते हैं—

गाँधी को उलटा घिसो, और जो धूल झरे,
उसके प्रलेप से अपनी कुंठा के मुख पर
ऐसी नक्काशी गढ़ो कि जो देखे, बोले,
आखिर, बापू भी और बात क्या कहते थे?

वे कांग्रेसी नेताओं के पाखंड से तंग आ चुके थे। उनमें जो जितना बड़ा नेता होता था, वह जनता के हृदय पर उतना अधिक प्रभुत्व जमाकर अपना स्वार्थ सिद्ध करता था। दिनकरजी झल्लाकर जनता से कहते हैं—

क्या चाहिए तुझे रे मूरख!
सखा? बंधु? सहचर? अनुरागी?
या जो तुझको नचा-नचा मारे
वह हृदय-विजेता?

'या जो तुझको नचा-नचा मारे/वह हृदय-विजेता?' यह उन लोकप्रिय नेताओं के लिए है, जो अपनी वक्तृत्व-कला से जनता को मुग्ध बनाकर उसे अपनी उँगलियों पर नचाते हैं और इस तरह उसकी जान ले लेते हैं।

'मरघट की धूप' दिनकरजी की एक उल्लेखनीय कविता है, जिसमें वे कहते हैं :

तैर गए हम जिसे, कहो क्या वह समुद्र था जल का?

विषपरिवह से विकल सिंधु या पिघले हुए अनल का?
पुरस्कार में यही द्वीप, पर थे क्या हम पाने को?
झंझा पर होकर सवार थे चले यहीं आने को?
बालू का यह द्वीप, दीखती कहीं नहीं हरियाली,
एक रंग सब ओर, चतुर्दिक उजियाली, उजियाली।
....
दोपहरी का अंधकार! निष्प्राण ज्योति की वेला,
मही बड़ी निःसंग, व्योम पर रवि भी बड़ा अकेला।

इसमें कवि की पीड़ा के साथ-साथ अभिव्यक्ति के नएपन पर भी हमारा ध्यान जाना चाहिए, क्योंकि इसमें उजियाली से अँधियाली का काम लिया गया है। यह 'डार्कनेस ऐट नून' नहीं है, बल्कि यहाँ 'नून' ही 'डार्कनेस' है। दूसरी पंक्ति में संस्कृत का 'परिवह' शब्द आया है, जो सात वायुओं में से एक वायु है। इसी समय विनोबा ने भू-दान आंदोलन शुरू किया था। दिनकरजी ने 'भू-दान' शीर्षक कविता के अंत में कहा : 'स्तत्व छीनकर क्रांति छोड़ती कठिनाई से प्राण।/बड़ी कृपा उसकी, भारत में माँग रही वह दान।' मैथिलीशरण का भी यही कहना था कि यदि भू-दान आंदोलन असफल हुआ, तो इस देश में खूनी

क्रांति होगी। दिनकरजी ने एक बार बतलाया था कि वे विनोबा के साथ घूमकर आ रहे हैं और फिर उनके साथ घूमने जाएँगे। अफसोस कि यह आंदोलन असफल हुआ और इससे किसी की आशा पूरी नहीं हुई।

दिल्ली को विषय बनाकर दिनकरजी ने चार कविताएँ लिखी हैं, जिनमें से दो कविताएँ– 'दिल्ली' और 'दिल्ली और मास्को'– हम देख चुके हैं। तीसरी कविता है 'हक की पुकार', जिसमें कवि एक आम आदमी को सामने लाकर दिल्ली के नेताओं से कहता है–

यह वह मनुष्य, जिसकी ज्वाला की ढाल बना तुम लड़ते थे,
जिसकी तावीज पहनकर तुम शेरों की तरह अकड़ते थे।
क्या हुआ कि इस भूखी प्रतिमा को देख आज भय लगता है?
मर गई कौन-सी नस, जिससे वह दर्द नहीं अब जगता है?
है तुम्हें खुशी, जंजीर गुलामी की पाँवों से छूट गई?
मुझको गम है, पहले वाली तावीज तुम्हारी टूट गई।
....
दिल्ली की सारी चमक-दमक, यह लोच-लचक सब झूठी है।
रेशम पर पड़ती हुई रौशनी की लक-दक सब झूठी है।
झूठा है यह सारा बनाव, झूठे ये महल-अटारी हैं।
तुम यहाँ फूँकते हो वंशी, गाँवों में नाले जारी हैं।
आने दो इन आवाजों को, मत एक राह भी बंद करो।
गाँवों को रौशन करना हो, रौशनी यहाँ की मंद करो।

दिनकरजी की काव्य-भाषा सरल और सटीक तो है ही, उनकी अभिव्यक्ति में नया उन्मेष भी है, जिसका प्रमाण इस उद्धरण में 'तावीज' का प्रयोग है। इसमें आनेवाले फारसी शब्द 'नाले' का अर्थ है 'आहें'। 'किसको नमन करूँ मैं?' कविता, जो भारत को संबोधित करके लिखी गई है, इस दृष्टि से उल्लेखनीय है कि इसमें कवि ने भारत को परिभाषित किया है और उसे मात्र एक भू-खंड मानने से इनकार करते हुए एक संकल्पना बतलाया है। कहते हैं, 'भू के मानचित्र पर अंकित त्रिभुज, यही क्या तू है?/नर के नभश्चरण की दृढ़ कल्पना नहीं क्या तू है?' फिर ये बंद :

भारत नहीं स्थान का वाचक, गुण विशेष नर का है,
एक देश का नहीं, शील यह भूमंडल भर का है।
जहाँ कहीं एकता अखंडित, जहाँ प्रेम का स्वर है;
देश-देश में वहाँ खड़ा भारत जीवित भास्वर है।
....
उठे जहाँ भी घोष शांति का, भारत, स्वर तेरा है,

धर्म दीप हो जिसके भी कर में वह नर तेरा है।
तेरा है वह वीर, सत्य पर जो अड़ने जाता है,
किसी न्याय के लिए प्राण अर्पित करने जाता है।

इससे राष्ट्रकवि के दृष्टिकोण की व्यापकता का अंदाजा लगाया जा सकता है, जो अपने राष्ट्र तक ही सीमित नहीं था।

उनकी एक कविता है 'राष्ट्र-देवता का विसर्जन', जिसमें उन्होंने राष्ट्रवाद को विदा दी है। कारण यह कि द्वितीय विश्वयुद्ध के बाद 'राष्ट्रवाद' एक निषिद्ध शब्द हो गया था, क्योंकि धुरी राष्ट्रों ने अपने राष्ट्रीय हित को ही सर्वोपरि रखकर दुनिया के बाकी राष्ट्रों को तबाह किया था। स्वभावतः दिनकरजी राष्ट्र-देवता से कहते हैं—

शंका की यह आग नहीं क्या बुझ पाएगी?
देशों की दीवार तोड़ तुम जी न सकोगे?
फैल रहा है जहर तुम्हारा जो धरती पर,
राष्ट्रदेवता! उसे पुनः तुम पी न सकोगे?
....
खंड-प्रलय हो चुका, राष्ट्रदेवता! सिधारो,
क्षीरोदधि को अब प्रदाह जग का धोने दो,
महानाग फण तोड़ अमृत के पास झुकेगा,
विषधर पर आसीन विष्णु-नर को होने दो।

'रोटी और स्वाधीनता' शीर्षक कविता में कवि ने इन दोनों में संबंध जोड़ते हुए भारतीय जनता से कहा :

झेलेगा यह बलिदान? भूख की घनी चोट सह पाएगा?
आ पड़ी विपद तो क्या प्रताप-सा घास चबा रह पाएगा?
है बड़ी बात आजादी का पाना ही नहीं, जुगाना भी,
बलि एक बार ही नहीं, उसे पड़ता फिर-फिर दुहराना भी।

उनके विचार कितने क्रांतिकारी थे, वह इस बंद में देखिए—

रोटी उसकी, जिसका अनाज, जिसकी जमीन, जिसका श्रम है,
अब कौन उलट सकता स्वतंत्रता का सुसिद्ध, सीधा क्रम है?
आजादी है अधिकार परिश्रम का पुनीत फल पाने का,
आजादी है अधिकार शोषणों की धज्जियाँ उड़ाने का।

इतना ही नहीं, वे यह भी कहते हैं—

आजादी केवल नहीं आप अपनी सरकार बनाना ही,
आजादी है उसके विरुद्ध खुलकर विद्रोह मचाना भी।

'समर शेष है' शीर्षक उनकी कविता भी प्रसिद्ध है। इसमें भी उन्होंने दिल्ली को संबोधित किया है :

सकल देश में हालाहल है, दिल्ली में हाला है,
दिल्ली में रोशनी, शेष भारत में अँधियाला है।
मखमल के पर्दों के बाहर, फूलों के उस पार,
ज्यों का त्यों है खड़ा आज भी मरघट-सा संसार।

यह बार-बार सोचने की जरूरत है कि वह कौन-सी चीज है, जो दिनकरजी के आक्रोश और क्षोभ को सँभाले रहती है और उससे भी वे श्रेष्ठ कविता बना लेते हैं। निश्चय ही इसका कारण वैचारिकता के अलावा कुछ और नहीं हो सकता। आचार्य रामचंद्र शुक्ल ने कहा था कि चिंतन के भीतर ही भाव-प्रसार होता है। वह बात यहाँ सही लगती है।

दिल्ली को विषय बनाकर लिखी गई दिनकरजी की चौथी कविता है 'भारत का यह रेशमी नगर'। इसका एक बंद उद्धृत करना ही पर्याप्त होगा–

चल रहे ग्राम-कुंजों में पछिया के झकोर,
दिल्ली, लेकिन, ले रही लहर पुरवाई में।
है विकल देश सारा अभाव के तापों से;
दिल्ली सुख से सोई है नरम रजाई में।

एक कविता में महात्मा गाँधी की आवाज सुनाई पड़ती है, जिसमें वे भारत के पुनर्निर्माण को लेकर आश्वस्त दीखते हैं और कहते हैं : 'भग्न मंदिर बन रहा है, स्वेद का जल दो।/रश्मियाँ अपनी निचोड़ो ज्योति उज्ज्वल दो।' कवि आवाज सुनकर बाहर आता है, तो बापू की छाया को पहचानकर उनसे निवेदन करता है :

मैं स्वयं ही रश्मियों का गीत गाना चाहता हूँ,
भग्न मंदिर में जिसे तुम धर गए हो,
उस मनोहर मूर्ति को जीवित बनाना चाहता हूँ।
पर, करूँ क्या? आग जलती ही नहीं है।
झाँझ, घंटा, शंख सारे बज रहे हैं,
आरती की वर्ति बलती ही नहीं है।
कौन है दोषी? हमारा पाप क्या है?
फूँकता हूँ बाँसुरी आभा जगाने के लिए,
भग्न मंदिर को स्वरों से जगमगाने के लिए;
पर, न जाने, प्राण में क्या चीज जलती है,
रागिनी मुँह से धुआँ बनकर निकलती है।

1962 में भारत की पूर्वोत्तर सीमा पर चीनी आक्रमण हुआ। दिनकरजी का उग्र

राष्ट्र-प्रेम फिर प्रचंड रूप में जागृत हो उठा। इसी समय उन्होंने 'परशुराम की प्रतिज्ञा' की ढेर सारी कविताएँ लिखीं, जिनमें से कई कविताएँ स्थल-स्थल पर सपाट हो गई हैं, क्योंकि कवि अपने आवेश पर नियंत्रण नहीं रख सका है। पूर्वोत्तर सीमा से घायल हो-होकर सैनिक पटना के बड़े अस्पताल के राजेंद्र नगर सर्जिकल वार्ड में आने लगे। मुझे वह संध्या याद है, जब दिनकरजी बेचैन होकर उन सैनिकों से मिलने के लिए गए थे। लौटकर उन्होंने एक कविता लिखी, 'लोहे के मर्द', जो उसी सप्ताह पटना के एक साप्ताहिक के मुखपृष्ठ पर छपी। यहाँ मैं उस कविता को पूरा उद्धृत कर रहा हूँ, क्योंकि वह छोटी है,—

पुरुष वीर बलवान,
देश की शान,
हमारे नौजवान
घायल होकर आए हैं।
कहते हैं, ये पुष्प, दीप,
अक्षत क्यों लाए हो?
हमें कामना नहीं सुयश-विस्तार की,
फूलों के हारों की, जय-जयकार की।
तड़प रही घायल स्वदेश की शान है।
सीमा पर संकट में हिंदुस्तान है।
ले जाओ आरती, पुष्प, पल्लव हरे,
ले जाओ ये थाल मोदकों से भरे।
तिलक चढ़ा मत और हृदय में हूक दो,
दे सकते हो तो गोली-बंदूक दो।

दिनकरजी चीन के विश्वासघात से आहत थे, सो उन्होंने चीनी और भारतीय नेताओं के शांति-कपोत उड़ाने का हवाला देकर एक कविता में कहा :

जब शांतिवादियों ने कपोत छोड़े थे,
किसने आशा से नहीं हाथ जोड़े थे?
पर, हाय, धर्म यह भी धोखा है, छल है,
उजले कबूतरों में भी छिपा अनल है।
पंजों में इनके धार धरी होती है,
कइयों में तो बारूद भरी होती है।

उन्हें बहुत दिनों तक सिर्फ गर्जन-तर्जन करनेवाला कवि माना जाता रहा। उक्त पुस्तक की ही एक कविता में उन्होंने कहा है कि 'गर्जन धावा नहीं; स्वरों का घटाटोप है;/परित्राण

का शिखर; पलायन उन प्रश्नों से/जिनका उत्तर नहीं, न कोई समाधान है।' एक कविता उनकी 'एनार्की' है, जिसमें आजादी का यह दिलचस्प रूप देखने को मिलता है, जो जनता द्वारा आजादी का गलत अर्थ लगाए जाने का पता देती है और खस्ता कानून-व्यवस्था की पोल खोलती है,—

''और, अरे यार! तू तो बड़ा शेर-दिल है,
बीच राह में ही लगा रखी महफिल है!
देख, लग जाएँ नहीं मोटर के झटके,
नाचना जो हो तो नाच सड़क से हटके।''
''सड़क से हट तू ही क्यों न चला जाता है?
मोटर में बैठ बड़ी शान दिखलाता है!
झाड़ देंगे, तुझमें जो तड़क-भड़क है,
टोकने चला है, तेरे बाप की सड़क है?
सिर तोड़ देंगे, नहीं राह से टलेंगे हम,
हाँ, हाँ, जैसे चाहें, वैसे नाचके चलेंगे हम।
बीस साल पहले की शेखी तुझे याद है।
भूल ही गया है, अब भारत आजाद है।

1955 में सोवियत नेता ख्रुश्चेव और बुल्गानिन भारत आए थे। दिनकरजी ने उनका अभिनंदन किया, लेकिन राष्ट्रीय मूल्यों की भूमि पर दृढ़ता से अपने पैर टिकाकर। 'भारत-व्रत' शीर्षक कविता के अंतिम दो बंद देखिए :

जय हो लोहित भानु! विश्व में यदि सर्वत्र अनल है,
तो ले जाओ, अभी यहाँ बाकी गंगा का जल है।
यह जल, यह पीयूष दाह जन-मन का हरनेवाला,
ज्वालामुखी कंठ में कोकिल का स्वर भरनेवाला।

छिड़को इसे फणी के फण पर, उठती ज्वालाओं पर,
ज्ञान-ग्रीव में पड़ी आणविक बम की मालाओं पर।
कभी इसी जल से मनुष्य के मन का दाह धुलेगा,
खुला नहीं जो असि से, फूलों से वह द्वार खुलेगा।

भारतीय स्वाधीनता की रजत-जयंती पर भी उन्होंने एक कविता लिखी, जिसमें कहा—

है जो समृद्धि के स्वप्न सभी जग के सम्मुख,
क्या बुरा अगर हम भी उनके मतवाले हैं?
क्या बुरा अगर कंगाल देश भारत को हम

जर्मनी और जापान बनानेवाले हैं?
जर्मनी और जापान! ख्वाब में मत भूलो,
बस इसी ख्वाब ने मानवता को मारा है।
धन के टापू दस-पाँच भले हों जहाँ-तहाँ,
निर्धनता का भीषण समुद्र जग सारा है।

अंत में बँगला देश के अस्तित्व में आने के बाद दिनकरजी ने एक थोड़ी लंबी कविता लिखी, जिसमें फिर ऊपर की बात ही दुहराई—

समाज की असली ताकत लोहा नहीं,
साहस है, संयम है, श्रम है।
हम किसी नई राह की
तलाश में निकले हैं।
वह देश हमारा आदर्श नहीं हो सकता,
जिसके एक हाथ में सोने की ईंट
और दूसरे हाथ में बम है।

अब तक पाठकों को यह स्पष्ट हो गया होगा कि दिनकरजी की राष्ट्रीयता जड़ न होकर गतिशील थी, उसके अनेक आयाम थे और जनता के प्रति उनकी प्रतिबद्धता पूरी दृढ़ता के साथ शुरू से अंत तक बनी रही। उनकी भाषा, अभिव्यक्ति-कौशल और काव्य-शिल्प का क्या कहना! यदि उनमें से एक भी चीज कमजोर होती, तो उनकी राष्ट्रीय कविताओं को जो अभूतपूर्व लोकप्रियता प्राप्त हुई, वह न होती। यह ठीक है कि शुरू में क्या, अपनी काव्य-रचना की मध्यावस्था में भी उनमें छायावादी रूपकात्मक शैली बनी रही, धीरे-धीरे वे उससे छुटकारा पाकर जब-तब यथार्थ की भूमि पर भी आ जाते हैं। वैसे इन्हें नव-स्वच्छंदतावादी कवि कहना गलत नहीं है। लेकिन यह भी याद रखना चाहिए कि उन्होंने अप्रस्तुतों का जो प्रयोग किया है, उसका अर्थ एकदम स्पष्ट है।

समाज और राष्ट्र वस्तुतः दो नहीं हैं। राष्ट्र समाज से ही बनता है। ये दोनों ही अमूर्त हैं। फर्क सिर्फ इतना है कि समाज जहाँ हमारा निकटतम परिवेश है, वहाँ राष्ट्र हमसे कुछ दूर है। स्वभावतः समाज का तो हम क्षण-प्रतिक्षण अनुभव करते हैं, लेकिन राष्ट्र को लेकर हम तभी बेचैन होते हैं, जब वह पराधीन हो, शोषण और उत्पीड़न का शिकार, या उस पर कोई बाहरी आक्रमण हुआ हो। हम अपने बच्चे को बहुत प्यार करते हैं, पर उस प्यार का कोई खास अनुभव नहीं करते, लेकिन वही जब बीमार हो जाता है, या हमसे दूर चला जाता है, तो हम उसके लिए छटपटा उठते हैं। राष्ट्र के साथ भी यही बात है। चीनी आक्रमण के पहले राष्ट्रीय एकता की बहुत बात की जाती थी, लेकिन आक्रमण के बाद त्वरित गति से सारा राष्ट्र संगठित होकर एक पाँव पर चीन के विरुद्ध खड़ा हो गया। उस समय प्रत्येक भारतीय नागरिक राष्ट्र-प्रेम को लेकर आकुल-व्याकुल था।

चूँकि समाज और राष्ट्र परस्परावलंबित हैं, इसलिए दिनकरजी की कविताओं में ये अनेक बार मिले हुए रूप में आते हैं। कवि राष्ट्र या अपने बारे में लिखते हुए समाज का चित्रण करने लगता है, या समाज पर लिखते-लिखते राष्ट्र पर चला जाता है। दिनकरजी चूँकि गाँव से आनेवाले कवि थे, इसलिए ग्रामीण समाज अर्थात् किसानों को उन्होंने कभी नहीं विस्मृत किया, बल्कि जैसा कि कहा जा चुका है, साधारणजन की कसौटी पर ही वे हमेशा भारतीय स्वतंत्रता की परीक्षा करते रहे और हर बार निराश होते रहे। ताज्जुब नहीं कि उनकी स्वतंत्र्योत्तर राष्ट्रीय कविताएँ कटुता से भरी हुई हैं और उनका स्वर बहुत ही व्यंग्यात्मक हो गया है।

'रेणुका' की 'कविता की पुकार' शीर्षक कविता उसकी 'हिमालय'- जैसी राष्ट्रीय कविता की तरह ही प्रसिद्ध हुई थी। इसके आरंभ में कविता कवि से कहती है :

आज न उडु के नील कुंज में स्वप्न खोजने जाऊँगी,
आज चमेली में न चंद्र-किरणों से चित्र बनाऊँगी।
अधरों में मुसकान, न लाली बन कपोल में छाऊँगी,
कवि! किस्मत पर भी न तुम्हारी आँसू आज बहाऊँगी।
नालंदा-वैशाली में तुम रुला चुके सौ बार,
धूसर भुवन स्वर्ग-ग्रामों में कर पाई न विहार।
आज यह राज-वाटिका छोड़, चलो कवि! वनफूलों की ओर।

कवि किस तरह कल्पना और भावना के कोमल संसार से निकलकर ग्रामीण यथार्थ की भूमि पर उतरने के लिए बेचैन है, यह यहाँ द्रष्टव्य है। उद्धरण की आरंभिक दो पंक्तियाँ कवित्व से लबरेज हैं, जिस कारण वे अतिशय मोहक बन गई हैं। दूसरी बात यह ध्यातव्य है कि गाँवों को कवि 'भुवन-स्वर्ग' कहता है, जिसका मतलब यह कतई नहीं है कि गाँव स्वर्ग हैं। नहीं, वे 'धूसर' हैं और अपने अभाव तथा संघर्ष से ग्रस्त। यदि वे स्वर्ग हैं, तो अपनी सरलता, सादगी और कवि के उसके प्रति दुर्दांत आकर्षण के कारण। गाँवों की किस्मत बहुत विचित्र है। वहाँ भूलकर भी सुखद वायु नहीं चलती और पता नहीं कितने दीप असमय ही बुझ जाते हैं तथा कितने नव कुसुम अपनी सुवास छोड़कर शून्य में विलीन हो जाते हैं। कवि की कविता गाँव जाकर उनकी कब्र पर रोना और जुगनू की आरती सँजोना चाहती है। इसी से कविता आगे कहती है :

चलो, जहाँ निर्जन कानन में वन्य कुसुम मुसकाते हैं,
मलयानिल भूलता, भूलकर जिधर नहीं अलि जाते हैं।
कितने दीप बुझे झाड़ी-झुरमुट में ज्योति पसार,
चले शून्य में सुरभि छोड़कर कितने कुसुम-कुमार।
कब्र पर मैं कवि! रोऊँगी, जुगनु-आरती सँजोऊँगी।

इस कविता में दिनकरजी ने सबसे पहले ग्राम-प्रकृति और ग्राम-संस्कृति का वर्णन किया

है, फिर वे किसानों की दुरवस्था पर आए हैं, किंचित् विस्तार से। ग्राम-प्रकृति और ग्राम-संस्कृति का यह वर्णन देखिए –

स्वर्णांचला अहा! खेतों में उतरी संध्या श्याम परी,
रोमंथन करती गाएँ आ रहीं रौंदती घास हरी।
घर-घर से उठ रहा धुआँ, जलते चूल्हे बारी-बारी,
चौपालों में कृषक बैठ गाते "कहँ अटके बनवारी?"
पनघट से आ रही पीतवसना युवती सुकुमार,
किसी भाँति ढोती गागर-यौवन का दुर्वह भार।
बनूँगी मैं कवि! इसकी माँग, कलश, काजल, सिंदूर, सुहाग।

अब किसानों से संबंधित तीन चित्र :

1. *कवि! असाढ़ की इस रिमझिम में धनखेतों में जाने दो,*
   कृषक-सुंदरी के स्वर में अटपटे गीत कुछ गाने दो।
   दुखियों के केवल उत्सव में इस दम पर्व मनाने दो,
   रोऊँगी खलिहानों में, खेतों में तो हर्षाने दो।
2. *सूखी रोटी खाएगा जब कृषक खेत में धरकर हल,*
   तब दूँगी मैं तृप्ति उसे बनकर लोटे का गंगाजल।
   उसके तन का दिव्य स्वेदकण बनकर गिरती जाऊँगी।
   और खेत में उन्हीं कणों-से मैं मोती उपजाऊँगी।
3. *ऋण-शोधन के लिए दूध-घी बेच-बेच धन जोड़ेंगे,*
   बूँद-बूँद बेचेंगे, अपने लिए नहीं कुछ छोड़ेंगे।
   शिशु मचलेंगे दूध देख, जननी उनको बहलाएगी,
   मैं फाड़ूँगा हृदय, लाज से आँख नहीं रो पाएगी।

अंत में कविता कहती है :

इतने पर भी धन-पतियों की उन पर होगी मार,
तब मैं बरसूँगी बन बेबस के आँसू सुकुमार।
फटेगा भू का हृदय कठोर, चलो कवि! वनफूलों की ओर।

गाँव में रहकर दिनकरजी ने जमींदारों और सूदखोर महाजनों का शोषण और अत्याचार देखा था। उसी अनुभव का निचोड़ उन्होंने उक्त पंक्तियों में रखा है। कहने की आवश्यकता नहीं कि स्वतंत्र भारत में भी किसानों की स्थिति में कोई खास सुधार नहीं हुआ। आज जमींदार नहीं हैं, पर बड़े भूमिपति हैं और सूदखोर महाजन भी कमोबेश बरकरार हैं। उनका शोषण जारी है।

दिनकरजी को वस्तुतः मनुष्य-मात्र की नियति की चिंता थी। वे प्रकृति पर दृष्टि

डालते थे, तो उसमें हँसी-खुशी पाते थे, लेकिन मनुष्य को देखते थे, तो वहाँ केवल रुदन दिखलाई पड़ता था। 'कैसी रचना! कैसा विधार!' से आरंभ होनेवाली 'मनुष्य' शीर्षक कविता में वे कहते हैं :

कलियों को दी मुसकान मधुर, कुसुमों को आजीवन सुहास,
नदियों को केवल इठलाना, निर्झर को कंपित स्वर-विलास।
वन-मृग को शैलतटी-विचरण, खग-कुल को कूजन, मधुर-तान,
सब हँसी-खुशी बँट गई, रुदन अपनी किस्मत में पड़ा आन।

विधवा पर निराला ने भी एक कविता लिखी थी। दिनकरजी भी एक प्रगीत में विधवा को विषय बनाते हैं :

जीवन के शुचि शून्य सदन में
जलता है यौवन-प्रदीप; हँसता तारा एकांत गगन में।
जीवन के शुचि शून्य सदन में।
....

नव यौवन की चिता बनाकर
आशा-कलियों को स्वाहा कर
भग्न मनोरथ की समाधि पर तपस्विनी बैठी निर्जन में।
जीवन के शुचि शून्य सदन में।

विधवाओं की स्थिति भी सवर्ण हिंदुओं में पूर्ववत् बनी हुई है। शहरी उच्च-मध्यवर्ग में यह स्थिति बदल रही है, पर बहुत धीरे-धीरे। आज भारत के दलित हिंदू धर्म से निकलकर बौद्ध धर्म को स्वीकार कर रहे हैं, क्योंकि वह वर्ण-व्यवस्था को नहीं मानता है और उसमें छूत-अछूत का कोई भेद नहीं है। यह सही है कि सिर्फ मंदिर-प्रवेश से उनका दुख-दर्द दूर होनेवाला नहीं है, लेकिन बौद्ध-धर्म को स्वीकार करके वे हिंदू धर्म के प्रति एक विरोध तो जता रहे हैं। महात्मा गाँधी ने हरिजनों के साथ देवघर के शैव मंदिर में प्रवेश करने की कोशिश की थी, लेकिन पंडों ने उन पर प्रहार किया। इसी घटना को आधार बनाकर दिनकरजी ने रेणुका में 'बोधिसत्त्व' शीर्षक कविता लिखी, जिसमें महात्मा बुद्ध को संबोधित कर कहा :

धन-पिशाच की विजय, धर्म की पावन ज्योति अदृश्य हुई,
दौड़ो बोधिसत्त्व! भारत में मानवता अस्पृश्य हुई।
धूप-दीप, आरती, कुसुम ले भक्त प्रेम-वश आते हैं,
मंदिर का पट बंद देख 'जय' कह निराश फिर जाते हैं।
शबरी के जूठे बेरों से आज राम को प्रेम नहीं,

मेवा छोड़ शाक खाने का याद नाथ को नेम नहीं।
पर, गुलाब-जल में गरीब के अश्रु राम क्या पाएँगे?
बिना नहाए इस जल में क्या नारायण कहलाएँगे?

'राजा-रानी' रेणुका की एक उल्लेखनीय और जनप्रिय कविता है, जिसमें कवि ने भारतीय स्त्री की करुण-अवस्था का चित्रण किया है। एक तो समाज ही दुखदर्द से पीड़ित है, उसमें स्त्री की स्थिति तो पुरुषों से भी खराब है। अब आप इस कविता के कुछ अंश देखें, जो अपनी मार्मिकता और अभिव्यक्ति के प्रवाह में बेमिसाल हैं,–

डोलती सुरभि राजा-घर कोने-कोने,
परियाँ सेवा में खड़ी सजाकर दोने।
खोले अलकें रानी व्याकुल-सी आई,
उमड़ी, जाने, क्या व्यथा, लगी वह रोने।
रानी, रोओ, पोंछो न अश्रु अंचल से,
राजा अबोध खेलें कचनार-कमल से।
राजा के वन में कैसे कुसुम खिलेंगे,
सींचो न धरा यदि तुम आँसू के जल से?

आगे कवि सीता और शकुंतला का हवाला देता है। ये दोनों ही राजाओं की पत्नियाँ थीं, जिनमें से एक को गर्भावस्था में वनवास की यातना भोगनी पड़ी और दूसरी को गंधर्व-विवाह के बाद पति से ठुकराए जाने पर निर्वासन की। प्रश्न उठता है कि जब राज-रानियों का यह हाल है, तो सामान्य स्त्री के बारे में क्या कहा जा सकता है? कवि के शब्दों में–

लेखनी लिखे, मन में जो निहित व्यथा है,
रानी की सब दिन गीली रही कथा है।
त्रेता के राजा क्षमा करें यदि बोलूँ,
राजा-रानी की युग से यही प्रथा है।
....
नृप हुए राम, तुमने विपदाएँ झेलीं;
थी कीर्ति उन्हें प्रिय, तुम वन गईं अकेली।
वैदेहि! तुम्हें माना कलंकिनी प्रिय ने,
रानी! करुणा की तुम भी विषम पहेली।
....
अपि शकुंतले! कैसा विषाद आनन में?
रह-रह किसकी सुधि कसक रही है मन में?

प्याली थी वह विष-भरी, प्रेम में भूली,
पी गईं जिसे भोली तुम लता-भवन में।

'हाहाकार' कविता की चर्चा पहले लेख में हो चुकी है, इसमें कवि पहले अपने अंतर्द्वंद्व का वर्णन करता है, फिर किसानों और उनके शिशुओं पर आ जाता है। किसानों के परिवार का ऐसा करुण-वर्णन हिंदी में मुश्किल से मिलेगा :

बैलों के ये बंधु, वर्ष भर क्या जाने, कैसे जीते हैं?
जुबाँ बंद, बहती न आँख, गम खा, शायद आँसू पीते हैं।
पर शिशु का क्या हाल, सीख पाया न अभी जो आँसू पीना?
चूस-चूस सूखा स्तन माँ का सो जाता रो-बिलप नगीना।
विवश देखती माँ, अंचल से नन्हीं जान तड़प उड़ जाती;
अपना रक्त पिला देती यदि फटती आज वज्र की छाती।
कब्र-कब्र में अबुध बालकों की भूखी हड्डी रोती है;
"दूध, दूध!" की कदम-कदम पर सारी रात सदा होती है।
"दूध, दूध!" ओ वत्स! मंदिरों में बहरे पाषाण यहाँ हैं;
"दूध, दूध!" तारे, बोले, इन बच्चों के भगवान् कहाँ हैं?

इन पंक्तियों में कोई दाँव-पेच नहीं, वे स्वयं बोलती हैं, इसलिए आलोचक की वाणी स्वाभाविक रूप से यहाँ मूक हो जाती है। इसमें किसानों और उनके शिशुओं का, जिन्हें कवि ने 'नगीना' कहकर पाठकों का हृदय जीत लिया है, पहले वर्णन हुआ है, फिर मंदिरों के देवताओं और भगवान् को कोसा गया है, जो उनके लिए नहीं बने हैं। 'विपथगा' कविता की चर्चा भी पहले हो चुकी है। इस कविता में दिनकरजी ने पुनः कृषक-शिशुओं के साथ ग्राम- युवतियों की करुणाजनक स्थिति का वर्णन किया है। धन-पतियों के अपव्यय और अहंकार भी क्रांति का एक कारण है। कविता में क्रांति कहती है :

श्वानों को मिलते दूध-वस्त्र, भूखे बालक अकुलाते हैं,
माँ की हड्डी से चिपक, ठिठुर जाड़ों की रात बिताते हैं,
युवती के लज्जा-वसन बेच जब ब्याज चुकाए जाते हैं,
मालिक जब तेल-फुलेलों पर पानी-सा द्रव्य बहाते हैं,
पापी महलों का अहंकार देता मुझको तब आमंत्रण।
झन-झन-झन-झन-झन-झनन-झनन।

'धूप और धुआँ' में दिनकरजी की एक कविता है 'राहु'। यह कविता भी छोटी है, इसलिए इसे प्रायः पूरा देखा जा सकता है। इसमें दीन- दुखियों के प्रति कवि की गहरी सहानुभूति तो अभिव्यक्त हुई ही है, अंतिम पंक्तियों में अंधकार को श्रेयस्कर बतलाकर राहु को आने का निमंत्रण दिया गया है। कोई चाहे तो कह सकता है कि जनतंत्र से निराश

कवि फासीवाद को न्यौता दे रहा है, लेकिन ऐसा है नहीं, क्योंकि कभी-कभी कवि को जो कहना होता है, वह ठीक उसका उलटा कहता है। यहाँ भी वह फासीवाद को न्यौता नहीं देता, जनतंत्र के प्रति अपनी असह्य ऊब का प्रदर्शन करता है। केवल उसका सशक्त ढंग से वर्णन करने के लिए वह ऊपर से विपरीत दिशा में चला गया है। कविता है—

चेतनाहीन ये फूल तड़पना क्या जानें?
जब भी आ जाती हवा कि पैंग बढ़ाते हैं।
झूलते रात भर मंद पवन के झूलों पर,
फूटी न किरण की धार कि चट खिल जाते हैं।

लेकिन, मनुष्य का हाल? हाय, वह फूल नहीं,
दिनमान निठुर सारा दिन उसे जलाता है।
औ' फुटपाथों पर लेट रात भर पड़ा-पड़ा
आदमी चाँद को अपना घाव दिखाता है।
....

वह जलन? और यह दाह? सूर्य अंबर छोड़े;
यह पीला-पीला चाँद? इसे बुझ जाने दो।
क्या अंधकार, इससे भी दुखदायी होगा?
मत रोको कोई राह, राहु को आने दो!

'पंचतिक्त' शीर्षक से लिखी गई पाँच कविताओं की शृंखला में से पहली कविता में दिनकरजी ने जनसाधारण से कहा है—

चीलों का झुंड उचक्का है, लोभी, बेरहम, लुटेरा भी;
रोटियाँ देख कमजोरों पर क्यों नहीं झपट्टे मारेगा?
डैने इनके झाड़ते रहो दम-ब-दम कड़ी फटकारों से,
बस, इसीलिए तो कहता हूँ, आवाजें अपनी तेज करो।
औ' हो जाएँ जो ढीठ, न मानें अदब-रोब फटकारों का;
तो कहीं रोटियों के पीछे नेजों की नोकें खड़ी करो।

इसमें अंतिम पंक्तियाँ ध्यातव्य हैं। कवि का सुनिश्चित मत था कि देह का संग्राम देह से और आत्मा का संग्राम आत्मा से जीता जाता है। इसीलिए उसने गाँधी और मार्क्स दोनों को गुणात्मक रूप से मिलाकर स्वीकार किया था। स्वयं महात्मा गाँधी ने आजादी मिलने के बाद पं. नेहरू को यह परामर्श नहीं दिया कि भारतीय सेना को विघटित कर दें। उनका कहना था कि कायरता से अच्छी हिंसा है। एक बार औरतों ने उनसे कहा— 'बापू, हम

तो अबला हैं और हमारे पास कोई शस्त्र भी नहीं, फिर हमारे साथ बलात्कार की कोशिश की जाती है, तो हम क्या करें?' महात्मा गाँधी ने उत्तर दिया– 'तुम्हारे पास दाँत और नाखून तो हैं!' इस तरह हिंसा-अहिंसा का सवाल कोई सीधा सवाल नहीं है, जिसका कोई सीधा जवाब ढूँढ़ा जा सके। 'जनतंत्र का जन्म' में दिनकरजी ने नेताओं को जनता की शक्ति का भी बोध कराया है–

मानो, जनता हो फूल जिसे एहसास नहीं,
जब चाहो तभी उतार सजा लो दोनों में,
अथवा कोई दुधमुँही जिसे बहलाने के
जंतर-मंतर सीमित हों चार खिलौनों में।
लेकिन, होता भूडोल, बवंडर उठते हैं,
जनता जब कोपाकुल हो भृकुटि चढ़ाती है;
दो राह, समय के रथ का घर्घर-नाद सुनो,
सिंहासन खाली करो कि जनता आती है।

उनकी एक कविता है 'स्वर्ग के दीपक', जिसकी रचना की पृष्ठभूमि यह है कि उन्होंने काफी पहले देख लिया था कि हिंदू समाज में दलितों और पिछड़ों का उत्थान होने जा रहा है। यह देखकर उन्होंने बाबू लोगों को आगाह किया कि वे अब अपना रंग-ढंग बदलें और उनकी पाँत में मिल जाएँ, लेकिन उन्होंने उनकी बात पर कान नहीं दिया। स्वभावतः इस कविता में दिनकरजी उनसे कहते हैं :

कहता हूँ, मौसिम फिरा, सितारो! होश करो,
इतराकर टेढ़ी चाल भला अब क्या चलना?
माना, दीपक हो बड़े दिव्य, ऊँचे कुल के,
लेकिन, मस्ती में अकड़-अकड़ कर क्या जलना?
सब हैं परेड में खड़े, जरा तुम भी तनकर,
सिलसिला बाँध हो जाओ खड़े कतारों में,
कैसा लगता है भला तुम्हें गुंफित रहना
इस तरह, तिमिर के टेढ़े-मेढ़े तारों में?

उनकी बात का क्या असर होता है, यह निम्नलिखित पंक्तियों में देखिए–

आगाही सुनते नहीं, सितारे हँसते हैं,
कहते हैं, कवि की कथा निराली होती है,
देखती कला विधि के विधान में भी त्रुटियाँ;
कल्पना, सत्य ही, खाम-खयाली होती है।

अंत में :

मैं देख रहा हूँ शैल उलटकर गिरते हैं,
सागर का जल ऊपर को भागा जाता है;
है नाच रहा घिरनी होकर अंबर सारा,
नक्षत्रपुंज पत्तों-सा चक्कर खाता है।
क्या तुम सँभाल लोगे इस व्योम-विवर्तन को?
जादू-टोने से हवा न बाँधी जाएगी...।

दूसरे उद्धरण में प्रयुक्त 'आगाही' शब्द पर हमारा ध्यान जाना चाहिए, जो आमफहम जुबान से कवि के जुड़ाव का सूचक है। आगे 'खाम-खयाली' भी है। एक शब्द 'साइत' है, जो भी उनकी कविता को लोक-रंग देने के लिए उसमें जब-तब आता रहता है।

'हक की पुकार' शीर्षक कविता की चर्चा भी हो चुकी है। इसके आरंभ में दिनकरजी एक फटेहाल आम हिंदुस्तानी आदमी की तसवीर खड़ी करने के बाद दिल्ली के नेताओं से कहते हैं—

ओ जशन-मौज वालो! मन में कुछ डूब भेद गुनते जाओ,
आजादी का है पर्व अगर, हक की पुकार सुनते जाओ।
यह वही आदमी है, जिसकी पीड़ाओं को आगे करके,
स्वाधीन हुए थे तुम जिसकी प्रतिमा जग के सम्मुख धरके।
यह वही आदमी है, जिसकी तुम कसम रात-दिन खाते थे,
बाहर-भीतर हर जगह नाम जिसका हरदम दुहराते थे।
यह वही आदमी है, जिसकी आहों की फौज सजा करके
निकले थे रण के घमासान से तुम दुंदुभी बजा करके।

इससे अनुमान लगाया जा सकता है कि आम हिंदुस्तानी के लिए दिनकरजी के मन में जो दर्द और छटपटाहट थी, उसकी स्थिति में आजादी के बाद भी कोई खास सुधार नहीं हुआ, तो वह बहुत बढ़ गई। 'नींव का हाहाकार' उनकी प्रसिद्ध कविता है, जिसमें उन्होंने एक पौराणिक प्रसंग का बहुत ही सशक्त इस्तेमाल किया है। पहले कहते हैं :

काँपती है वज्र की दीवार
नींव में से आ रहा है क्षीण हाहाकार।
जानते हो, कौन नीचे दब गया है?
दर्द की आवाज पहले भी सुनी थी?
या कि यह दुष्कांड बिलकुल ही नया है?

फिर :

तोड़ दो इसको, महल को पस्त औ' बर्बाद कर दो।
नींव की ईंटें हटाओ।

दब गए हैं जो, अभी तक जी रहे हैं।
जीवितों को इस महल के बोझ से आजाद कर दो।

अंत में :

अनसुनी करते रहे इस वेदना को,
एक दिन ऐसा अचानक हाल होगा—
वज्र की दीवार यह फट जाएगी।
लपलपाती आग या सात्त्विक प्रलय का रूप धरकर
नींव की आवाज बाहर आएगी।
वज्र की दीवार जब भी टूटती है,
नींव की यह वेदना विकराल बनकर छूटती है।
दौड़ता है दर्द की तलवार बनकर
पत्थरों के पेट से नरसिंह ले अवतार।
काँपती है वज्र की दीवार।

अतिरिक्त रूप से प्रगतिशील लोग कहेंगे कि सामाजिक बदलाव के लिए दिनकरजी आज भी भगवान् पर भरोसा रखते हैं, लेकिन कविता का जो संदेश है, वह धार्मिक न होकर पूरी तरह से सामाजिक और क्रांतिकारी है। 'रेणुका' की पहली कविता 'तांडव' में भी उन्होंने सामाजिक विषमता दूर करने के लिए शंकर का आह्वान किया है :

प्रभु, तव पावन नील गगन-तल,
विदलित अमित निरीह-निबल-दल,
मिटे राष्ट्र, उजड़े दरिद्र-जन,
आह! सभ्यता आज कर रही
असहायों का शोणित-शोषण।
पूछो, साक्ष्य भरेंगे निश्चय, नभ के ग्रह-नक्षत्र-निकर!
नाचो, हे नाचो, नटवर!

दिनकरजी शुरू से ही आस्तिक थे। स्वभावतः उन्होंने 1933 में यह कविता लिखी, तो देवघर जाकर शैव मंदिर के शिवलिंग के सामने बैठकर इसका पहली बार पाठ किया। लेकिन 1949 में जब वे बाल-बच्चों के साथ वहाँ जल चढ़ाने गए, तो पंडा एक सेठ को पूजा करा रहा था, जिसमें देर हो रही थी। बाहर जल चढ़ाने के लिए बहुत सारी औरतें जाड़े में थर-थर काँप रही थीं। दिनकरजी ने उससे अनुरोध किया कि वह उन लोगों को पहले जल चढ़ाने दे, पर उसने नहीं माना। गुस्से में आकर दिनकरजी ने अपनी जलभरी सुराही शिवलिंग पर दे मारी और शंकर से यह कहकर कि 'तुम भी सेठों के ही बंदी हो!' वहाँ से बच्चों के साथ लौट आए। वे पंडे से मार-पीट करने को भी तैयार थे, लेकिन

उसकी नौबत नहीं आई। इसका यह मतलब नहीं है कि ईश्वर और देवी-देवताओं से हमेशा के लिए उनका मोहभंग हो गया। नहीं, अंतिम दिनों में तो उनकी अस्तिकता और दृढ़ हो गई थी, जिसका परिणाम है उनका संग्रह 'हारे को हरिनाम'। यहाँ प्रगतिशीलों के संतोष के लिए अंत में मैं 'रजत-रश्मि' शीर्षक कविता से, जिसका जिक्र भी पहले हो चुका है, ये पंक्तियाँ उद्धृत कर रहा हूँ, जिनमें साम्यवाद और गाँधीवाद दोनों का निचोड़ मौजूद है :

दारिद्र्य देश का पाप, इसे धोना होगा।
ऊँचे टीलों को समतल हमें बनाना है।
पर ध्यान रहे, अति-सुख की लिप्सा के समीप
इस पुण्यभूमि को कभी नहीं ले जाना है।

साम्यवाद समाज में समता की स्थापना करता है, पर सुख-सुविधा की अत्यधिक सामग्री जुटाना लक्ष्य होने के कारण संभव है कि उसके ढेर के नीचे मनुष्य की आत्मा दबकर मर जाए। कवि को दोनों की चिंता है, क्योंकि उसे पूरा मनुष्य चाहिए, एकांगी नहीं।

रास की मुरली उठी पुकार

इस पुस्तक में दिनकरजी को 'अर्धनारीश्वर' कवि कहा गया है, यानी वे आधा पुरुष थे और आधा स्त्री। तात्पर्य यह कि उनके लिए पुरुष की पौरुषता और स्त्री की कोमलता तथा पुरुष की ओजस्विता और स्त्री की मधुरता ये दोनों ही चीजें काम्य थीं। वे पुरुष को संघर्षशील रूप में भी देखना चाहते थे और प्रेमी तथा शृंगारी के रूप में भी। उनका आदर्श उनकी 'अर्धनारीश्वर' शीर्षक कविता में इस रूप में अभिव्यक्त हुआ है—

मही माँगती, प्राण-प्राण में सजी कुसुम की क्यारी,
पाषाणों में गूँज गीत की, पुरुष-पुरुष में नारी।

'कवि की मृत्यु' शीर्षक से एक कविता उन्होंने अपनी मृत्यु की कल्पना करके लिखी थी। उनके न रहने के बाद पुरुषों और स्त्रियों की यह प्रतिक्रिया देखने योग्य है—

मर्दों को आईं याद बाँकपन की बातें,
बोले, जो हो, आदमी बड़ा अलबेला था।
जिसके आगे तूफान अदब से झुकते हैं,
उसको भी इसने अहंकार से झेला था।

पुरुषों की जो प्रतिक्रिया है, सो तो है ही, इसमें दिनकरजी का मस्ती और जिंदादिली से भरा लहजा भी देखने योग्य है, जिसके कारण वे नव-स्वच्छंद कवियों में परिगणित होते हैं। स्त्रियों की प्रतिक्रिया किंचित् विस्तृत है। उनके बारे में कवि कहता है—

नारियाँ बिलखने लगीं, बाँसुरी के भीतर
जादू था, कोई अदा बड़ी मतवाली थी,
गर्जन में भी थी नमी, आग से भरे हुए
गीतों में भी कुछ चीज रुलानेवाली थी।

... ...

चिंतन में डूबा हुआ, सरल, भोला-भाला
बालक था, कोई पुरुष दिव्य अवतारी था।

तुम तो कहते हो मर्द, मगर, मन के भीतर
यह कलावंत हमसे भी बढ़कर नारी था।

यह था दिनकरजी का व्यक्तित्व, जिसे पूर्ण व्यक्तित्व कह सकते हैं।

आज के नारीवादी पुरुष और स्त्री की मूल प्रकृति में कोई अंतर नहीं मानते। वे कहते हैं कि स्त्री दूसरी योनि में पैदा होकर भी अपनी प्रकृति में पुरुष से भिन्न नहीं होती। भिन्न उसे समाज बनाता है और उसे 'करुणामयी' के रूप में प्रचारित करता है। यह वस्तुतः जीव-विज्ञान का विषय है, जिस पर हम कुछ नहीं कह सकते, लेकिन दो-तीन हजार वर्षों की परंपरा से हम स्त्री को इसी रूप में जानते आ रहे हैं कि वह पुरुष की तुलना में अधिक सहृदय होती है। समाज में स्त्री पर पुरुष की प्रधानता क्यों हो गई, इसके ऐतिहासिक कारणों में नारीवादी नहीं जाना चाहते। वे पश्चिम की उग्र नारीवादी जर्मेन द ग्रीयर के प्रभाव में परिवार के विघटन के पक्ष में हैं और उसे दुहराते हुए कहते हैं कि स्त्रियों को अपने स्वतंत्र व्यक्तित्व के निर्माण में लगना चाहिए और परिवार तथा बच्चों की चिंता नहीं करनी चाहिए। अपनी अतिशय अमानवीय दृष्टि का परिचय देते हुए ग्रीयर ने यहाँ तक कहा है कि बच्चे तो यों भी बड़े हो जाते हैं! शुक्र है कि अभी तक मैंने किसी ऐसे नारीवादी को नहीं देखा, जिसने परिवार का विघटन कर दिया हो और अपने बच्चों से मुँह मोड़ लिया हो। वे बड़ी निष्ठा से अपने सिद्धांत में विश्वास करते हुए परंपरागत भारतीय की तरह मिल-जुलकर अपना परिवार चलाते हैं। 'लीविंग टुगेदर' को माननेवाले कुछ पुरुष और कुछ स्त्रियाँ हमारे समाज में भी उत्पन्न हो गए हैं, लेकिन उसका अंतिम परिणाम आत्महत्या और पागलपन के रूप में सामने आ रहा है। ग्रीयर की तुलना में साइमन द बुआ का दृष्टिकोण अत्यधिक मानवीय था। उसने यौन स्वच्छंदता से शुरू किया था और मानव-समाज की स्वतंत्रता तक पहुँची थी। इसका प्रमाण यह है कि उसे जहाँ यह सूचना मिलती थी कि अमुक औपनिवेशिक राष्ट्र में साम्राज्यवाद के विरुद्ध संघर्ष चल रहा है, तुरंत वहाँ पहुँच जाती थी और उस संघर्ष का जोरदार ढंग से समर्थन करती थी। अपनी युगांतकारी पुस्तक 'दि सेकंड सेक्स' के अंत में उसने यह भी लिखा है कि मैं पारिवारिक विघटन के पक्ष में नहीं हूँ और सिर्फ यह चाहती हूँ कि पुरुष और स्त्री में एक आपसी समझदारी हो। दोनों एक-दूसरे के व्यक्तित्व के विकास के पक्ष में हों और घर चलाने में दोनों एक-दूसरे की मदद करें। मार्क्सवाद भी परिवार के विरुद्ध नहीं है, क्योंकि परिवार समाज की इकाई है, जिसके ध्वस्त होने से पूरा समाज ध्वस्त हो जाएगा। वह सिर्फ स्त्री की पराधीनता के विरुद्ध है। ऐंगेल्स ने तो स्त्री को पहला गुलाम कहा है। उसे गुलामी से मुक्त करने का समर्थन प्रत्येक मानववादी बुद्धिजीवी को करना चाहिए।

स्वभावतः दिनकरजी ने राजनीतिक और सामाजिक कविताएँ लिखने के साथ विपुल मात्रा में प्रेम और श्रृंगार की भी कविताएँ लिखी हैं, जिनमें नारी-जाति के प्रति न केवल उनका सम्मान-भाव प्रकट हुआ है, बल्कि वे उसे पुरुष के समकक्ष भी मानते हैं। उन्होंने लिखा है कि ख्याति तो मुझे 'हुंकार' से मिली, लेकिन मेरी आत्मा 'रसवंती' में बसती

है। यह बात सच हो सकती है, लेकिन उनकी कोई कविता ऐसी नहीं है, जिसे उनकी आत्मिकता का स्पर्श नहीं प्राप्त हो। प्रेम के अंतर्गत प्रकृति-प्रेम भी आता है और मानव-प्रेम भी। उनके प्रकृति-चित्रण की झलक हमें उनकी राजनीतिक और सामाजिक कविताओं में भी मिलती है, लेकिन मुख्यत: प्रकृति को विषय बनाकर लिखी गई उनकी कविताएँ तो अनुपम हैं। वस्तुत: प्रकृति उनकी काव्य-संवेदना का अनिवार्य अंग थी, जिससे प्रेम हो या श्रृंगार, उसकी अनुभूति वे बिना प्रकृति के नहीं कर सकते। फिर भी पहले हम उनकी शुद्ध प्रकृति-कविताओं को देखेंगे।

'रेणुका' में दिनकरजी की अनेक प्रकृति-कविताएँ संगृहीत हैं। उनमें से सबसे पहले 'विश्व-छवि' शीर्षक कविता का यह मोहक अंश देखिए—

चंद्रिका-पट का कर परिधान, सजा नक्षत्रों से श्रृंगार,
प्रकृति पुलकाकुल आँखें खोल देखती निज सुवर्ण-संसार।
चमकते तरु पर झिलमिल फूल, बौर जाता है कभी रसाल,
अंक में लेकर नीलाकाश कभी दर्पण बन जाता ताल।
चहकती चित्रित मैना कहीं, कहीं उड़ती कुसुमों की धूल,
चपल तितली सुकुमारी कहीं दीखती, फुदक रहे ज्यों फूल।
हरे वन के कंठों में कहीं स्रोत बन जाते उज्ज्वल हार।
पिघलकर चाँदी ही बन गई कहीं गंगा की झिलमिल धार।

इसी कविता में उन्होंने यह भी कहा है कि—

फूलों की क्या बात? बाँस की हरियाली पर मरता हूँ।
अरी दूब, तेरे चलते जगती का आदर करता हूँ।

मैं उन चंद भाग्यशालियों में हूँ, जिसे दिनकरजी के गाँव के 'नीलिमा के निलय अति अभिराम वे वेणु-वन' देखने का सुअवसर प्राप्त हुआ है। दिनकरजी की एक विशेषता यह थी कि वे नए-पुराने दोनों छंदों में सिद्धहस्तता के साथ लिख सकते थे। उन्होंने अपनी डायरी में लिखा है कि कानपुर में 'सनेही'जी और उनके स्कूल के कवियों की जो सवैया-गोष्ठी होती थी, उसमें वे जाते थे, तो अपने साथ कलम और नोटबुक ले जाना नहीं भूलते थे। उसमें वे सुंदर सवैए नोट कर लिया करते थे। उनका एक लेख जगदंबा प्रसाद मिश्र 'हितैषी' पर भी है, जो 'सनेही'जी के शिष्यों में सबसे योग्य सवैया-लेखक थे। इससे सवैया छंद के प्रति, उनका आकर्षण जाना जा सकता है। 'रेणुका' की 'निर्झरिणी' शीर्षक सवैया छंद में रचित उनकी कविता के तीन बंद देखिए—

1. *मधु-यामिनी-अंचल-ओट में सोई थी, बालिका-जूही उमंग भरी;*
   विधु-रंजित ओस-कणों से भरी थी बिछी वन-स्वप्न-सी दूब हरी;

मृदु चाँदनी-बीच थी खेल रही वन-फूलों से शून्य में इंद्र-परी,
कविता बन शैल-महाकवि के उर से मैं तभी अनजान झरी।

2. *गति-रोध किया गिरि ने, पर मैं द्रुत भाग चली घहराती हुई,*
सरकी उपलों में भुजंगिनी-सी मैं शिला से कहीं टकराती हुई;
जननी-गृह छोड़ चली, मुड़ देखा कभी न उसे ललचाती हुई,
गिरि-श्रृंग से कूद पड़ी मैं अभय 'पी कहाँ?' 'पी कहाँ?' धुन गाती हुई।

3. *तट की हिमराशि की आरसी में अपनी छवि देख दीवानी हुई।*
प्रिय-दर्शन की मधु लालसा में पिघली, पल में घुल पानी हुई।
टकराने चली मैं असीम के वक्ष से, रूप के ज्वार की रानी हुई।
उन्माद की रागिनी, बेकली की अपनी ही मैं आप कहानी हुई।

इस रचना का अपना स्वतंत्र व्यक्तित्व है, फिर भी इसकी अंतिम कुछ पंक्तियों से ऐसा लगता है कि इसके पीछे किसी न किसी रूप में रवींद्रनाथ की पहली प्रसिद्ध कविता 'निझरिर स्वप्नभंग' की प्रेरणा है। पंक्तियाँ हैं :

किसकी ध्वनि दूर से आई? पुकार रहा, सुन, अंबुधि प्यारा मुझे,
जननी धरणी! तिरछी हो जरा, अरी! वेग से खींच तू धारा मुझे।

रवींद्रनाथ की उक्ति है :

की जानि की हल आजि, जागिया उठिल प्राण,
दूर हते शुनि येन महासागरेर गान।

कोयल की प्रभात-काल में सुनाई पड़नेवाली कूक प्रकृति-कवियों का पुराना विषय है। 'कोयल' शीर्षक कविता में दिनकरजी पहले विलक्षण रूप में उषा का वर्णन करते हैं, फिर कोयल से कहते हैं—

कुंकुम-रंजित परिधान किए, अधरों पर मृदु मुसकान लिए,
गिरिजा निर्झरिणी को रँगने, कंचन-घट में सामान लिए।
नत नयन, लाल कुछ गाल किए, पूजा-हित कंचन-थाल लिए,
ढोती यौवन का भार, अरुण कौमार्य-बिंदु निज भाल दिए।
स्वर्णिम दुकूल फहराती-सी, अलसित, सुरभित, मदमाती-सी,
दूबों से हरी-भरी भू पर, आती षोडशी उषा सुंदर।...
तब तृण-झुरमुट के बीच कहाँ देते हैं पंख भिंगो हिमकन?
किस शांत तपोवन में बैठी तू रचती गीत सरस, पावन?

इसी कविता में यह सुंदर और सजीव प्राकृतिक दृश्य भी आता है :

रोमंथन करती मृगी कहीं, कूदते अंग पर मृग-कुमार,
स्वर्णातप में निर्झर-तट पर लेटे हैं कुछ मृग पद पसार।

सांध्यकालीन मौन भी कवियों का पुराना विषय रहा है। इस दृष्टि से निराला की कालजयी कविता 'संध्या-सुंदरी' स्मरणीय है। पंतजी ने भी 'एक तारा' शीर्षक कविता में उक्त मौन से संबंधित दो विलक्षण चित्र अंकित किए हैं : 'पत्रों के आनत अधरों पर सो गया निखिल वन का मर्मर' और 'गुंजित अलि-सा निर्जन अपार, मधुमय लगता घन अंधकार'। पहला चित्र तो असाधारण रूप से सुंदर है ही, दूसरे चित्र में भौंरों के गुंजन से मौन अथवा शांति का वर्णन करना किसी महाकवि के ही बूते की बात थी। दिनकरजी की 'रेणुका' की कविता 'अमा-संध्या' प्रसिद्ध है। इसमें भी उन्होंने ध्वनि के माध्यम से शांति का वर्णन किया है। यह ध्वनि झिल्ली की है, जो वाकई शांति को प्रगाढ़ कर देती है। दिनकरजी का वर्णन कितना जीवंत है, यह देखने लायक है—

नीरव, प्रशांत जग, तिमिर गहन।
रुनझुन रुनझुन किसका शिंजन?

किसकी किंकिणि-ध्वनि? मौन विश्व में झनक उठा किसका कंकण?
झिल्ली-स्वन? संध्या श्याम परी की हृदय-शिराओं का गुंजन?
रुनझुन रुनझुन किसका शिंजन?

आगे अमा-निशा का और आकर्षक वर्णन है :

नीलिमा-सलिल में अमा खोल कलिका-गुंफित कबरी-बंधन,
लहरों पर बहती इधर-उधर कर रही व्योम में अवगाहन।
....　　....　　....
मुक्ता कुंतल में गूँथ, शुक्र का पहन कुसुम-कर्णाभूषण
दिग्वधू क्षितिज पर बजा रही मंजीर, चपल कँप रहे चरण।

एक कविता फूलों पर भी है, जिसमें कवि ने कहा है : 'वृंतों के दीपाधारों पर झिलमिल ज्योति पसार,/आलोकित कर रहे आज क्यों अमा-पूर्ण संसार?' यह 'अमा' ऊपर वाली अमा नहीं है, बल्कि वह गहन अंधकार है, जो सारी दुनिया में फैलता जा रहा है। दिनकरजी ने 'रेणुका' की पहली कविता 'मंगल-आह्वान' में यह आकांक्षा प्रकट की थी कि 'छू दे यदि लेखनी, धूल भी चमक उठे बनकर सोना।' उनकी लेखनी में कुछ ऐसा जादू पैदा हो गया कि वे जिस विषय को लेते हैं, उसे अत्यंत मोहक कविताओं में बदल देते हैं। 'गा रही कविता युगों से' कविता की इन पंक्तियों का सौंदर्य देखिए :

चंद्रिका किस रूपसी की है हँसी? दूब यह किसका अनंत दुकूल है?
किस परी के प्रेम की मृदु कल्पना व्योम में नक्षत्र, वन में फूल है?

....

धान की पी चंद्र धौत हरीतिमा आज है उन्मादिनी कविता-परी,
दौड़ती तितली बनी वह फूल पर, लेटती भू पर जहाँ दूर्वा हरी।

दिनकरजी गाँव से उठकर आनेवाले कवि थे, इसलिए उनकी आरंभिक कविताओं में ग्राम-प्रकृति के चित्र घूम-फिरकर आ जाते हैं। प्रमाणस्वरूप 'मिथिला में शरत्' शीर्षक कविता की ये पंक्तियाँ :

क्या शरत्-निशा की बात कहूँ?
जो कुछ देखा था रात, कहूँ?
निर्मल ऋतु की मुख-भरी हँसी,
चाँदनी बिसुध भू आन खसी;...
गंडकी सुप्त थी रेतों में,
पंछी चुप नीड़-निकेतों में;
था रोर सुप्त वन में, घर में;
चाँदनी सजग थी जग भर में।

'मैं शिशिर-शीर्णा चली, अब जाग ओ मधुमास वाली!' 'रेणुका' की एक प्रसिद्ध कविता है, जिस पर बना उपेन्द्र महारथी का चित्र, जो कविता के साथ ही दिया गया था, उस पुस्तक के प्रथम संस्करण के पाठकों के ध्यान में अभी भी होगा। इस कविता की भी कुछ पंक्तियाँ देख ली जाएँ—

वर्ष की कविता सुनाने खोजते पिक मौन भोले,
स्पर्श कर द्रुत बौरने को आम्र आकुल बाँह खोले;
पंथ में कोरकवती जूही खड़ी ले नम्र डाली।
मैं शिशिर-शीर्णा चली, अब जाग ओ मधुमासवाली।

ऊपर हम 'अमा-संध्या' का कोमल चित्र देख चुके हैं, अब हम 'रसवंती' की 'संध्या' शीर्षक कविता में आनेवाला संध्या का यह उदात्त चित्र देखें :

जीर्णवय अंबर-कपालिक शीर्ण, वेपथुमान,
पी रहा आहत दिवस का रक्त मद्य-समान।
शिथिल, मद-विह्वल, प्रकंपित-वपु, हृदय हतज्ञान,
गिर गया मधुपात्र कर से, गिर गया दिनमान।

लेकिन इसमें भी यह कोमल चित्र आया है—

कौन तम की आँख-सा कढ़कर प्रतीची-तीर
दिग्विदिक निस्तब्धता को कर रहा गंभीर?

ज्योति की पहली कली, तम का प्रथम उडु-हंस
यह उदित किस अप्सरी का एक श्रुति-अवतंस?

परवर्तीकाल में दिनकरजी ने प्रकृति की एक अद्‌भुत कविता लिखी, जो उनके संग्रह 'कोयला और कवित्व' में संकलित है। 'बादलों की फटन' शीर्षक यह कविता, जिसमें कवि की अभिव्यक्ति भी बिलकुल नई है, संपूर्णतः देखने लायक है :

बादलों के बीच छोटी-सी फटन है,
ज्यों गुलाबी रंग का परदा कहीं से फट गया हो।
इस फटन के बीच से होकर अगर मैं कूद जाऊँ,
कौन गिरने से उधर मुझको सँभालेगा?

मूढ़! ये पत्थर नहीं, हैं फूल पानी के, धुओं के,
उस तरफ का फर्श भी हलका, मुलायम है;
कूदना हो तो अभी भी कूद जा ऊपर घटा में,
अन्यथा, क्षण में, फटन यह बंद होती है।

अब हम दिनकरजी की मानव-प्रेम और शृंगार की कविताओं पर आएँ। प्रेम में मौन का बहुत ज्यादा महत्त्व है। शमशेर में तो यह मौन है ही, अज्ञेय की प्रेम-कविताओं में भी यह अनेक रूपों में आता है। उनकी प्रसिद्ध प्रेम-कविता 'हरी घास पर क्षण भर' की ये पंक्तियाँ देखिए—

क्षण-भर हम न रहें रह कर भी :
सुनें गूँज भीतर के सूने सन्नाटे में किसी दूर सागर की लोल लहर की
जिसकी छाती की हम दोनों छोटी-सी सिहरन हैं—
जैसे सीपी सदा सुना करती है।

इसमें 'मौन' शब्द का प्रयोग नहीं हुआ है, लेकिन स्थिति मौन की ही है। 'रसवंती' में दिनकरजी का एक प्रगीत है 'गीत-अगीत' जिसमें प्रकृति के माध्यम से ही बहुत सुंदर ढंग से उन्होंने प्रेमजनित मौन की अभिव्यक्ति की है। एक बंद द्रष्टव्य है :

बैठा शुक उस घनी डाल पर जो खोंते पर छाया देती,
पंख फुला नीचे खोंते में शुकी बैठ अंडे है सेती।
गाता शुक जब किरण बसंती छूती अंग पर्ण से छनकर,
किंतु, शुकी के गीत उमड़कर रह जाते सनेह में सनकर।
गूँज रहा शुक का स्वर वन में, फूला मग्न शुकी का पर है।
गीत-अगीत कौन सुंदर है?

'रास की मुरली' उपर्युक्त संग्रह की सबसे ललित कविता है। इसी की एक पंक्ति लेकर

इस लेख का शीर्षक बनाया गया है। सूरदास ने भी इस प्रसंग का वर्णन किया है, लेकिन दिनकरजी का वर्णन भी अपने ढंग का और अत्यधिक आकर्षक है। इसके दो बंद देखें—

अभी तक कर पाई न सिंगार,
रास की मुरली उठी पुकार!
गई सहसा किस रस में भींग बकुल-वन में कोकिल की तान?
चाँदनी में उमड़ी सब ओर कहाँ के मद की मधुर उफान?
गिरा चाहता भूमि पर इंदु शिथिलवसना रजनी के संग;
सिहरते पग सकता न सँभाल कुसुम-कलियों पर स्वयं अनंग।
ठगी-सी रुकी नयन के पास लिए अंजन उँगली सुकुमार।
अचानक लगे नाचने मर्म, रास की मुरली उठी पुकार।

....

रास की मुरली उठी पुकार।
उठी उर में कोमल हिल्लोल मोहिनी मुरली का सुन नाद,
लगा करने कैसे तो हृदय, पड़ी, जाने, कैसी कुछ याद!
सकूँगी कैसे स्वयं सँभाल तरंगित यौवन का रसवाह?
ग्रंथि के ढीले कर सब बंध नाचने को आकुल है चाह।
डोलती श्लथ कटि-पट के संग, खुली रशना करती झनकार,
न दे पाई कंकन में कील, रास की मुरली उठी पुकार।

पहले बंद में 'गिरा चाहता भूमि पर इंदु शिथिलवसना रजनी के संग' यानी रात्रि व्यतीत हो रही और उधर चाँद भी आकाश से नीचे उतर रहा है! इसी तरह 'ठगी-सी रुकी नयन के पास लिए अंजन उँगली सुकुमार' इस उक्ति के सौंदर्य पर कोई भी टिप्पणी व्यर्थ है। दूसरे बंद की अंतिम दो पंक्तियाँ भी अपने लालित्य में बेजोड़ हैं।

'रसवंती' में एक कविता 'रसवंती' शीर्षक से भी है, जिससे पता चलता है कि प्रकृति ही कवि की प्रेयसी है और वही उसके सकल कर्मों की प्रेरणा है। यह किंचित् बृहत् अंश अवलोकनीय है, जिसमें प्रकृति की शोभा अत्यंत रमणीय रूप में चित्रित है :

याद है वह पहला मधुमास, कोरकों में जब भरा पराग,
शिराओं में जब तपने लगी अर्ध-परिचित-सी कोई आग।
एक क्षण कोलाहल के बीच पुलक की शीतलता में मौन,
सोचने लगा हृदय में आज हुआ नूपुर मुखरित यह कौन?
खोल दृग देखा प्राची-ओर अलक्तक-चरणों का शृंगार,
तुम्हारा नव, उद्वेलित रूप, व्योम में उड़ता कुंतल-भार।
उठा मायाविनि! अंतर-बीच कल्पना का कल्लोलित ज्वार,
लगा सद्यःस्फुट पाटल-सदृश दृगों को मोहक यह संसार।

लगी पृथ्वी आँखों को देवि! सिक्त सरसीरुह-सी अम्लान;
कूल पर खड़ी हुई-सी निकल सिंधु में करके सद्य:स्नान।
ग्रहण कर उस दिन ही सुकुमारि, तुम्हारे स्वर्णांचल का छोर,
खोजते तृषितों का कल्याण चला मैं अमृत-देश की ओर।

'नारी' शीर्षक कविता में दिनकरजी ने नारी के प्रति जो अपना आकर्षण दिखलाया है, वह उनका स्वभावजात है। इसमें नारी की अपूर्व शोभा का भी उन्होंने वर्णन किया है। उदाहरण के लिए नीचे इस कविता के कुछ अंश दिए जा रहे हैं—

हो उठी प्रतिमा सजग, प्रदीप्त, तुम्हारी छवि ने मारा बाण;
बोलने लगे स्वप्न निर्जीव, सिहरने लगे सुकवि के प्राण।
....
दृष्टि तुमने फेरी जिस ओर गई खिल कमल-पंक्ति अम्लान;
हिंस्र मानव के कर से त्रस्त शिथिल गिर गए धनुष औ' बाण।
....

विकल उर को मुरली में फूँक प्रियक-तरु-छाया में अभिराम,
बजाया हमने कितनी बार तुम्हारा मधुमय 'राधा' नाम।
कढ़ीं यमुना से कर तुम स्नान, पुलिन पर खड़ी हुईं कच खोल,
सिक्त कुंतल से झरते देवि! पिए हमने सीकर अनमोल!

दिनकरजी की एक कविता है 'बालिका से वधू'। उसमें अंकित बालिका- वधू का रूप भी दर्शनीय है, जिसमें उस बालिका के प्रति ममता भी प्रकट हुई है। दो अंश :

तू वह, जो झुरमुट पर आई हँसती कनक-कली-सी,
तू वह, जो फूटी मदिरा की निर्झरिणी पतली-सी।
तू वह, रचकर जिसे प्रकृति ने अपना किया सिंगार,
तू वह, जो धूसर में आई सबुज रंग की धार।
....

कहो, कौन होगा इस घर की तब शीतल उजियारी?
किसे देख हँस-हँसकर फूलेगी सरसों की क्यारी?
वृक्ष रीझ कर किसे करेंगे पहला फल अर्पण-सा?
झुकते किसको देख पोखरा चमकेगा दर्पण-सा?
किसके बाल ओज भर देंगे खुलकर मंद पवन में?
पड़ जाएगी जान देखकर किसको चंद्र-किरण में?

दिनकरजी की शायद ही कोई पंक्ति ऐसी हो जो कवित्व-गुण के स्पर्श से रहित हो। उसके

विश्लेषण से सौंदर्य के नष्ट होने की आशंका है, इसलिए बिना वैसा किए हम आगे बढ़ रहे हैं। 'दाह की कोयल' स्पष्टतः एक प्रेम-कविता है, जिसमें उस युवती का वर्णन है, जिसके प्रति कवि प्रीतिवान् हो उठा था, लेकिन जो एक अरसे के बाद उससे फिर मिली है उसने प्रकृति से मिलाकर उसका वर्णन किया है :

दाह के आकाश में पर खोल,
कौन तुम बोली पिकी के बोल?
....
कब सुना, जाने न, जल का नाद,
कब मिलीं कलियाँ, नहीं कुछ याद।
ओस-तृण को आज सिर्फ बिसूर
चल रहा मैं बाग-वन से दूर।
सीस पर जलता हुआ दिनमान,
और नीचे तप्त रेगिस्तान।
छाँह-सी मरु-पंथ में तब डोल,
कौन तुम बोली पिकी के बोल?
बालुओं का दाह मेरे ईश!
औ' गुमरते दर्द की यह टीस!
सोचता विस्मित खड़ा मैं मौन,
खोजती आई मुझे तुम कौन?
कौन तुम, ओ कोकिले अनजान?
कौन तुम, किस रोज की पहचान?
हाँ, जरा-सी याद भूली बात,
दूध की धोई उजेली रात;
जब किरण-हिंडोर पर सामोद
स्यात्, झूली बैठ मेरी गोद,
या कहीं ऊषा-गली में प्रान!
घूमते तुमसे हुई पहचान।
तारकों में या नियति की बात
पढ़ रहा था जब कि पिछली रात,
तुम मिली ओढ़े सुवर्ण-दुकूल
भोर में चुनते विभा के फूल।
भूमि में, नभ में कहीं ओ प्रान!
याद है, तुमसे हुई पहचान।

दिनकरजी की एक कविता है 'अगुरु-धूम', जिसमें उन्होंने कल्पना और यथार्थ के मिश्रण से एक अद्‌भुत प्रेम-कविता लिखी है। इसमें एक तरुणी है, जिससे मिलने के लिए एक तरुण आता है और उसकी भूरि-भूरि प्रशंसा करता है। तरुणी उसको चाटुकार समझकर उसकी उपेक्षा करती है, लेकिन उसके जाने के बाद वह महसूस करती है कि उसका प्रेम सच्चा था। वह अपने पीछे अगुरु का सुगंधित अंधकार छोड़ गया है। वह कहती है : 'कल मुझे पूजकर चढ़ा गया, अलि, कौन अपरिचित हृदय-हार ?/मैं समझ न पाई गूढ़ भेद, भर गया अगुरु का अंधकार।' इस कविता में अंतिम पंक्ति को थोड़े-बहुत परिवर्तन के साथ उसके प्रत्येक बंद के अंत में दुहराकर कवि ने गजब का सम्मोहक वातावरण तैयार किया है। प्राय: कविता के अंत में वह तरुणी उस तरुण को संबोधित कर कहती है :

मैं रह न गई मानवी, आज देवी कह तुमने की न भूल;
अंतर का कंचन चमक उठा, जल गई मैल, झर गई धूल।
नव दीप्ति लिए नारीत्व जगा यह पहन तुम्हारी विजय-माल;
कुछ नई विभा ले फूल उठी जीवन-विटपी की डाल-डाल।
देखे जग मुझमें आज स्त्रीत्व का महामहिम पूर्णावतार,
मैं खड़ी, चतुर्दिक् मुझे घेर छा रहा अगुरु का अंधकार।

कल्पना के योग से दिनकरजी ने और भी कुछ कविताएँ लिखी हैं। वस्तुत: बिना कल्पना के मिश्रण के शुद्ध यथार्थ से कविता नहीं बन सकती। उसमें किसी न किसी मात्रा में कल्पना को मिलाना आवश्यक होता है, क्योंकि वही कृति को सृजनात्मक रूप प्रदान करती है। 'पुरुष-प्रिया' एक ऐसी कविता है, जिसमें कवि ने नारी को पुरुष की प्रिया कहा है, लेकिन यह सामान्य कथन नारी के प्रति उसके निजी आकर्षण को छिपा नहीं पाता—

मैं तरुण भानु-सा अरुण भूमि पर उतरा रुद्र-विषाण लिए,
सिर पर ले वह्नि-किरीट, दीप्ति का तेजवंत धनु-बाण लिए।
....
सहसा आई तुम मुझ अजेय को हँसकर जय करनेवाली,
आधी मधु, आधी सुधा-सिक्त चितवन का शर भरनेवाली।
मैं युवा सिंह से खेल रहा था एक प्रात निर्झर-तट पर,
तुम उगी तीर पर माया-सी लघु कनक-कुंभ साजे कटि पर।
लघु कनक-कुंभ कटि पर साजे, दृग-बीच तरल अनुराग लिए;
चरणों में ईषत् अरुण, क्षीण जलधौत अलक्तक-राग लिए।
....
तुम नई किरण-सी लगी मुझे सहसा अभाव का ध्यान हुआ,

जिस दिन देखा यह हरित स्रोत, अपने ऊसर का ज्ञान हुआ।
मैं रहा देखता निर्निमेष, तुम खड़ी रही अपलक-चितवन,
नस-नस जृंभा संचरित हुई, संस्त्रस्त शिथिल उर के बंधन।
सहसा बोली, 'प्रियतम!' अधीर, श्लथ कटि से गिरा कलस तेरा,
गिर गए बाण, गिर गया धनुष, सिहरा यौवन का रस मेरा।

'रसवंती' की एक दिलचस्प कविता है 'मानवती', जिसमें कवि ने अपनी मानिनी प्रिया के बारे में अलग से तो कहा ही है, आगे उसे सीधे संबोधित भी किया है। तीसरी पंक्ति में चार क्रियापद एक साथ आते हैं, जो अभिव्यक्ति को बोझिल नहीं बनाते, बल्कि उसे एक नई स्फूर्ति से भर देते हैं। देखिए :

रूठ गई अबकी पावस के पहले मानवती मेरी,
की मैंने मनुहार बहुत, पर, आँख नहीं उसने फेरी।
वर्षा गई, शरत आया, जल घटा, पुलिन ऊपर आए,
बसे बबूलों पर खगदल, फुनगी पर पीत कुसुम छाए।
आज चाँदनी देख, न जाने, मैंने क्यों ऐसे गाया—
अब तो हँसो मानिनी मेरी, वर्षा गई, शरत आया।

तारों के श्रुति-फूल मनोहर, कलियों का कंकन सुंदर है।
मानिनि! यह तो चीर तुम्हारा, तना हुआ जो नीलांबर है।
चलो, करो शृंगार, बुलाती तुम्हें खंजनों की टोली,
आमंत्रित कर रही विपिन की कली तुम्हारी हमजोली।
उलर रही मंजरी कास की, हवा झूमती आती है,
राशि-राशि अवली फूलों की एक ओर झुक जाती है।
उगा अगस्त्य, उतर आया सरसी में निर्मल व्योम सखी,
झलमल-झलमल काँप रहे हैं जल में उडु औ' सोम सखी।

पहले बंद में 'बसे बबूलों पर खगदल, फुनगी पर पीत कुसुम छाए' पंक्ति भी ध्यान देने लायक है, क्योंकि इसमें ग्रामीण कवि का ही अनुभव बोलता है। शहरों में न बबूल के पेड़ दिखलाई पड़ते हैं, न उन पर पक्षियों का बसेरा और न उनमें खिलनेवाले पीले फूल। इसी तरह दूसरे बंद में जो 'खंजनों की टोली' आया है, वह भी गाँव का ही दृश्य है। 'उलर रही मंजरी कास की' और 'झलमल-झलमल काँप रहे हैं' वाले बिंब तो कमाल के हैं। 'उलरना' शब्द क्षेत्रीय है, जिसके प्रयोग ने बिंब को एकदम सजीव बना दिया है।

'नारी' शीर्षक कविता में दिनकरजी ने एक नागरी का बहुत ही सटीक और मनोरंजक चित्र खींचा है। वह भी द्रष्टव्य है :

पहन नील, किर्मीर वसन, तितली-सी पंख लगाए,
उर-गृह से बाहर आकर तुम किसको ढूँढ़ रही हो?
भ्रू की रेखा सजा, राग से रँग कपोल-अधरों को,
मुकुर देख खिलखिला रही हो किस आसन्न विजय से?
निरावरण, उद्दाम किरण-सी खिलती और मचलती,
आज दीखती नहीं समाती हुई आप अपने में।
अपना चित्र विविध रगों में आप सृजन करती हो,
और जाँचती हो फिर उसको स्वयं पुरुष के दृग से।

इस उद्धरण की पहली पंक्ति में जो 'किर्मीर' शब्द आया है, वह शुद्ध संस्कृत का है, जिसके दोनों ही अर्थ हैं– नारंगी और चितकबरा रंग। इससे यह भी स्पष्ट है कि दिनकरजी को नागरिकाएँ पसंद नहीं थीं। कविता में आगे वे कहते हैं कि स्त्री की सार्थकता उसके माता बनने में है। यह बात भी नारीवादियों को पसंद नहीं आएगी। लेकिन स्मरणीय है कि कालिदास नारी-जीवन की तीन अवस्थाएँ मानते थे– प्रेमिका, पत्नी और माँ। अपनी संस्कृति के उत्कृष्टतम मूल्यों का परित्याग करके पश्चिम की व्यक्ति-प्रधान और भौतिकवादी संस्कृति के प्रवाह में निर्बाध बहना अपने राष्ट्र की अस्मिता पर आनेवाले संकट का शोर मचानेवालों के लिए एक सोचने की बात है।

रवींद्रनाथ ने कहा था कि उनके हृदय में किसी विरहिणी नारी का वास है। दिनकरजी की कविताओं के अंतर्लोक में बसनेवाली भी एक नारी है। अपनी 'गीतवासिनी' शीर्षक कविता में वे उल्लसित होकर उससे कहते हैं–

सात रंगों के दिवस, सातों सुरों की रात,
साँझ रच दूँगा गुलाबों से, जवा से प्रात।
पाँव धरने के लिए पथ में मसृण, रंगीन,
भोर का दूँगा बिछा हर रोज मेघ नवीन।
कंठ में मोती नहीं, उजली जुही की माल,
अंग पर दूँगा उढ़ा मृदु चाँदनी का जाल।
दूब की ले तूलिका, ले नीलिमा से वारि,
आँक दूँगा दो धनुष भ्रू-देश पर सुकुमारि!
श्रवण के ताटंक दो, पीले कुसुम सुकुमार,
पहुँचियों के दो वलय, उजली कली के हार।
स्वर्णदीप्त ललाट पर दे एक टीका लाल,
बाल-रवि से आँक दूँगा चंद्रमा का भाल।
कल्पना जग में बनाऊँगा तुम्हारा वास,
और ही धरती जहाँ, कुछ और ही आकाश।

ध्यान देने की बात है कि नव-स्वच्छंद कवि ने भी प्रकृति को भुलाया नहीं था और वह भी अपनी 'प्रेयसी' का शृंगार कृत्रिम नहीं, बल्कि प्राकृतिक उपादानों से ही करना चाहता है।

धीरे-धीरे दिनकरजी की कविता का तर्ज बदलता है और उनकी मस्ती ऊपर छलकने लगती है। यह उनकी प्रेम-कविताओं में भी दिखलाई पड़ता है। उदाहरण के लिए 'नील कुसुम' संग्रह की इसी शीर्षक की कविता के ये बंद, जिनमें से पहले में वे प्रेमिकाओं के बारे में कहते हैं, जो अपने प्रेमियों से नील कुसुम की याचना करती हैं, और दूसरे में अपने संकल्प के बारे में,—

इनमें से किसने कहा, चाँद से कम लूँगी?
पर, चाँद तोड़कर कौन मही पर लाया है?
किसके मन की कल्पना गोद में बैठ सकी?
किसका जहाज फिर देश लौटकर आया है?

लेकिन—

हो जहाँ कहीं भी नील कुसुम की फुलवारी,
मैं एक फूल तो किसी तरह ले जाऊँगा,
जूड़े में जब तक भेंट नहीं यह बाँध सकूँ,
किस तरह प्राण की मणि को गले लगाऊँगा?

'कोयला और कवित्व' में दिनकरजी ने 'आज शाम को' शीर्षक एक विलक्षण प्रेम-कविता लिखी, जो सिर्फ दो बंदों की है, इसलिए नीचे संपूर्णतः उद्धृत है :

आज शाम को फिर तुम आए उतर कहीं से मन में
बहुत देर कर आनेवाले मनमौजी पाहुन-से।
लगा, प्राप्त कर तुम्हें गया भर सूनापन कमरे का,
गमक उठा एकांत सुवासित कबरी के फूलों से।

लेकिन, सब को कौन खबर दे आया शुभागमन की?
फुनगी उठा लता वातायन पर से झाँक रही है,
बारंबार पवन आता है परदे हटा-हटा कर।
और सितारे अंतरिक्ष की चौखट लाँघ रहे हैं,
मानो, नभ से उतर यहाँ वे भी आनेवाले हों।

इसमें भी प्रकृति और प्रेम-भावना का जो मेल है, उसे देखकर मन हर्षित हो उठता है। दूसरे बंद की पहली पंक्ति में 'शुभागमन' शब्द आया है, जो कि गद्य का शब्द है, लेकिन दिनकरजी ने अपनी काव्य-मंदाकिनी में प्रवाहित कर उस प्रस्तर-खंड को शालग्राम बना

दिया है।

प्रेमानुभूति पर लिखी गई उनकी उक्त संग्रह में ही संकलित 'धन्यवाद, मैं, सचमुच, नहीं मरूँगा' शीर्षक कविता है, जिसमें वे कहते हैं–

कुसुम-कलेवर में प्रकाश का मन देखा,
कहूँ, चमेली को करते चिंतन देखा।
और सोचने लगा, आरती अबकी कहाँ सजाऊँ मैं?
मन की किस ऊँची तरंग पर इस छवि को ले जाऊँ मैं?

फिर वे बड़ी ईमानदारी से अपना हाल बयान करते हैं–

जो भी करो उपाय, नहीं रुकता है ज्वार रुधिर का।
फूलों की माधुरी बुद्धि को व्याकुल कर देती है।
रोको चाहे लाख, किंतु वारुणी हृदय की
अपनी लाल तरंग उठा आँखों में भर देती है।

सब समेट कर, तब भी, मैं चुपचाप रहा,
भीतर ही सहता भीतर का ताप रहा।
जैसे अगणित लोग जगत् में मौन रहा करते हैं,
छिपे-छिपे प्राणों की सारी आग सहा करते हैं;

तब सहसा तुम बोल उठीं (है याद?) एक दिन–
''नहीं, अशिव मरघट की मैं चिनगारी नहीं चुनूँगी,
जितने भी हैं गीत तुम्हारे सब मुझको भाते हैं;
किंतु, मरण के गान, हाय, मैं कवि से नहीं सुनूँगी।''

स्वर मेरा काँपने लगा आनंद से।
खिलने-सा कुछ लगा रुधिर में; और कंठ से
छंद फूटने लगे, खुशी में भर, पागल बेछंद-से।

'कोयला और कवित्व' की ही एक अन्य कविता है 'छठी संज्ञा का जागरण', जिसमें कवि ने प्रेम को परिभाषित किया है। वह इस रूप में–

प्रेम, प्रेम मत कहो,
शब्द यह घिस गया।
किसलय कहो, तरंग कहो,
या चाँदनी;

याकि वायु जो तृणों, टहनियों, डालियों,
रंग-बिरंगी हरियाली से छनी हुई आती है।

तुम्हें ज्ञात है, नारी का नारीत्व कहाँ बसता है?
ग्रीवा में? टेढ़ी चितवन के चोज में?
त्रिवली-तट पर या शिल्पित वक्षोज में?
नहीं, त्रिया इन रेखाओं से
बहुत दूर है।

पंचेंद्रिय से परे एक चेतना और है।
जब वह जगती है, मनुष्य विस्मय से भर जाता है।
रेशम के लच्छे-सी लगती किरण;
व्योम दीखता ध्यान में निरत
किसी निश्चिंत महायोगी-सा;
त्रिया पुण्य की प्रभा,
प्रेरणा के समान लगती है।

इस उद्धरण से स्पष्ट है कि दिनकरजी प्रेम को कितना ऊँचा स्थान देते थे। ऐसा ही कवि प्रेम की गहराई में जा सकता है, वर्ना जो उसे केवल त्वचा की गुदगुदी समझते हैं, वे उसके नाम पर जीवन-भर सतही कविताएँ लिखते रह जाते हैं।

दिनकरजी की प्रेम और शृंगार-भावना की चरम परिणति उनके 'उर्वशी' काव्य में हुई है, जो अपनी श्रेष्ठता के कारण अखिल भारतीय ज्ञानपीठ पुरस्कार से सम्मानित हुआ। उस पर हम इस पुस्तक के अंत में एक स्वतंत्र लेख दे रहे हैं, क्योंकि यहाँ संक्षेप में उसकी चर्चा करके उसके साथ न्याय नहीं किया जा सकता।

कहीं हैं फूल, कहीं अंगारे

प्रत्येक कवि की रुचि का अपना क्षेत्र होता है। दिनकरजी की काव्य-रुचि के अनेक क्षेत्र हैं, यथा राष्ट्र, समाज, प्रकृति, प्रेम और शृंगार, आत्मपरकता तथा अध्यात्म। लेकिन कभी-कभी वे इन क्षेत्रों से अपने को मुक्त कर जिस भी विषय पर कविता लिखना चाहते हैं, लिखते हैं। इससे उनकी कविता में वह विविधता संभव हुई है, जिसे टी.एस. इलिएट महान् कवि का एक लक्षण बतलाते हैं। यह ठीक है कि दिनकरजी में विविधता उतनी स्पष्ट नहीं है, जितनी निराला में। उदाहरणार्थ यह विश्वास करना कठिन है कि 'राम की शक्ति-पूजा' का कवि ही 'कुकुरमुत्ता' का कवि है और 'गीतिका' के गीतों का रचयिता ही 'नए पत्ते' की कविताओं का रचयिता। लेकिन ध्यान देने पर पता चल जाता है कि दिनकरजी की कथन-भंगी और कविता की विषय-वस्तु दोनों स्वतंत्रता के बाद के काल में बदलती गई हैं। उनकी मुक्तता ही उन्हें सच्चे अर्थों में स्वच्छंद और बड़ा कवि बनाती है।

उनकी 'व्याल-विजय' शीर्षक कविता प्रसिद्ध है। उसमें उन्होंने कृष्ण की बाँसुरी के स्वर के बारे में कहा है : 'उड़े नाद के जो कण ऊपर, वे बन गए सितारे,/जो नीचे रह गए, कहीं हैं फूल, कहीं अंगारे।' जैसा कि अभी-अभी संकेत किया गया है, उनकी कविता का स्वर भी कभी एक दिशा में निर्दिष्ट नहीं रहा। स्वभावतः उसने अनेक दिशाओं को ध्वनित- प्रतिध्वनित किया है। 'रेणुका' में उनकी 'कवि' शीर्षक से दो कविताएँ हैं, जिनमें से पहली कविता में उन्होंने कहा है :

सरित सम पर देती है ताल,
चंद्र बुनता किरणों का जाल।
सरल शिशु-सा सोता है विश्व,
ओढ़ सपनों का वसन विशाल।
निशा का परम मधुर यह हास।
बनो कवि! रत्न-खचित आकाश।

लेकिन कवि के बारे में विस्तार से उन्होंने दूसरी कविता में बतलाया है, जिससे पता चलता है कि वस्तुतः वह मानव-संस्कृति का सबसे बड़ा दूत है। जरा उसकी यह मानवीय भूमिका

देखिए :

ऊषा थी युग से खड़ी लिए प्राची में सोने का पानी,
सर में मृणाल-तूलिका, तटी में विस्तृत दूर्वा-पट धानी।
खींचता चित्र पर कौन? छेड़ती राका की मुसकान किसे?
बिंबित होते सुख-दुख, ऐसा अंतर था मुकुर-समान किसे?
दंतुरित केतकी की छवि पर था कौन मुग्ध होनेवाला?
रोती कोयल थी खोज रही स्वर मिला संग रोनेवाला।...
मृगदृगी वन्य-कन्या कर पाई थी मृगियों से प्यार नहीं,
हाँ, प्रकृति-पुरुष तब तक मिल हो पाए थे एकाकार नहीं।

फिर वे सीधे कवि को संबोधित कर कहते हैं :

कवि! पारिजात के छिन्न कुसुम तुम स्वर्ग छोड़ भू पर आए,
उर-पद्म-कोष में छिपा दिव्य नंदनवन का सौरभ लाए।
जिस दिन तमसा-तट पर तुमने दी फूँक बाँसुरी अनजाने,
शैलों की श्रुतियाँ खुलीं, लगे नीड़ों में खग उठ-उठ गाने।
....

विधि ने भूतल पर स्वर्ग-लोक रचने का दे सामान तुम्हें;
अपनी त्रुटि को पूरा करने का दिया दिव्य वरदान तुम्हें।

लेकिन—

सब कुछ देकर भी चिर-नवीन, चिर-ज्वलित व्यथा का रोग दिया;
फूलों से रचकर गात, भाग्य में लिख शूलों का भोग दिया।
जीवन का रस-पीयूष नित्य जग को करना है दान तुम्हें,
हे नीलकंठ, संतोष करो, था लिखा गरल का पान तुम्हें।
कितना जीवन-रस पिला-पिला पाली तुमने कविता प्यारी?
कवि! गिनो, घाव कितने, बोलो, उर-बीच उगे बारी-बारी?

आधुनिक हिंदी कवियों का साक्ष्य लेकर ही देखें, तो यह बात पूर्णतः सही प्रतीत होती है। निराला, स्वयं दिनकर, शमशेर, नागार्जुन, त्रिलोचन और मुक्तिबोध का जीवन अत्यंत कष्टप्रद था। सारे गरल का पान करते हुए उन्होंने हिंदी को अमृत का दान दिया।

दिनकरजी की आरंभिक लोकप्रिय कविताओं में से एक है 'परदेशी'। इसकी लोकप्रियता का प्रमाण यह है कि मैंने अपने गाँव में करीब पाँच-छः दशक पहले, एक शादी की महफिल में, मिथिला के नटुए को बहुत मग्न होकर यह गीत गाते हुए सुना था— 'माया के मोहक वन की क्या कहूँ कहानी परदेशी ?/भय है, सुनकर हँस दोगे मेरी नादानी

परदेशी'। यह आश्चर्य की बात नहीं है कि इस गीत को सुनते हुए श्रोता भी उतने ही मग्न थे। निम्नलिखित पंक्तियों को तो मैंने गाँव के लोगों को दुहराते हुए सुना है—

रोते जग की अनित्यता पर सभी विश्व को छोड़ चले,
कुछ तो चढ़े चिता के रथ पर, कुछ कब्रों की ओर चले।
रुके न पल-भर मित्र, पुत्र माता से नाता तोड़ चले,
लैला रोती रही किंतु, कितने मजनूँ मुँह मोड़ चले।

संसार की अनित्यता पर दिनकरजी ने एक और कविता लिखी है 'वैभव की समाधि पर'। इसके आरंभ में ही वे कहते हैं—

हँस उठी कनक-प्रांतर में जिस दिन फूलों की रानी,
तृण पर मैं तुहिन-कणों की पढ़ता था करुण कहानी।
थी बाट पूछती कोयल ऋतुपति के कुसुम-नगर की
कोई सुधि दिला रहा था तब कलियों को पतझर की।

कुछ विद्वानों ने कवि की इस निराशा का संबंध सत्याग्रह-आंदोलन की असफलता से जोड़ा है, लेकिन ऐसी बात बिलकुल नहीं है। कारण यह कि जीवन और जगत् की नश्वरता भारतीय जन-समाज की चिर जीवित मान्यता रही है। आज भी निर्गुण सुनना लोग बहुत पसंद करते हैं। दिनकरजी ने उसी मान्यता को वाणी दी है, जिससे उनकी ऐसी कविताएँ स्वभावतः बहुत पसंद की गईं।

उनके मन में शुरू से सौंदर्य और कर्तव्य को लेकर एक द्वंद्व की स्थिति थी, जिसका वे समाधान ढूँढ़ रहे थे। 'रेणुका' की ही 'कला-तीर्थ' शीर्षक कविता में दोनों पक्षों को रखते हुए उन्होंने अभिलषित समाधान भी ढूँढ़ लिया है। पहले एक दिव्य सुंदरी आती है :

पूर्णचंद्र-चुंबित निर्जन वन, विस्तृत शैल-प्रांत अति सुंदर,
द्रुम-द्रुम सुमन-भरित, मानो, हो खड़ा देह धरकर कुसुमाकर।
पहन शुक्र का कर्ण-विभूषण दिशा-सुंदरी रूप-लहर से
मुक्त-कुंतला मिला रही थी अवनी को ऊँचे अंबर से।
कला-तीर्थ को मैं जाता था एकाकी वनफूल-नगर में,
सहसा दीख पड़ी सोने की हंसग्रीव नौका लघु सर में।
पूर्णयौवना, दिव्य सुंदरी जिस पर बीन लिए निज कर में
भेद रही थी विपिन-शून्यता भर शत स्वर्गों का मधु स्वर में।
लहरें खेल रहीं किरणों से, ढुलक रहे जल-कण पुरइन में,
हलके यौवन थिरक रहा था ओस-कणों-सा गान-पवन में।

उस सुंदरी ने कवि से कहा :

लगा लालसा-पंख मनोरम, आओ, इस आनंद-भवन में,
जी-भर पी लो आज अधर-रस, कल तो आग लगी जीवन में।

कवि फिर एक दूसरा दृश्य देखता है—

कुछ आगे चल उस निर्जन में देखा एक युवक अति सुंदर,
पूर्ण स्वस्थ, रक्ताभ वदन, विकसित, प्रशस्त-उर, परम मनोहर।
श्रम में रत फावड़ा चलाता हुआ पोंछता श्रम-कण कर से,
नहर काटता वह अता था किसी दूरवाही निर्झर से।
मैंने कहा, ''कौन तुम?'' बोला वह, ''कर्तव्य, सत्य का प्यारा।
कृषि-सिंचन के लिए लिए जाता हूँ यह निर्झर की धारा।''

उसने आगे उससे कहा :

सुंदरता पर कभी न भूलो, शाप बनेगी वह जीवन में।
लक्ष्य-विमुख कर भटकाएगी, तुम्हें व्यर्थ फूलों के वन में।
बढ़ो लक्ष्य की ओर, न अटको, मुझे याद रख जीवन-रण में।

ये सौंदर्य और कर्तव्य के दो मार्ग थे, जिन पर अलग-अलग युवती और युवक आरूढ़ थे। लेकिन सच्चाई का पता कवि को आगे बढ़ने पर लगता है—

कुछ क्षण बाद मिला फिर पथ में गंध-फूल-दूर्वामय प्रांतर।
हरी-भरी थी शैल-तटी, त्यों, सघन रत्न-भूषित नीलांबर।
दूबों की नन्हीं फुनगी पर जगमग ओस बने आभा-कण;
कुसुम आँकते उनमें निज छवि, जुगनू बना रहे निज दर्पण।
राशि-राशि वन-फूल खिले थे, पुलक स्पंदित वनहृत-शतदल;
दूर-दूर तक फहर रहा था श्यामल शैल-तटी का अंचल।
एक बिंदु पर मिले मार्ग दो आकर दो प्रतिकूल विजन से;
संगम पर था भवन कला का सुंदर घनीभूत गायन-से।
अमित प्रभा फैला जलता था महाज्ञान-आलोक चिरंतन,
दीवारों पर स्वर्णांकित था, ''सत्य भ्रमर, सुंदरता गुंजन।''

सौंदर्य या कर्तव्य या दोनों का समन्वय? यह बुद्धि और तर्क का विषय है, लेकिन देखने की बात यह है कि कवि ने अपने चिंतन को किस तरह काव्य-संगीत से युक्त करके इस कविता में अभिव्यक्त किया है।

'फूलों के पूर्वजन्म' 'हुंकार' की एक अत्यंत सुंदन कविता है, जिसकी आरंभिक कुछ पंक्तियाँ देखनी ही चाहिए—

प्रिय की पृथुल जाँघ पर लेटा करती थीं जो रँगरलियाँ,
उनकी कब्रों पर खिलती हैं नन्हीं जूही की कलियाँ।
पी न सका कोई जिनके नव अधरों की मधुमय प्याली,
वे भौंरों से रूठ झूमतीं बनकर चंपा की डाली।
तनिक चूमने से शरमीली सिहर उठी जो सुकुमारी;
सघन तृणों में छिप, उग आई वह बन छुई-मुई प्यारी।

कल्पना की जा सकती है कि कवि की कल्पना कितनी प्यारी है। 'रसवंती' में दिनकरजी की 'कालिदास' शीर्षक एक कविता है, जिसमें उन्होंने कवि-कुल-गुरु के काव्य के कुछ दृश्य दिखलाए हैं। इससे भी पता चलता है कि कवि अपनी कृतियों में ही जीवित रहता है। वे दृश्य हैं :

मुनिबाला के पास दौड़ता मृगशावक आता है,
ज्यों-त्यों दर्भजनित क्षत अपने मुख का दिखलाता है।
वह निसर्ग-कन्या अपने आश्रमवासी परिजन को
लगा इंगुरी-तैल, गोद में सुहलाती है तन को।
बहती है मालिनी कहीं अब भी भारत के मन में,
प्रेमी प्रथम मिला करते जिसके तट वेतस-वन में।
प्रथम स्पर्श से झंकृत होती वेपथुमती कुमारी,
एक मधुर चुंबन से ही खिलकर हो जाती नारी।
दर्भांकुश खींचती चरण से, झुकी अरालासन से
देख रही रूपसी एक प्रिय को मधु-भरे नयन से।
इस रहस्य-कानन की अगणित निबिडोन्नतस्तनाएँ,
कांतप्रभ शरदिंदु-रचित छवि की सजीव प्रतिमाएँ,
हँसकर किसकी शमित अग्नि को जिला नहीं देती हैं?
किस पिपासु को सहज नयन-मधु पिला नहीं देती हैं?

'इस रहस्य-कानन की अगणित निबिडोन्नतस्तनाएँ' यह भाषा उसी कवि की है, जिसने सरल से सरल कविता लिखकर पाठकों के मन को जीत लिया था। ज्ञातव्य है कि कवि का काम केवल प्रचलित भाषा का प्रयोग नहीं, बल्कि उसके स्तर को ऊपर उठाना भी है। इस काम को वह अनेक प्रणालियों से अंजाम देता है। उसकी कोई एक बँधी प्रणाली नहीं है। इस क्षेत्र में भी दिनकरजी का योगदान महत्त्वपूर्ण है।

1951 में लंगटसिंह कालेज के सभाकक्ष में आचार्य हजारीप्रसाद द्विवेदी के व्याख्यान के बाद मुझे दिनकरजी के मुँह से 'सपनों का धुआँ' शीर्षक कविता सुनने का सुअवसर मिला था। मैं उनकी कविता का पुराना पाठक था, सो मुझे इस कविता में उनका स्वर काफी बदला हुआ लगा। बाद में 1951 में ही इसी नाम से जब उनका नया संग्रह आया,

तो स्वभावतः इस कविता पर मेरा ध्यान गया। भूमिका में दिनकरजी ने लिखा था कि "इधर मेरे लिखने की तर्ज मेरी वर्तमान मनोदशा के मुआफिक भी आ रही है। यह प्रयोग है या प्रगति, मैं नहीं बता सकता। निश्चयपूर्वक इतना ही कह सकता हूँ कि आजकल इसी लहजे में बोलने में कुछ संतोष का अनुभव करता हूँ।" उक्त कविता का रचनाकाल 1949 है। पीछे मैं संकेत कर चुका हूँ कि आजादी के बाद से दिनकरजी के कहने का अंदाज बदलने लगता है। यहाँ हमारा ध्यान व्यंग्य और प्रहार से भरी उन कविताओं पर जरूर जाना चाहिए, जो उन्होंने कांग्रेस के भीतर प्रतिपक्ष की भूमिका निभाते हुए लिखीं। 1954 में उनका 'नील कुसुम' नामक संग्रह प्रकाशित हुआ और 1964 में उनका 'कोयला और कवित्व' नामक संग्रह। इन तीनों ही संग्रहों की अनेक कविताओं में कवि का पुराना स्वर गायब हो गया है और उसकी जगह एक नया स्वर आ गया है। इस स्वर में सिर्फ कविता की शैली ही नहीं, उसका विषय और उसकी अंतर्वस्तु भी है। ज्ञातव्य है कि उस समय हिंदी में प्रयोगवाद और नई कविता का आंदोलन चल रहा था, जिसे वे बड़ी गंभीरता से देख रहे थे। 'नील कुसुम' की भूमिका में तो उन्होंने यहाँ तक कहा है कि "नील कुसुम के रचयिता के सहज बंधु 'रेणुका' और 'हुंकार' के रचयिता नहीं, वरन् वे लोग हैं जिन्हें, सही नाम के अभाव में हम प्रयोगवादी कहने लगे हैं। किंतु मैं प्रयोगवाद का अगुआ नहीं, पिछलगुआ कवि हूँ, क्योंकि 'नील कुसुम' की कविताओं की रचना के बहुत पहले ही 'तार सप्तक' की गूँज देश में खूब छा चुकी थी।"

1966 में 'शुद्ध कविता की खोज' नामक उनकी आलोचना-पुस्तक का प्रकाशन हुआ। इसमें उन्होंने चीनी और जापानी सहित संपूर्ण पश्चिमी आधुनिक काव्य को खँगालकर शुद्ध कविता के स्वरूप को सामने लाने की कोशिश की। निश्चय ही उसके समर्थन के लिए नहीं, बल्कि विरोध के लिए। इसका प्रमाण उनके दो उद्धरण हैं। पहले उद्धरण में वे कहते हैं : "शुद्ध कवित्व की तृषा आधुनिक कवियों की सबसे प्रमुख तृषा है। किंतु, यह समझना भूल होगा कि सभी आधुनिक कवि केवल शुद्ध कविताएँ ही लिखते रहे हैं। इलियट शुद्ध कवित्व के बहुत पक्षपाती थे, किंतु, उनका 'वेस्ट लैंड' शुद्ध कविता का सही उदाहरण नहीं माना जा सकता। 'वेस्ट लैंड', किसी न किसी हद तक, सोद्देश्य काव्य है, गरचे उसका उद्देश्य अत्यंत अप्रत्यक्ष है।" दूसरे उद्धरण में इलियट की ही यह बात उद्धृत करते हुए कि 'कविता का सौंदर्य उसकी शैली में है, किंतु, उसका गांभीर्य भावों के गांभीर्य में परखा जाता है', आगे वे उनके बारे में कहते हैं कि "उन्होंने यह भी कहा था कि जब मैं महान् काव्य की बात करता हूँ, तब मेरा अभिप्राय शुद्ध काव्य से नहीं होता है। अर्थात् शुद्ध कविता चाहे जितना शुद्ध हो, किंतु शुद्ध होने से वह महान् नहीं हो जाती।" तात्पर्य यह कि शुद्ध कविता की खोज करने के पहले से ही दिनकरजी की कविता में बदलाव आने लगा था, उस पर प्रयोगवाद या नई कविता के शोर-गुल से भरे हुए वातावरण का प्रभाव हो सकता है, लेकिन वह दिनकर-काव्य का स्वाभाविक विकास है।

इसका प्रमाण 1960 में एक विदुषी को लिखा गया उनका लंबा छंदोबद्ध पत्र है, जो 'कोयला और कवित्व' में इसी शीर्षक से संकलित है। इस कविता को गंभीरता से पढ़ने पर पता चलता है कि दिनकरजी कविता के बदले हुए वातावरण से स्वयं चिंतनशील हो उठे थे और गीता के आधार पर शुद्ध कविता की व्याख्या करने की कोशिश की थी। कविता के आरंभ में ही वे कहते हैं—

देवि! कला के लिए कला से आप व्यर्थ चिढ़ती हैं।
कर्म, विकर्म, अकर्म एक ही आरोहण के पद हैं।
एकमात्र आश्रय अकर्म ही है समस्त कर्मों का।
और जानती ही होंगी, दुर्लभ अकर्म यह क्या है!

फिर वे अकर्म के बारे में बतलाते हैं :

ठहर गया जिसका विकर्म, उस सहज कर्मयोगी के
सारे कर्म अकर्म-भाव में स्वयं बदल जाते हैं।
यह अकर्म संन्यास नहीं है, न तो त्याग कर्मों का;
चरम-बिंदु पर चढ़े प्राण की यह एकायन स्थिति है,
जब कर्मातिरेक के कारण कर्म नहीं दिखते हैं।
चक्र दीखता स्थित जब वह तेजी से घूम रहा हो।

चक्र जब तेजी से चलता है, तो वह स्थिर दिखलाई पड़ता है। यही कविता की सिद्धि है और इसी सिद्धावस्था में लिखी गई कविताएँ शुद्ध काव्य का उदाहरण होती हैं, बावजूद इसके कि उसमें देश, समाज, प्रेम, अध्यात्म आदि तमाम बातें हो सकती हैं, लेकिन कवि को अलग से कविता की सोद्देश्यता का ज्ञान नहीं होता। यहाँ मुझे गैरॅड नामक आलोचक की पुस्तक 'दि प्रोफेशन ऑफ पोएट्री' के एक निबंध 'प्योर पोएट्री' का यह कथन याद आ रहा है, जिसमें उसने कहा है कि कविता में कविता को छोड़कर जो कुछ है, वह सब अशुद्ध है। मतलब यह कि कविता में सब कुछ हो सकता है, बशर्ते कि वह कविता में रूपांतरित हो। जो कविता में रूपांतरित हो चुका है, वह शुद्ध काव्य है और जो नहीं हो सका है, वह अशुद्ध काव्य है, भले वह प्रेम हो, या प्रकृति या और कुछ।

आगे की पंक्तियों में दिनकरजी कहते हैं कि कला भी जीवन से ही उद्‌भूत होती है, इसलिए कलावाद को समझने की जरूरत है, या सीधे उसका विरोध करने की ?—

कला कला के लिए कहें तो इसमें क्यों जीवन का
मुख मलीन होता, मन में कुछ चोट कहीं लगती है?
कला-पुष्प खिलता जिस द्रुम पर, उसकी मूल शिराएँ
जीवन में यदि नहीं, कहीं पर और गड़ी होती हैं?

और भी :

मलयानिल का मृदुल स्पर्श, दुर्मद झकोर झंझा का,
ग्रीष्म-काल का तपन और फिर शीतलता पावस की,
हिम-निपात में अट्टहास कर हँसना क्रूर मरण का
केवल पत्ते नहीं, छाल, डालें, टहनियाँ चबाकर;
और फूट पड़ना जीवन का फिर यम की घाटी में,
फिर भर जाना सकल मौलि का पत्तों से, फूलों से;
फिर हरीतिमा-सिंधु उठाए इतराना विटपी का,
मानो, उस पर कहीं नाश की उँगली नहीं पड़ी हो।
कला देखती द्रवित, भाव-विह्वल इन लीलाओं को
और देखकर यथायोग्य अंकन सबका करती है।

पर, इतना ही नहीं, दृश्य के परे, अगाध, अतल में
कला डूबकर, समाधिस्थ, यह भी अनुभव करती है,
दौड़-दौड़ डालों पर जब गिलहरियाँ किलक रही हों,
जगते कहाँ पुलक, तरु को गुदगुदी कहाँ लगती है?
और वृक्ष जब रस पीता पतली, महीन सोरों से,
तब मिट्टी के अंधकार में साँ-साँ क्या बजता है?

अब हम फिर 'सपनों का धुआँ' कविता पर लौटें। इस कविता में मात्र 'चंदन वन की भीलनी चंदन देत जलाय' को चरितार्थ नहीं किया गया है, बल्कि आधुनिक युग में सौंदर्य-भावना पर उपयोगितावाद द्वारा आए हुए संकट का इजहार किया गया है। कविता छोटी है, इसलिए इसका पूरा आनंद लेने के लिए इसे पूरा देखना जरूरी है। इसमें एक अतिथि और अतिथेय का संवाद है, फिर अंत में चाँद को संबोधित कर कही गई कवि की उक्ति। कविता है :

"है कौन?" "मुसाफिर वही, कि जो कल आया था,
या कल जो था, मैं आज उसी की छाया हूँ,
जाते-जाते कल छूट गए कुछ स्वप्न यहीं,
खोजते रात में आज उन्हीं को आया हूँ।
"जीते हैं मेरे स्वप्न? आपने देखा था?"
"हाँ, छोड़ गए थे यहाँ आप ही दूब हरी?
अफसोस मगर, कल शाम आपके जाते ही
चर गई उसे जड़-मूल सहित मेरी बकरी।

"चंदन भी था कुछ पड़ा हुआ घर के बाहर,

कल रात लगी थरथरी उसे तब मँगवाया;
जी भर कर तापा धरकर उसे अँगीठी में,
जब धुआँ उठा, घर भर को बड़ा मजा आया।''

दूर ही रहो अय चाँद! आदमी बड़े-बड़े
आगे-पीछे भी नहीं सोचने पाएँगे,
पीयूष तुम्हारे मरने का कारण होगा,
प्याले पर धरकर तुम्हें चाट ही जाएँगे।

स्पष्ट है कि यहाँ हरी दूब, चंदन और चाँद सौंदर्य अथवा स्वप्न के प्रतीक हैं, जो यथार्थ के उलट हैं और जिस कारण ही उन पर खतरा उपस्थित हुआ है।

इस लेख में बात दिनकर-काव्य में मिलनेवाली विविधता और मुक्तता की हो रही थी। 'व्याल-विजय' शीर्षक उनकी कविता की चर्चा शुरू में हो चुकी है। यह उनकी एक प्रसिद्ध ही नहीं, बहुत ही उदात्त रचना है, जो कालिय-नाग के दमन पर लिखी गई है, लेकिन इसमें यथास्थान कोमल अंश भी आए हैं। पहले उदात्त अंश का एक नमूना देखें :

झूमे जहर चरण के नीचे, मैं उमंग में गाऊँ,
तान, तान फण व्याल, कि तुझ पर मैं बाँसुरी बजाऊँ।

यह बाँसुरी बजी माया के मुकुलित आकुंचन में,
यह बाँसुरी बजी अविनाशी के संवेश गहन में;
अस्तित्वों के अनस्तित्व में, महाशांति के तल में,
यह बाँसुरी बजी शून्यासन की समाधि निश्चल में।
....
अक्षय-वट पर बजी बाँसुरी, गगन मगन लहराया,
दल पर विधि को लिए जलधि में नाभि-कमल उग आया।
जन्मी नव चेतना, सिहरने लगे तत्त्व चलदल-से,
स्वर का ले अवलंब भूमि निकली प्लावन के जल से।

'मुकुलित आकुंचन' का अर्थ यह है कि कृष्ण के बाँसुरी-निनाद के पहले माया कली की तरह आकुंचित थी। उस नाद से ही उसका प्रसार शुरू हुआ, जिससे सृष्टि संभव हुई। 'अविनाशी' का अर्थ स्पष्ट है और 'संवेश' का अर्थ है 'निद्रा'। कहा जाता है कि नाद से ही इस सृष्टि का निर्माण हुआ है : 'स्वर का ले अवलंब भूमि निकली प्लावन के जल से।' अब आप यह कोमल अंश देखें–

यह बाँसुरी बजी, मधु के सोते फूटे मधुवन में,
यह बाँसुरी बजी, हरियाली दौड़ गई कानन में।
यह बाँसुरी बजी, प्रत्यागत हुए विहंग गगन से,
यह बाँसुरी बजी, सटकर विधु चलने लगा भुवन से।

उपयुक्त मौके पर दिनकरजी की कल्पना-शक्ति उत्कर्ष को प्राप्त करती है, जिससे नवीन बिंब संभव होते हैं। उपर्युक्त अंतिम दो पंक्तियों में यह साफ दिखलाई पड़ता है। 'शबनम की जंजीर' भी दिनकरजी की एक प्रसिद्ध कविता है। इसमें कवि का पहले का बदला हुआ लहजा देखें :

सपनों का वह सारथी, रात की छाया में
आते जिसकी श्रुति में संवाद सितारों से,
सरिताएँ जिससे अपना हाल कहा करतीं,
बातें करता जो फूलों और पहाड़ों से।

और—

छेनी-टाँकी क्या करें? जिंदगी की साँसें
लोहे पर धरकर नहीं बनाई जाती हैं;
धाराएँ जो मानव को उद्वेलित करतीं,
यत्रों के बल से नहीं बहाई जाती हैं।

कविता के अंत में कवि कहता है—

मानव-मन को बेधते फूल के दल केवल,
आदमी नहीं कटता बरछों से, तीरों से,
लोहे की कड़ियों की साजिश बेकार हुई,
बाँधो मनुष्य को शबनम की जंजीरों से।

'स्वप्न और सत्य' शीर्षक कविता में भी दिनकरजी का बदला हुआ लहजा देखने को मिलता है। एक संगोष्ठी में डा. नामवर सिंह ने प्रसिद्ध रंगकर्मी जावेद अख्तर खान की इस बात की ताईद की थी कि दिनकरजी की कविताओं में संवाद की शैली मिलती है। उसका बहुत अच्छा उदाहरण उक्त कविता की आरंभिक पंक्तियों में, जो मनोमोहक हैं, देखने को मिलता है :

तबीयत चाहती है, बात कुछ तुमको सुनाऊँ,
मगर, तुम कौन हो जो पंक्ति मेरी पढ़े रहे हो?
कला के पारखी हो? चाँदनी के चाहनेवाले?
हवा की साँस में जो दर्द है उसको समझते हो?

बिताई है कभी क्या पूर्णिमा की रात खेतों में
खड़ी हरियालियों को देखते, बोले बिना कुछ भी?
पहाड़ों को कभी क्या देखकर यह भाव जागा है,
तुम्हारी और उनकी रूह आपस में सहेली हैं?
सितारों की सभा में बैठते हो? घूमते हो क्या
उषा के जावकों में और संध्या के जुही-वन में?
जवानी की लटों को देख मन करवट बदलता है?
भरे-उभरे बदन से क्या घनों की याद आती है?

अब इस कविता का सार-अंश :

बुरा क्या है, किसी दिन घूमते-फिरते भटक जाओ,
गली सूझे नहीं कोई सितारों से निकलने की?
मजे में रात भर घूमो कभी दाएँ, कभी बाएँ,
उमड़ती बाढ़ में ज्यों गाँव की डोंगी निकलती है
घरों के पास से होकर, बचाकर पेड़-पौधों को;
कि जैसे पर्वतों की गोद में नदियाँ बहा करतीं।...
मजे में रात भर घूमो, मगर, जब भोर होता हो,
क्षितिज के पास कंचन के सरोवर में उतर जाओ,
मिटा लो क्लांति, रँग लो प्राण को सौरभ भरे जल से,
उषा को बाँधकर भुज में उतरते-तैरते जाओ,
क्षितिज के पास से पृथ्वी नहीं दो हाथ भर भी है।

यह दुर्भाग्य की ही बात है कि इतनी शानदार कविता अंत में 'संदेश' के कारण सपाट हो गई है।

दिनकरजी की अगली विचारणीय कविता है 'नर्तकी'। दरअसल कविता उसके भावार्थ में नहीं होती, उसके शब्द-विधान में होती है, इसलिए मुझ-जैसे तुच्छ आलोचक की कठिनाई यह है कि वह कविता को उसी रूप में उद्धृत करने के लिए बाध्य है। कविता के भाव-पक्ष और कला-पक्ष इन दो आयामों में आचार्य रामचंद्र शुक्ल का दृढ़ विश्वास था, लेकिन वे विलक्षण अंतर्दृष्टिसंपन्न आलोचक थे, इसलिए वे भी अंततः इसी निष्कर्ष पर पहुँचे थे कि कविता शब्द-विधान है, यानी वह शब्द और उसके कविप्रदत्त क्रम में ही निहित होती है। यहाँ स्वाभाविक रूप से कॉलरिज का यह कथन याद आ जाता है कि उत्तमोत्तम शब्दों का उत्तमोत्तम क्रम-विधान ही कविता है। मलार्मे ने भी कविता को परिभाषित करने की कोशिश की और इसी नतीजे पर पहुँचा कि गद्य में जहाँ शब्द साधन होते हैं, कविता में वे साधन और साध्य दोनों होते हैं। इसीलिए उसने कविता की परिभाषा यह बतलाई कि कविता वह है, जिसका अनुवाद न हो सके। आज के मार्क्सवादी

आलोचक टेरी ईग्लटन यह मानते हुए भी कि कविता में अंतर्वस्तु और रूप का फर्क होता है, यह मानते हैं कि पाठकों के अनुभव में आकर ये दोनों अभिन्न हो जाते हैं। नर्तकी कविता का एक उपेक्षित विषय है, जो जन-समुदाय की उपस्थिति में अपनी कला का प्रदर्शन करती है और बदले में बदनामी पाती है। इस कविता के आरंभ में ही दिनकरजी उससे पूछते हैं :

बरसते हैं तुम्हारे अंग पर भी बाण आँखों के
असूया में बुझे, विद्वेष के तीखे जहरवाले?
उन्हीं के सामने हो नाचती जिनकी निगाहों में
नहीं तुम और कुछ केवल सुयश की भिक्षुणी भर हो?
सुधा से तृप्त कर सब को स्वयं जब लौटती घर को,
तुम्हारे भी हृदय के कूप से आवाज उठती है?
"लगा लाई नया फिर एक धब्बा आज भी तन में,
मरण के हाथ फिर थोड़ी अमरता बेच आई हूँ।"

नृत्य के दर्शक क्या सोचते हैं, यह कवि के शब्दों में देखिए :

बिचारे सोचते हैं, जो हमें आनंद देती है,
भला क्यों भींगती होगी स्वयं वह स्वेद के जल से?
यती-सी काटती होगी कभी क्यों रात वह जगकर
अगोचर की विभा को बाँधकर गोचर बनाने में?
अगमता से उलझने की उसे क्या बेबसी जिसकी
प्रभा कटि में, नयन में, और ग्रीवा में निवसती है?
रिझाने की अदाओं में बड़ी क्या बात है ऐसी,
जिसे हम सिद्धि की लौ, योग की कोमल विभा समझें?
तपस्या-साधना की नाचने में क्या जरूरत है?

इसमें 'अगोचर', 'अगमता' और 'योग' तीनों शब्द महत्त्वपूर्ण हैं, क्योंकि कला अगोचर को ही गोचर और अगम्य को ही गम्य बनाती है, जो कि बिना योग-साधना के संभव नहीं है। आचार्य शुक्ल ने ही कविता को भाव-योग कहा था। कविता और नृत्य में यह फर्क है कि कविता जहाँ शब्दों से लिखी जाती है, वहाँ नृत्य विभिन्न अंगों की गतियों और मुद्राओं से प्रस्तुत किया जाता है।

लेकिन नृत्य को एक घटिया पेशा माननेवालों को इन बातों से क्या मतलब? अंत में दिनकरजी नर्तकी को संबोधित कर कहते हैं :

कला की सेविके! यह साधना ही है अभागों की,
न माया ही जिन्हें मिलती, न जिनको राम मिलते हैं।

कुसुम को देखकर हम सोचते, सौरभ कहाँ इसका?
अगर सौरभ मिला तो प्रश्न यह हैरान करता है,
जहाँ से गंध यह उठती, कहाँ पर वह कुसुम होगा?

निःसंदेह इसमें कवि की अपनी व्यथा बोलती है। आगे की पंक्तियाँ देखिए :

लगा जब बाँटने धाता सुखों का भोग जीवों को,
रचे दो सोम उसने एक नभ में, दूसरा जल में।
चतुर थे लोग जो वे तो गगन के चाँद पर दौड़े,
मगर, हम बिक गए बेमोल उसकी एक छाया पर,
कि यह छाया गगन के चाँद से बढ़कर मनोहर थी।
तभी से बिंब के पीछे हमारी दौड़ जारी है।
जगत् के रूप सारे पाँव के पीछे रह जाते।
निकलते जा रहे उस ओर को हम तीर की लय से,
जहाँ आकाश से पृथ्वी मिली मालूम होती है।

'चतुर थे लोग जो वे तो गगन के चाँद पर दौड़े,/मगर, हम बिक गए बेमोल उसकी एक छाया पर,/कि यह छाया गगन के चाँद से बढ़कर मनोहर थी।' इस तरह कवि और कलाकार सौंदर्य-जैसी अभौतिक वस्तु के पीछे भागते हैं और इसलिए भौतिकता-प्रधान समाज की दृष्टि में तिरस्कार का पात्र होते हैं।

दिनकरजी की एक कविता और है 'नग्नता', जिसमें उन्होंने आधुनिक सभ्यता पर व्यंग्य किया है, जिसमें मानसिक और शारीरिक दोनों प्रकार की नग्नताएँ बढ़ती जा रही हैं। मन आवरण से बाहर आने के लिए बेचैन है और वस्तुतः वस्त्र नग्नता को ढँकने के लिए नहीं, बल्कि उसे उभारने के लिए पहने जाते हैं। पंक्तियाँ हैं :

एक नग्नता वह थी जब भू के पहले नर-नारी
सहज नग्न थे, किंतु, नग्न होने का ज्ञान नहीं था,
दोनों के सब अंग खुले थे, सब समान सुंदर थे,
इस अवयव पर अधिक और उस पर कम ध्यान नहीं था।
....
एक नग्नता यह भी है जब तन तो नग्न नहीं है,
लेकिन, मन है विकल आवरण से बाहर आने को;
लज्जा वसनों में अनेक वातायन खोज रही है,
देह पहनती चीर नग्नता अपनी दिखलाने को।

लेकिन इस कविता की सबसे सुंदर पंक्तियाँ वे हैं, जो ऊपर उद्धृत पहले बंद के बाद इसमें आई हैं :

नयन देर तक नहीं किसी द्रुम के समीप रुकते थे
विचरण करते हुए देह की उघरी फुलवारी में;
नारी को नर में रहस्य तब तक न भास पाया था,
नहीं जगा था नर का, त्यों ही, कौतूहल नारी में।

तब कहते हैं, दृष्टि पुरुष की भूल भरे उपवन को,
किसी-किसी क्यारी में रमने लगी चेतना खोकर;
जहाँ-जहाँ वह गड़ी, लगी लगने गुदगुदी त्वचा में,
आखिर, जाग पड़ी नारी लज्जा से आकुल होकर।

लज्जा प्रथम शील नारी का, शीलमयी सकुचाई,
पत्तों से आवृत कर तन को, करतल से लोचन को;
दृग मूँदे-मूँदे ही संभ्रममयी सहमकर बोली,
प्रियतम! तुम भी किसी भाँति आवृत कर लो निज तन को।

देखने की बात यह है कि दिनकरजी ने कितनी हार्दिकता और कितनी कलात्मकता से इस पूरे प्रसंग को प्रस्तुत किया है। कहने की आवश्यकता नहीं कि यह पूरा प्रसंग कवि की कल्पना-शक्ति की देन है, जो सौंदर्य से भरपूर है। यह भी बार-बार दुहराने की जरूरत नहीं कि प्रस्तुतीकरण का कौशल और कला ही कविता है।

'रश्मिलोक' की भूमिका में दिनकरजी ने बहुत ही कारुणिक ढंग से अपनी अवस्था के बारे में लिखा है, जिसके मूल में उनका पारिवारिक कलह था। संयुक्त परिवार के लिए कलह आम बात है, लेकिन वे चूँकि अत्यंत संवेदनशील और उच्च रक्तचाप के मरीज थे, इसलिए उसे बर्दाश्त न कर सके और अंत में तज्जनित तनाव ही उनके लिए घातक बना। उस अवस्था में रहते हुए भी वे कविता को छोड़ नहीं सकते थे, लेकिन वे उसमें साधारणीकरण अथवा सामान्यीकरण का महत्त्व जानते थे, इसलिए अपनी कविता को अपने व्यक्तित्व के प्रभाव से मुक्त कर ही प्रस्तुत करना चाहते थे। इसका साक्ष्य उनकी एक बहुत ही छोटी कविता देती है, जिसका शीर्षक है 'दर्द'। इसमें वे कहते हैं :

दर्द को तुम फेन की धारा बनाओ।
फेन तो बह जायगा;
नीर निर्मल सिंधु में रह जायगा।

यह कविता भी 'कोयला और कवित्व' में ही संगृहीत है। उनके मन में एक समंजस या संतुलित समाज का चित्र था। 'हारे को हरिनाम' में 'संतुलित समाज' शीर्षक कविता की अंतिम पंक्तियों में उन्होंने कहा है :

मर्दाने मर्द और औरतानी औरत ने
सारा खेल खराब कर दिया।
लाजिम यह है
कि हर औरत जरा मर्द
और हर मर्द जरा नारी हो।

दुनिया केवल उन्हीं को न पूजे,
जिन्होंने जीत हासिल की है।
वह उन्हें भी जरा हमदर्दी से देखे,
जिन्होंने जिंदगी की बाजी हारी हो।

अंतिम पंक्तियों का कथन सामान्य है, लेकिन उसके पीछे कवि की अपनी पीड़ा छिपी है। यह तब स्पष्ट हो जाता है, जब हम 'हारे को हरिनाम' संग्रह के नाम पर ध्यान देते हैं।

अब चल उसके द्वार सहज जिसकी करुणा है

स्वच्छंदतावादी कवि के लिए यह स्वाभाविक है कि उसकी कविता में आत्मपरकता हो। यह आत्मपरकता प्राय: प्रगीतकार का गुण बतलाई जाती है, लेकिन मुक्तिबोध का उदाहरण लें, तो मूलत: कवि होते हुए भी उनमें भरपूर आत्मपरकता थी। इसी आत्मपरकता से उनकी कविता में गजब की हार्दिकता और वेग संभव हुआ है। दिनकरजी ने लिखा है कि जैसे प्रवृत्ति और निवृत्ति धर्म की राजनीति है, वैसे ही क्लासिसिज्म और रोमांटिसिज्म कविता की राजनीति। आधुनिक आलोचकों के अनुसार ये दोनों तत्त्व विभिन्न अनुपातों में मिलकर विभिन्न प्रकार की कविताओं की सृष्टि करते हैं। अज्ञेय की बनावट एक कविवाली थी, लेकिन उनकी कविता में आत्मपरकता अंतर्धारा के रूप में मौजूद है, जो उसे आकर्षण और प्रभावोत्पादकता प्रदान करती है। दिनकरजी ने राष्ट्र और समाज-संबंधी विषयों को लेकर ढेरों कविताएँ लिखी हैं, लेकिन सार्वजनिक विषयों के प्रति उनकी प्रतिक्रिया भी प्रत्यक्ष या परोक्ष रूप में उनके व्यक्तित्व के स्पर्श से युक्त है। निश्चय ही यह उनके भी काव्य की लोकप्रियता का एक बहुत बड़ा कारण है। ऐसा नहीं है कि क्लासिकी कवि आत्मपरकता से एकदम रहित होता है। मानस की रामकथा में उसके प्रति तुलसीदास का जो गहरा लगाव है, वह उनकी आत्मपरकता की ही देन है, और उनकी विनयपत्रिका तो पूरी तरह से उनकी आत्मपरक कृति है, जब कि विद्वद्गण उनकी कवितावली के सिर्फ अंतिम और उनके जीवन से संबंधित अंशों को आत्मपरक मानते हैं। दिनकरजी ने अच्छी संख्या में प्रत्यक्षत: आत्मपरक कविताएँ भी लिखी हैं, जो उनकी कविता को विस्तार ही देती हैं, उसे केंद्राभिमुख नहीं बनातीं।

कहा जा चुका है कि अंग्रेजी हुकूमत की भयानक निगरानी और पहरेदारी में रहकर भी उन्होंने आग उगलनेवाली राष्ट्रीय कविताएँ लिखीं, लेकिन बहुत ढूँढ़ने पर भी इसका उल्लेख उनकी कविताओं में नहीं मिलता। मुझे उनकी एक ही ऐसी कविता मिली है, 'हुंकार' की अंतिम कविता 'परिचय', जिसके अंतिम बंद में उन्होंने कहा है :

बँधा तूफान हूँ, चलना मना है;
बँधी उद्दाम निर्झर-धार हूँ मैं;
कहूँ क्या, कौन हूँ? क्या आग मेरी?
बँधी है लेखनी, लाचार हूँ मैं।

उनकी एक और कविता है 'इस्तीफा'। युद्धोत्तर काल में उन्होंने छुट्टियों के बहाने दो-दो बार नौकरी से इस्तीफा दिया, लेकिन हुकूमत ने उसे स्वीकार नहीं किया। उक्त कविता में इस्तीफा देने के संकल्प के साथ वे कहते हैं :

लगा शाप, यह बाण गया झुक, शिथिल हुई धनु की डोरी,
अंगों में छा रही, न जाने, तंद्रा क्यों थोड़ी-थोड़ी!

विनय मान मुझको जाने दो,
शेष गीत छिपकर गाने दो,
मुझसे तो न सहा जाएगा अब असीम यह कोलाहल,
जी न सकूँगा पंक झेल, अब पी न सकूँगा ग्लानि-गरल।

'हारे को हरिनाम' उनकी आकस्मिक रचना नहीं है, क्योंकि आध्यात्मिकता उनमें शुरू से थी, यद्यपि वह प्रकट कभी-कभी ही होती थी। 'शेष गान' शीर्षक प्रगीत में 'रसवंती' में ही उन्होंने कहा था :

पल-पल दूर देश है कोई,
अंतिम गान शेष है कोई,
छाया देख जिसकी, काया का परिचय पा न सका मैं।
उड़े जा रहे पंख पसारे,
गीत व्योम के कूल-किनारे,
उस अगीत की ओर जिसे प्राणों से कभी लगा न सका मैं।

जिस दिन वह स्वर में आएगा,
शेष न फिर कुछ रह जाएगा,
कहकर उसे कहूँगा वह, जो अब तक कभी सुना न सका मैं।

दिनकरजी ने स्वयं यह बार-बार कहा है कि उन पर जिन दो महाकवियों का प्रभाव है, उनमें से एक हैं रवींद्रनाथ और दूसरे इकबाल। रवींद्रनाथ ने उनके काव्य-सौंदर्य में वृद्धि की और इकबाल ने उनकी ओजस्विता में। इकबाल का लहजा उनकी कविताओं में बार-बार मिलता है। उनकी एक नज्म है 'अक्ल-ओ-दिल', जो इस तरह शुरू होती है : 'अक्ल ने एक दिन ये दिल से कहा'। यह लहजा दिनकरजी की एक प्रसिद्ध कविता में, जो 'सामधेनी' में संगृहीत है और जो इस तरह शुरू होती है : 'रात यों कहने लगा मुझसे गगन का चाँद', में मौजूद है। इस कविता के उत्तरार्ध को समझने के लिए, जिसमें उन्होंने आत्माभिव्यक्ति की है, इसके पूर्वार्ध को देखना भी जरूरी है, जो इस तरह है—

रात यों कहने लगा मुझसे गगन का चाँद,
आदमी भी क्या अनोखा जीव होता है!

उलझनें अपनी बनाकर आप ही फँसता,
और फिर बेचैन हो जगता, न सोता है।

जानता है तू कि मैं कितना पुराना हूँ?
मैं चुका हूँ देख मनु को जनमते-मरते;
और लाखों बार तुझ-से पागलों को भी
चाँदनी में बैठ स्वप्नों पर सही करते।

आदमी का स्वप्न? है वह बुलबुला जल का;
आज उठता और कल फिर फूट जाता है;
किंतु, फिर भी धन्य; ठहरा आदमी ही तो?
बुलबुलों से खेलता, कविता बनाता है।

बाद में वे चाँद को उत्तर देते हुए कहते हैं :

मैं न बोला, किंतु मेरी रागिनी बोली,
देख फिर से, चाँद! मुझको जानता है तू?
स्वप्न मेरे बुलबुले हैं? है यही पानी?
आग को भी क्या नहीं पहचानता है तू?
....

मनु नहीं, मनु-पुत्र है यह सामने जिसकी
कल्पना की जीभ में भी धार होती है,
बाण ही होते विचारों के नहीं केवल,
स्वप्न के भी हाथ में तलवार होती है।

इस उत्तर में अंतिम बंद विशेष महत्त्वपूर्ण है, क्योंकि आम तौर पर लोग समझते हैं कि शक्ति तो कर्म या फिर विचारों में होती है, लेकिन कवि कल्पना और स्वप्न के पीछे दीवाना होता है, इसलिए उसके किए कुछ नहीं हो सकता। प्लेटो का यह कथन प्रसिद्ध है कि कवियों को राज्य से बाहर कर देना चाहिए। लेकिन दिनकरजी कविता यानी कल्पना और स्वप्न की शक्ति से परिचित थे, इसलिए बलपूर्वक वे कहते हैं कि 'कल्पना की जीभ में भी धार होती है' और 'स्वप्न के भी हाथ में में तलवार होती है'। इसका उदाहरण वे स्वयं भी थे, वर्ना कोई कारण नहीं था कि अंग्रेजी हुकूमत उनकी कविताओं से खौफ खाती और उनके पीछे हमेशा खुफिया पुलिस लगाए रहती।

'संस्कार' शीर्षक कविता में अपने एक साथी से उनकी बातचीत है। उनका साथी उनसे कहता है कि तुम अपनी गोपनीय बातों को भी कविताओं में क्यों प्रकट कर देते

हो ? लोग उन पर विश्वास नहीं करते और सोचते हैं कि वे झूठी हैं और सच्चाई को, जो उनके पीछे स्थित है, कवि ने छुपा रखा है। दिनकरजी कहते हैं–

कल कहा एक साथी ने, तुम बर्बाद हुए;
ऐसे भी अपना भरम गँवाया जाता है?
जिस दर्पण में गोपन मन की छाया पड़ती,
वह भी सबके सामने दिखाया जाता है?

क्यों दुनिया तुमको पढ़े फकत उस शीशे में
जिसका परदा सबके सम्मुख तुम खोल रहे?
इसके पीछे भी एक और दर्पण होगा;
कानाफूसी यह सुनो, लोग क्या बोल रहे?

वे उन्हें समझाते हैं कि ये पुराने लोग हैं, जो एक पुराने व्यक्ति के रूप में ही मुझे देखते हैं और मेरे संबंध में धारणा बना लेते हैं। ये दरअसल निंदक हैं, जो अपने ही लहजे में उत्तर देने के लिए मुझे उकसाते हैं, लेकिन जब मैं निर्लिप्त भाव से उनकी उपेक्षा करता हूँ, तो वे निराश हो जाते हैं–

जब डंकों के बदले न डंक हम दे सकते,
इनके अपने विश्वास मूक हो जाते हैं,
काटता, असल में, प्रेत इन्हें अपने मन का,
मेरी निर्विषता से नाहक घबड़ाते हैं।

यह कविता 'धूप और धुआँ' की है। इसी की जोड़ीदार कविता है 'नील कुसुम' की 'सेतु-रचना' शीर्षक कविता, जिसमें कवि ने यह कहते हुए कि 'रचो सेतु, दूरी अब भी बाकी है,/जन्म नहीं अपना जी बहलाने को;/शिल्प- श्रमिक हम आते हैं जीवन को/इस युग से उस युग में पहुँचाने को', अपने रचनाकार से कहा है कि–

भूँक रहे जो उन्हें नहीं उत्तर दो,
तुम कुरूप हो, ऐसी बात नहीं है।
टूट रहे ये मुझे काट खाने को,
तुम पर तो कोई आघात नहीं है।

अंत में वे फिर कहते हैं :

रचो सेतु जो भाव मूकता में हो,
दिन ढलने लग गया, उन्हें द्रुत स्वर दो;
निर्विकल्प हो रहो सेतु-रचना में,
भूँक रहे जो उन्हें नहीं उत्तर दो।

यहाँ स्वाभाविक रूप से संस्कृत की यह प्रसिद्ध उक्ति याद आती है– 'क्रिया केवलम् उत्तरम्।' लेकिन उक्त कविता के सबसे जोरदार बंद ये हैं, जिनमें उन्होंने अपने रचनात्मक व्यक्तित्व को संबोधित कर ही कहा है :

तुम्हें देखकर उन्हें याद आएगा,
पहले भी नगराज कभी डोला है,
बाल-सूर्य को नमस्कार करने को
पहले भी कोई मृगेंद्र बोला है।

पहले भी कोई जन घूम चुका है
गीतों के अंबर में तूफानों पर;
आँधी को पायलें पिन्हा पहले भी
कोई कवि है नचा चुका गानों पर।

'लोहे के पेड़ हरे होंगे' भी दिनकरजी की एक आत्मपरक रचना ही है, क्योंकि इसमें भी उन्होंने अपने को ही संबोधित किया है। इसका एक आरंभिक अंश–

लोहे के पेड़ हरे होंगे, तू गान प्रेम का गाता चल,
नम होगी यह मिट्टी जरूर, आँसू के कण बरसाता चल।

सिसकियों और चीत्कारों से जितना भी हो आकाश भरा,
कंकालों का हो ढेर, खप्परों से चाहे हो पटी धरा।
आशा के स्वर का भार पवन को लेकिन, लेना ही होगा,
जीवित सपनों के लिए मार्ग मुर्दों को देना ही होगा।
रंगों के सातों घट उँड़ेल, यह हरियाली रँग जाएगी,
ऊषा को सत्य बनाने को जावक नभ पर छितराता चल।

यह कविता भी 'धूप और धुआँ' में ही संकलित है। 'कवि की मृत्यु' की चर्चा पहले हो चुकी है। कवि के बारे में, वह स्वयं दिनकरजी हों या कोई अन्य, उनकी कल्पना कितनी मनोरम और उच्च थी, यह इस कविता की आरंभिक चार पंक्तियों में देखिए–

जब गीतकार मर गया, चाँद रोने आया,
चाँदनी मचलने लगी कफन बन जाने को।
मलयानिल ने शव को कंधों पर उठा लिया,
वन ने भेजे चंदन-श्रीखंड जलाने को।

उनकी मृत्यु पर स्त्रियों की प्रतिक्रिया हम पहले भी देख चुके हैं। यहाँ उनके जीवन पर प्रकाश डालनेवाली उस प्रतिक्रिया के तीन बंद और देखिए :

चुपचाप जिंदगी भर इसने जो जुल्म सहे,
उतना नारी भी कहाँ मौन हो सहती है?
आँखों के आँसू मन के भेद जता जाते,
कुछ सोच-समझ जिह्वा चाहे चुप रहती है।

पर, इसे नहीं रोने का भी अवकाश मिला,
सारा जीवन कट गया आग सुलगाने में।
आखिर, वह भी सो गया जिंदगी ने जिसको,
था लगा रखा सोतों को छेड़ जगाने में।
....

आवरण गिरा, जगती की सीमा शेष हुई,
अब पहुँच नहीं तुम तक इन हाहाकारों की।
नीचे की महफिल उजड़ गई, ऊपर कल से
कुछ और चमक उट्ठेगी, सभा सितारों की।

अंतिम अंश विशेष रूप से दर्दनाक है। उसकी आरंभिक दो पंक्तियों से यह स्पष्ट होता है कि इस कवि का जीवन इस संसार के हाहाकारों और उन्हें समाप्त करने की बेचैनी से भरा हुआ था। मृत्यु के बाद वह इन दोनों से मुक्त हो गया है। अंतिम दो पंक्तियों में स्त्रियाँ दिनकरजी के महत्त्व को आत्मविश्वास के साथ प्रकट करती हैं। 'नीचे की महफिल उजड़ गई', में उनका असहनीय दु:ख भी बोलता है।

'कवि और समाज' दिनकरजी की एक ऐसी रचना है, जिसमें उन्होंने यह बतलाया है कि वे समाज की ही देन हैं। आम तौर पर यह बात समझ में नहीं आती और लोग कवि-कलाकार हो, या नेता, उसे उसकी अपनी सृष्टि मानते हैं। वे यह सोचते हैं कि समाज में तो बहुत लोग पैदा होते हैं, पर वे ऊँचाई तक क्यों नहीं पहुँच पाते? निश्चय ही ऊपर उठने में व्यक्ति के अपने व्यक्तित्व का भी योगदान होता है, लेकिन उसका असली जनक तो समाज है। समाज उसे भाषा और सोचने-समझने का तरीका ही नहीं प्रदान करता है, वह उसे वे परिस्थितियाँ भी प्रदान करता है, जिनके बिना उसका कवि-कलाकार या नेता बनना संभव नहीं हो सकता। सोचने की बात है कि यदि ये परिस्थितियाँ निर्णायक न होतीं, तो बीसवीं शताब्दी में न महात्मा गाँधी हो सकते थे और न दिनकर-जैसे कवि। ये दोनों भारतीय स्वाधीनता-आंदोलन के उस दौर की देन थे, जो उसका बीसवीं शताब्दी के दूसरे-तीसरे दशकों का दौर था। उक्त कविता में स्वभावत: दिनकरजी जनता से कहते हैं—

रागिनी तुम्हारी धमनी में बजनेवाली,
मैं दाह तुम्हारे भीतर भरे अनल का हूँ,

शंपाओं की हूँ कड़क तुम्हारे ही नभ की,
गर्जन मैं तुममें छिपे हुए बादल का हूँ।

मैं हरसिंगार का वृक्ष मूल जिसका तुममें,
ये फूल नहीं, सपनों के गुच्छ तुम्हारे हैं,
मेरी रचना यह नील चँदोवा है केवल,
जगमगा रहे, वे सभी तुम्हारे तारे हैं।

कहना व्यर्थ है कि सरल से सरल और पेचीदी से पेचीदी बात को दिनकरजी अपनी कल्पना के स्पर्श से इतना आकर्षक बना देते हैं कि उससे अभिव्यक्ति असाधारण हो उठती है। लोग कविता में कल्पना की भूमिका को लेकर बहस करते हैं और सीधे-सीधे सोचते हैं कि कविता में अनुभूति की भूमिका होती है, कल्पना उसे कमजोर बनाती है। लेकिन सच्चाई यह है कि बिना कल्पना के अनुभूति का कवित्वपूर्ण आकार ग्रहण करना ही असंभव है। ताज्जुब नहीं कि पश्चिम के अनेक विद्वानों ने कला के मूल में कल्पना को देखा है। वह कला का एकमात्र हेतु भले न हो, पर उसका एक अनिवार्य तत्त्व अवश्य है।

चीनी आक्रमण के समय, 'उर्वशी' की रचना के बाद, दिनकरजी की राष्ट्रीय चेतना फिर उग्र रूप में जाग्रत् हो गई और अपना निषेध करते हुए 'परशुराम की प्रतिज्ञा' में उन्होंने एक कविता लिखी, जिसकी आरंभिक पंक्तियाँ हैं :

अरे उर्वशीकार!
कविता की गरदन पर धरकर पाँव खड़ा हो।
हमें चाहिए गर्म गीत, उन्माद प्रलय का,
अपनी ऊँचाई से तू कुछ और बड़ा हो।

'कोयला और कवित्व' में वे फिर अपनी भूमि पर लौट आते हैं, लेकिन चीनी आक्रमण का अपमान वे यहाँ भी भूलते नहीं हैं। इस संग्रह की 'कला और कर्तव्य' शीर्षक कविता में वे कहते हैं—

सरल हृदय की सीधी-सादी बात,
दर्द से भले तनिक गीली हो आई थी।
देखी थी तुमने क्या वह बरसात
घटा पलकों में जब नीली हो छाई थी?
और आग की वे लपटें विकराल,
मुड़ो जिस ओर, उधर ही दिशा दहकती थी।
सोने देती कभी नहीं भूचाल,
हवा में जहाँ-तहाँ बारूद महकती थी।

तब, जाने क्या हुआ, जहाँ थी आग,
वहाँ नन्हीं-नन्हीं कुछ दूब निकल आई।
सरसी में भर गया अलक्तक राग,
तीर पर खड़ी नहाकर परियाँ मुसकाईं।

किंतु आज—

सूख गई है दूब,
झुलस कर मुरझा गया कमल है।
अप्सरियो! मत छुओ,
झील का सलिल नहीं शीतल है।

क्यों? इसलिए कि कवि कला को छोड़कर कर्तव्य-पथ पर बढ़ चला है।

अब आप 'कोयला और कवित्व' की अपनी जमीन की कविताएँ देखें। उनमें से 'गृहमुख' शीर्षक कविता में कवि कहता है—

रक्त में कोई नई कल्लोलिनी घर कर गई है,
आजकल ये बहुत भाते हैं—
रात का एकांत, ये सुनसान सड़कें,
फूल, फूलों की हवा, आकाश, बादल, चाँदनी
और संध्या के समय मैदान के दूर्वादलों पर
देर तक लेटे हुए गिनना सितारों का।

भागने जब से लगा हूँ कीर्ति के कोलाहलों से,
हूक उठती है, अरे, मैं तो प्रवासी था :
अब बहुत दिन बाद अपने देश वापस जा रहा हूँ।

'हारे को हरिनाम' में करीब-करीब इसी भाव की एक कविता है 'कीर्ति', जिसकी आरंभ की पंक्तियाँ हैं :

रवींद्रनाथ ने कहा था,
आमार कीर्ति रे,
आमि कोरि ना विश्वास।
तो फिर मैं ही अपनी कीर्ति का
भरोसा क्यों करूँ?
मैं जिस डाल पर खड़ा हूँ,
वह टूटनेवाली है।

जिस मटकी में मैंने

कीर्ति का दही सँजोया है,
वह फूटनेवाली है।

अब दिनकरजी में मुक्ति की आकांक्षा जगने लगती है। 'कोयला और कवित्व' की 'समुद्र' शीर्षक कविता में वे कहते हैं :

ओ अशेष! निर्बंध! कल्पना मेरी भी ऐसे ही
कभी गर्जनामयी समुद्वेलित, असीम, उच्छल थी।
लेकिन, अब मन के उबाल में तुम–सा ताव नहीं है,
तरुण बना रहता है बड़वानल सदैव सागर का,
पर, मनुष्य की आग, काल पाकर, कुछ बुझ जाती है।
....
शीर्ण, झुर्रियाँ–भरी उँगलियों से मस्तक सहलाकर
मुझे सुला लो उढ़ा शाल चमकीले अँधियाले की,
लिए चलो अथवा नीली लहरों के साथ बहाकर।
मैं जी भर संगीत सुनूँगा विकल तुम्हारे मन का
और उसी गर्जन को सुनते–सुनते सो जाऊँगा।

दुनिया में अनेक कवियों ने मृत्यु–गीत या मृत्यु की कविताएँ लिखी हैं। रवींद्रनाथ ने तो काफी पहले गीतांजलि के अंत में बहुत मोहक मृत्यु–गीत दिए थे। निराला का एक परवर्ती गीत भी याद आता है : 'मृत्यु को जिसने वरा है,/उसी ने जीवन तरा है।' दिनकरजी मृत्यु के बाद अपनी कांस्य–प्रतिमा लगाए जाने के भी विरुद्ध थे, क्योंकि–

गिर जाए यदि महल,
ढूह में दब जाए यदि नाम,
बीम–बरगों, ईंटों को हटा
व्यर्थ उद्धार न करना।
कांस्य–मूर्ति की प्रथा बहुत निर्दोष नहीं है।
प्रतिमाओं के कंधों पर कौए करते हैं बीट।
और जो जीवन में जलते थे,
शायद उनके प्रेत, मरे पर भी, न चैन पाते हैं।
चौराहे पर खड़ी मूर्ति को देख
दग्ध ये रोते–पछताते हैं।
....
मर कर भी जीवित रहने का
लोभ न करना चाहिए।

मरे अगर कवि तो
उसको पूरा ही मरना चाहिए।

यह बात और है कि कवि के इस कथन को भुलाकर पटने के राजेंद्रनगर चौराहे पर उनकी एक प्रतिमा लगाई गई, जो उनके व्यक्तित्व को तो पूरा अभिव्यक्त नहीं करती, लेकिन उनके नाम से ही अब वह चौराहा जाना जाता है।

जरूरी नहीं कि कविता की भाषा ओजस्वी या माधुर्यपूर्ण ही हो। यदि कवि की अनुभूति और कल्पना-शक्ति में जोर हुआ, तो वह अपनी अभिव्यक्ति को काफी ऊपर उठा सकता है। दिनकरजी की कविताओं में कई प्रकार की भाषा के नमूने देखने को मिलते हैं। सरल भाषा का उदाहरण निम्नलिखित चतुष्पदी है, जो अपने भीतर उनके संपूर्ण उत्तरवर्ती जीवन की अथाह पीड़ा समेटे है, जिस कारण इसकी अभिव्यक्ति का स्तर काफी ऊपर उठ गया है,—

प्रत्येक नया दिन नई नाव ले आता है,
लेकिन, समुद्र है वही, सिंधु का तीर वही।
प्रत्येक नया दिन नया घाव दे जाता है,
लेकिन, पीड़ा है वही, नयन का नीर वही।

वैज्ञानिक सभ्यता ने साहित्य और कला पर संकट उपस्थित किया है। मार्क्स ने कहा था कि पूँजीवाद हमारी ऐंद्रिय संवेदना को कुंठित करता है, इसलिए अमानवीय है। कला और साहित्य का मूल ऐंद्रिय संवेदना ही है। स्वभावतः जब पूँजीवादी सभ्यता में औद्योगिक विकास ने उसे पूरी तरह से उपभोक्तावादी बना दिया है, तो उसमें साहित्य और कला की उपेक्षा होने लगी है। 'हारे को हरिनाम' की 'कविता और विज्ञान' शीर्षक कविता में दिनकरजी ने बहुत दुःखी होकर कहा है :

हम रोमांटिक थे;
हवा में महल बनाया करते थे।
चाँद के पास हमने एक नीड़ बसाया था,
मन बहलाने को हम उसमें आया-जाया करते थे।

लेकिन तुम हमसे ज्यादा होशियार होना
कविता पढ़ने में समय मत खोना।
पढ़ना ही हो, तो बजट के आँकड़े पढ़ो।
वे ज्यादा सच्चे और ठोस होते हैं।

कविता के अंत में वे कहते हैं :

सांख्यिकी बढ़ती पर है,
दर्शन की शिखा मंद हुई जाती है।

हवा में बीज बोनेवाले हँसी के पात्र हैं,
कवि और रहस्यवादी होने की राह
बंद हुई जाती है।

उक्त संग्रह की ही 'हार' शीर्षक कविता में वे निराशा के चरम आलम में यह वक्तव्य देते हैं :

हार आदमी की किस्मत में लिखी है,
जीत केवल संयोग की बात है।
किरणें कभी-कभी कौंधकर
चली जाती हैं,
नहीं तो, पूरी जिंदगी
अँधेरी रात है।

वे इस सत्य को स्वीकार करते थे कि स्रष्टा और भोक्ता के बीच एक अंतराल होता है। जब उन्हें लगा कि इधर उनकी कविताओं में यह अंतराल मिटता जा रहा है, तो उन्होंने कातर होकर अपने प्रभु से यह निवेदन किया—

जो व्यक्ति लिखता है,
और जो व्यथा भोगता है,
उन दोनों के बीच
झीनी दीवार खड़ी करो।

उनकी बेचैनी कविता के अंत में प्रकट होती है, जो किसी को भी हिलाकर रख देगी—

लगता है, मैं कविता नहीं लिखता,
सरापा दर्द हुआ जाता हूँ।
दीवार उठाने में देर हो,
तो कोई चादर ही फेंको।
प्रभो, भरी सभा में
मैं बेपर्द हुआ जाता हूँ।

'हारे को हरिनाम' नामक पुस्तक की इसी शीर्षक का प्रगीत उनकी व्यथा का चरम रूप तो उपस्थित करता ही है, हमारे सामने एक ऐसी रचना भी लाता है, जो बेमिसाल है। यह तीन बंदों का प्रगीत है, जिसके प्रथम और अंतिम बंद उद्धृत किए जा रहे हैं। इसकी पंक्ति 'अब चल उसके द्वार सहज जिसकी करुणा है' हमें सूरदास की प्रसिद्ध उक्ति 'चकई की चलि चरन सरोवर जहाँ न प्रेम बियोग' की याद दिलाती है :

सब शोकों का एक नाम है क्षमा,
हृदय, आकुल मत होना।

दहक उठे जो अंगारे बन नए, कुसुम-कोमल सपने थे।
अंतर में जो गाँस मार कर गए, अधिक सबसे अपने थे।
अब चल उसके द्वार सहज जिसकी करुणा है,
और कहाँ, किसका आँसू कब थमा?
हृदय, आकुल मत होना।
....
उषःलोक का पुलकाकुल कल रोर मधुर जिसका प्रसाद है।
दुर्दिन की झंझा में वज्र-कठोर उसी का शंखनाद है।
जिसका दिवस ललाट, उसी का निशा चिकुर है।
रम उसमें, जो है दिगंत में रमा।
हृदय, आकुल मत होना।

'रश्मिलोक' की भूमिका में दिनकरजी ने लिखा है कि 'लॉजिक और पुरुषार्थ का मैं बड़ा भारी समर्थक रहा था, किंतु इस चौथेपन में आकर दोनों के प्रति मेरा विश्वास उठ गया', जिसके फलस्वरूप उन्होंने अपने जीवन, जगदीश और भाग्य के सामने हार मान ली। लेकिन उक्त संग्रह की कविताएँ वस्तुतः एक हारे हुए कवि की कविताएँ नहीं हैं, क्योंकि वे हमें जीवन-जगत् से विमुख न कर हमारी चेतना को सिर्फ एक आध्यात्मिक आयाम प्रदान करती हैं। मनुष्य केवल रोटी, कपड़ा और मकान नहीं है। उसे अपने व्यक्तित्व के विकास के लिए संस्कृति का मुक्त आकाश भी चाहिए, जिसमें वह उड़ानें भर सके। तभी उसका व्यक्तित्व मानवीय दृष्टि से पूर्णतर हो सकेगा। धर्म, पुराण, साहित्य और कला हमें उक्त आकाश प्रदान करते हैं, जो आधुनिक सभ्यता में सिकुड़ता जा रहा है। ताज्जुब नहीं कि धर्म ने सांप्रदायिक रूप में सिर उठाना शुरू कर दिया है। दरअसल जो धर्म हमारे व्यक्तित्व को पूर्णतर बनाता है, वह रूढ़ धार्मिक कर्मकांड नहीं है। यदि धर्म, पुराण, साहित्य और कला का महत्त्व शून्य कर दिया गया, तो मनुष्य यंत्र बनकर रह जाएगा। 'संचयिता' की भूमिका में दिनकरजी ने यह लिखा है कि कविता में वे साकार से निराकार की ओर, लेकिन धर्म में निराकार से साकार की ओर गए हैं। यह बात अंशतः ही सही हो सकती है, क्योंकि उनकी 'अशब्द', 'अगोचर का आमंत्रण', 'नई आवाज' और 'सबसे बड़ी आवाज'-जैसी कविताएँ उनके मध्यवर्ती काल की कविताएँ हैं, जो असीम, अज्ञात और अशब्द के प्रति उनके प्रबल आकर्षण की सूचना देती हैं। वे धर्म की बात संभवतः अपने क्रिया-कलाप को ध्यान में रखकर कहते हैं, लेकिन हमारे सामने तो विचारणीय सिर्फ उनकी कविताएँ हैं, जिनमें साकार और निराकार का कोई फर्क नहीं है। उदाहरणार्थ 'हारे को हरिनाम' की 'खोज' शीर्षक कविता में उन्होंने कहा है : 'शून्य और दीवार, दोनों एक हैं।/आकार और निराकार, दोनों एक हैं।' इसी तरह उसी की 'धरती और आकाश' शीर्षक कविता में वे कहते हैं : 'अदेह की विभा/देह में झलक मारती है।/और दैहिक ज्योति/अदेह की आरती उतारती है।' यह बात सही भी है। स्वभावतः

उनकी आध्यात्मिक कविताओं में साकार-निराकार का कोई भेद नहीं है। खास बात यह कि कुछ कविताओं को छोड़कर, जिनमें उत्कट आत्म-निवेदन है, आखिरी दौर की उनकी ज्यादा कविताओं में आध्यत्मिकता को एक मूल्य के रूप में स्थापित करने पर बल है। हम उनकी ऊपर उल्लिखित 'अशब्द' और अन्य कविताओं को देखें।

'अशब्द' शीर्षक कविता में वे कहते हैं :

छूने दो आवरणहीन कर से अरूप सपने को,
पहुँचाने दो परे स्पर्श की सीमा से अपने को।
तनिक अतल तक डूब देखने दो, खाई यह क्या है,
समाधान उठता रहता जिसमें से नित्य नया है।
गहन मूकता में, शब्दों की मुखर परिधि के पार,
प्राणों को सुनने दो प्राणों का अशब्द गुंजार।

यह कविता 'नील कुसुम' की है, लेकिन 'अगोचर का आमंत्रण' शीर्षक कविता 'मृत्ति-तिलक' नामक संग्रह में दी गई है। इसके आरंभ में कवि ने कहा है :

आदि प्रेम की मैं ज्वाला, उतरी गाती यों प्रात-किरण,
जो प्रेमी हो, वह आगे बढ़ मुझ अनल-विशिख का करे वरण।
कहती गंध, साँस से जिसकी, सुरभित है अग-जग, त्रिभुवन,
वृंतहीन उस आदि पुष्प का, मैं आई बन आमंत्रण।

'नई आवाज' 'धूप और धुआँ' में संगृहीत है और 'सबसे बड़ी आवाज' पुनः 'नील कुसुम' में। पहली कविता की आरंभिक पंक्तियों से ऐसा लगता है कि कवि नई आवाज को इस दुनिया में ही ढूँढ़ने पर बल देता है, यथा—

कभी की जा चुकीं नीचे यहाँ की वेदनाएँ,
नए स्वर के लिए तू क्या गगन को छानता है?
....
सनातन है, अचल है, स्वर्ग चलता ही नहीं है;
तृषा की आग में पड़कर पिघलता ही नहीं है।
मजे मालूम हों जिसको नहीं बेताबियों के,
नई आवाज की दुनिया उसे क्यों मानता है?

धुओं का देश है नादान! यह छलना बड़ी है,
नई अनुभूतियों की खान वह नीचे पड़ी है।
मुसीबत से बिंधी जो जिंदगी, रौशन हुई वह,
किरण को ढूँढ़ता, लेकिन, नहीं पहचानता है।

निश्चय ही 'मजे मालूम हों जिसको नहीं बेताबियों के' मस्ती से भरी ऐसी दमदार भाषा नव-स्वच्छंद क्या, किसी युग के किसी कवि ने नहीं लिखी। उपर्युक्त कविता की अंतिम पंक्तियाँ उसकी अंतर्वस्तु को प्रकट कर देती हैं :

हृदय-जल में सिमटकर डूब, इसकी थाह तो ले,
रसों के ताल में नीचे उतर अवगाह तो ले।
सरोवर छोड़कर तू बूँद पीने की खुशी में,
गगन के फूल पर शायक वृथा संधानता है।

दूसरी कविता की आरंभिक पंक्तियाँ हैं :

शून्य का जो उत्स, उसके पास है वह।
काल की निस्सीमता की साँस है वह।
है पची हर चीज के आकार में,
फूटती लेकिन नहीं झंकार में,
मूक है, प्रच्छन्न है सबसे बड़ी आवाज।

थोड़ा आगे चलकर कवि अत्यंत कवित्वपूर्ण ढंग से सबसे बड़ी आवाज का वर्णन करता है—

विश्व के ये नाद टकराते जहाँ पर,
अंत में विश्राम हैं पाते जहाँ पर;
उस सतह की मूकता के कुंज-वन में
एक छोटी-सी खगी का रूप धरकर
है छिपी बैठी हुई सबसे बड़ी आवाज।

आश्चर्य नहीं कि यह 'सबसे बड़ी आवाज' अनेक बार बेआवाज रूप में संसार के अनेक बड़े कवियों में सुनाई पड़ती है।

इस लेख का समापन मैं 'नील कुसुम' की 'गृह-रचना' शीर्षक कविता की, जो 'लोमश ऋषि ने नहीं बनाया गेह' पंक्ति से जानी जाती है, कुछ पंक्तियों से करना चाहता हूँ, जो निम्नलिखित हैं :

दीवारें ऊँची कर ऊपर छत का जोड़ मिलाना
महाकाश से अपने को विच्छिन्न बना लेना है।
नहीं देखते प्रलय छतों के नीचे रहनेवाले,
उसे देखता, किसी ओर जिसके दीवार नहीं है।

रवींद्रनाथ ने कहा था कि हम घर बनाएँगे, लेकिन उसकी खिड़कियाँ खुली रहेंगी, जिनसे

कि बाहर की हवा आ-जा सके। दिनकरजी गृह-रचना के ही विरुद्ध हैं, लेकिन वस्तुतः दोनों कवियों का आशय एक ही है। दिनकरजी की उक्ति में जो फर्क मालूम पड़ता है, वह इसलिए कि वे अपनी बात एक पौराणिक चरित्र के माध्यम से कह रहे हैं, जबकि रवींद्रनाथ आधुनिक यथार्थ की भूमि पर खड़े होकर बोल रहे थे।

कौन रोता है वहाँ इतिहास के अध्याय पर?

दिनकरजी के तीन प्रबंध-काव्यों की सामग्री प्रत्यक्षतः महाभारत से ली गई है। वे काव्य हैं 'प्रणभंग', 'कुरुक्षेत्र' और 'रश्मिरथी'। ओज के कवि के लिए यह सर्वथा स्वाभाविक था कि वह रामायण की अपेक्षा महाभारत की ओर आकृष्ट होता। उसके चौथे प्रबंध-काव्य 'उर्वशी' का उपाख्यान भी महाभारत में आया है, लेकिन उक्त काव्य का आधार कालिदास का नाटक विक्रमोर्वशीयम् है। यह बात और है कि दिनकरजी ने अपनी रचनात्मक कल्पना से अपनी कृति को सर्वथा स्वतंत्र व्यक्तित्व प्रदान कर दिया है। लेकिन इसे विडंबना ही कहेंगे कि विक्रमोर्वशीयम् जहाँ कालिदास का सबसे कमजोर नाटक है, वहाँ 'उर्वशी' दिनकरजी का सबसे शहजोर काव्य। प्रो. नलिनविलोचन शर्मा ने 'कुरुक्षेत्र' पर लिखते हुए इसे टी.एस. इलियट के सिद्धांत 'ऑब्जेक्टिव को-रिलेटिव' के आधार पर खारिज किया है। वे अपनी भाषा में उसे 'संपृक्त आधार' कहते हैं, जबकि डा. नामवर सिंह ने अपनी भाषा में उसे 'वस्तुमूलक प्रतिरूपता' कहा है, जो जितना ही सरल है, उतना ही सुंदर और सटीक। यहाँ ज्ञातव्य है कि इतिहास हो, या पुराण, या आज का जीवन-यथार्थ, ये सभी रचनाकार के लिए कच्चा माल हैं। वह उसका उपयोग अपने ढंग से करता है, जिसके फलस्वरूप वह पुनःरचित रूप में बहुत कुछ एक नई कृति के रूप में सामने आता है। इस प्रसंग में रचनाकार को इतनी स्वतंत्रता प्राप्त है कि वह पुरानी सामग्री को अपने अर्थ से बिलकुल अलग कर उसे नितांत नवीन अर्थ प्रदान कर सकता है। शर्त यह है कि वह पाठकों के लिए विश्वसनीय बन सके। यह बात आनंदवर्धन को मालूम थी, इसीलिए उन्होंने कहा था कि कवि इस अपार संसार का एकमात्र प्रजापति होता है और यह संसार उसे जिस रूप में अच्छा लगता है, वह उसे उसी रूप में गढ़ता है। वैसे मैं पहले भी निवेदन कर चुका हूँ कि इलियट का वस्तुमूलक प्रतिरूपता का सिद्धांत खंडित हो चुका है।

'प्रणभंग' दिनकरजी का कवि-जीवन के आरंभ में रचित खंड-काव्य है, जिसकी चर्चा मैं इस पुस्तक में नहीं कर रहा। लेकिन इतना कहे बगैर मैं नहीं रह सकता कि इस काव्य में एक महाकवि के आगमन की पदचाप स्पष्ट रूप में सुनाई पड़ती है। यह छोटा-सा काव्य आश्चर्यजनक रूप में सुशिल्पित है और मैथिलीशरण के काव्य 'जयद्रथ-वध' के अनुकरण पर आद्यंत हरिगीतिका छंद में रचा गया है, तथापि छंद और शैली की बात छोड़ दें, तो यह पूर्णतः मौलिक है। एक दिलचस्प बात यह है कि हरिगीतिका छंद की

लय कवि के मन में इस कदर समा गई कि अनजाने ही उसने 'कुरुक्षेत्र' का आरंभ हरिगीतिका छंद को तोड़कर उसी की लय से निर्मित छंद में किया है। देखिए—

वह कौन रोता है वहाँ/इतिहास के अध्याय पर,
जिसमें लिखा है नौजवानों के लहू का मोल है
प्रत्यय किसी बूढ़े, कुटिल नीतिज्ञ के व्याहार का;
जिसका हृदय उतना मलिन जितना कि शीर्ष वलक्ष है... ?

इसमें जो 'व्याहार' शब्द आया है, उसका अर्थ है 'वचन' और जो 'वलक्ष' शब्द आया है, उसका अर्थ है 'उज्ज्वल'।

'कुरुक्षेत्र' में दिनकरजी ने इस बात को छुपाया नहीं है कि उन्होंने महाभारत से ली गई सामग्री का अपने ढंग से उपयोग किया है। उसकी भूमिका के आरंभ में ही उन्होंने कहा है कि " 'कुरुक्षेत्र' की रचना भगवान व्यास के अनुकरण पर नहीं हुई है और न महाभारत को दुहराना ही मेरा उद्देश्य था।" आगे उन्होंने फिर कहा है : "मैं जरा भी दावा नहीं करता कि 'कुरुक्षेत्र' के भीष्म और युधिष्ठिर, ठीक-ठीक, महाभारत के ही युधिष्ठिर और भीष्म हैं।" इस काव्य के पंचम सर्ग के आरंभ में भी वे कहते हैं—

संतप्त विश्व के लिए खोजते छाया,
आशा में था इतिहास-लोक तक आया।
पर हाय, यहाँ भी धधक रहा अंबर है,
उड़ रही पवन में दाहक, लोल लहर है...

'संतप्त विश्व' का अर्थ तब स्पष्ट होता है, जब हमारे ध्यान में यह बात आती है कि इस काव्य का रचना-काल 1946 है। यह वह काल है, जब मानवता पर अब तक का सबसे बड़ा कहर ढहाकर द्वितीय विश्वयुद्ध समाप्त हो चुका था और युद्ध एवं शांति की समस्या संसार के समस्त मानववादी विचारकों के एजेंडे पर पहला विचारणीय विषय था। दिनकरजी ने भूमिका में यह भी लिखा है कि " 'कलिंग-विजय' नामक कविता लिखते-लिखते मुझे ऐसा लगा, मानो युद्ध की समस्या मनुष्य की सारी समस्याओं की जड़ हो।" 'कुरुक्षेत्र' में इसी समस्या को उपयुक्त समय पर कवि ने उठाया है। लेकिन यह समझना भूल होगी कि उक्त काव्य में इतना ही कुछ है। नहीं, उसमें युद्ध की समस्या के अलावा उससे जुड़ी और बातें भी हैं, जिन्हें हम यथावसर देखेंगे। उसकी आधुनिकता का एक प्रमाण यह भी है कि उसका पूरा षष्ठ सर्ग आधुनिक युग में पैर रोपकर लिखा गया है और महाभारत की कथा से उसका कोई प्रत्यक्ष संबंध नहीं है। एक बात यह कि उपर्युक्त उद्धरण की अंतिम दो पंक्तियाँ इस बात का पता देती हैं कि दिनकरजी की कलम में कितनी ताकत थी और वे कितना जोरदार अर्थात् कवित्वपूर्ण वर्णन कर सकते थे।

'कुरुक्षेत्र' के संबंध में पहली जानने योग्य बात यह है कि यह सरल काव्य नहीं है। कुछ लोग समझते हैं कि इसमें भीष्म मार्क्स के विचारों का प्रतिनिधित्व करते हैं और युधिष्ठिर गाँधी के विचारों का। ऐसा बिलकुल नहीं है। भीष्म चंद अपवादों को छोड़कर

महाभारत के ही भीष्म हैं और वे युधिष्ठिर की भावना से गहरी सहानुभूति रखते हुए उन्हें संन्यास की जगह कर्मयोग की शिक्षा देते हैं। गाँधी स्वयं कर्मयोगी थे। स्मरणीय है कि 'महात्मा' के पहले उनके नाम के साथ 'कर्मवीर' विशेषण का प्रयोग किया जाता था। इस कारण उनसे युधिष्ठिर का कोई मेल नहीं बैठता। वे कर्मप्रधान विश्व को छोड़कर वन में पलायन कर जाना चाहते थे, जबकि गाँधी इस कर्म-जगत् के अडिग योद्धा थे। युधिष्ठिर न सत्य की बात करते हैं, न अपने अधिकार की, न सत्याग्रह की और न हृदय-परिवर्तन में अपनी अटूट आस्था की। उनकी अहिंसा भी कायरों की अहिंसा थी, जबकि गाँधी ने कहा था कि "हिंदुस्तान अपनी बेइज्जती को असहाय होकर देखता रहे या कायर बनकर सहता रहे, इससे अच्छा यह है कि अपने गौरव की रक्षा के लिए वह तलवार उठाए, शस्त्रबल का प्रयोग करे।" अकारण नहीं कि वे सैन्यरहित विश्व की कल्पना भले करते रहे हों, पर आजादी के बाद उन्होंने प्रधानमंत्री नेहरू को कभी यह सलाह नहीं दी कि वे भारतीय सेना को विघटित कर दें।

निश्चय ही 'कुरुक्षेत्र' की रचना का आधार कमोबेश महाभारत का शांतिपर्व है, जिसमें शुरू से अंत तक मूलतः युद्ध और उससे संबंधित विषयों पर युधिष्ठिर और भीष्म का संवाद है। हम भीष्म के कुछ कथन देखें—

1. *"युद्ध में विपक्षी के शरीर को मार गिराना भी क्षत्रियों के लिए धर्म ही है। ताऊ, चाचा, बाबा, भाई, गुरु, संबंधी तथा बंधु-बांधव— कोई भी क्यों न हो, यदि वह असत्य के मार्ग पर चल रहा है, तो युद्ध में उसे मार डालना धर्म ही है। गुरु भी यदि लोभ में फँसकर पाप का साथ देता हो और अपने नियत आचार का त्याग कर चुका हो, तो उसे जो युद्ध में मार डालता है, वह क्षत्रिय धर्मज्ञ ही है। जो लोभवश धर्म की सनातन मर्यादा पर दृष्टि नहीं रखता, उसको युद्ध में मारनेवाले क्षत्रिय को धर्मज्ञ ही समझना चाहिए। युद्ध में खून की नदी बहा देनेवाला क्षत्रिय धर्मज्ञ ही माना जाता है। संग्राम में शत्रु के ललकारने पर क्षत्रिय के लिए लड़ना अनिवार्य हो जाता है।"*

2. *"तुम विजय के लिए सदा पुरुषार्थ करते रहना; पुरुषार्थ के बिना केवल दैव से राजाओं का काम नहीं सिद्ध होता। यद्यपि कार्य की सिद्धि में दैव और पुरुषार्थ दोनों साधारण कारण हैं, तथापि मैं इनमें से पुरुषार्थ को ही श्रेष्ठ मानता हूँ।"*

3. *"यदि ब्राह्मण भी तीनों लोकों को हानि पहुँचाने लगें, तो उनको भी बाहुबल से परास्त करके दंड देने में कोई हर्ज नहीं है। इस विषय में शुक्राचार्य ने दो श्लोक बताए हैं, उनका अभिप्राय ध्यान देकर सुनो : 'ब्राह्मण वेदांत का विद्वान् ही क्यों न हो, यदि वह शस्त्र उठाकर युद्ध में सामना करने के लिए आ रहा हो, तो धर्मपालन करनेवाले राजा को उसे स्वधर्मानुसार अवश्य कैद करना चाहिए। उसके द्वारा नष्ट होते हुए धर्म की जो रक्षा करता है, वही धर्मज्ञ है;*

आततायी को मारने से वह धर्म का नाश नहीं माना जाता।' "

4. *"जो संधि करने के योग्य हों, उनसे संधि करो; जो विरोध के पात्र हों, उनसे विरोध करो।"*

5. *"यदि वह (कोई क्षत्रिय राजा) कपट से युद्ध करे तो आप भी कपटयुद्ध करें और धर्मयुद्ध करे तो स्वयं भी धर्मानुसार ही उसका सामना करें।"*

इसके साथ दिनकरजी की भूमिका में ही कही गई यह बात भी देख लेनी चाहिए कि " 'यन्न भारते तन्न भारते' की कहावत अब भी बिलकुल खोखली नहीं हुई है। जबसे मैंने महाभारत में भीष्म द्वारा कथित राजतंत्रहीन समाज एवं ध्वंसीकरण की नीति (स्कार्च्ड अर्थ पालिसी) का वर्णन पढ़ा है, तबसे मेरी यह आस्था और भी बलवती हो गई है।"

लंगट सिंह कालेज, मुजफ्फरपुर में हिंदी के एक प्राध्यापक थे, जो दिनकर-विरोधी थे। वे अक्सरहा अपने छात्रों को बतलाया करते थे कि 'कुरुक्षेत्र' 'डिबेटिंग सोसायटी' है। उनका तात्पर्य यह था कि उसमें सिर्फ युधिष्ठिर और भीष्म का अपने-अपने पक्ष से वाद-विवाद होता है। यह बात सही नहीं है, क्योंकि उसमें युधिष्ठिर भीष्म के सामने सिर्फ अपनी पीड़ा रखते हैं और उनसे कोई विवाद नहीं करते। भीष्म उक्त काव्य के एक जटिल चरित्र हैं। वे युधिष्ठिर की पीड़ा को समझते हैं, उनके साथ गहरी सहानुभूति रखते हैं और साथ-साथ उन्हें राजधर्म और क्षत्रिय-धर्म की शिक्षा भी देते हैं। वे बीच-बीच में प्रत्यक्ष-अप्रत्यक्ष रूप में आत्मालोचन भी करते हैं और एक स्थान पर अपने आंतरिक द्वंद्व की चर्चा करते हुए उसे अत्यंत मार्मिक व्यक्तिगत स्पर्श भी प्रदान करते हैं। 'कुरुक्षेत्र' को वाद-विवाद के रूप में वही देखते हैं, जो उसकी संरचना को नहीं समझते। दिनकरजी बहुत बड़े प्रबंध-शिल्पी थे, इसलिए वे जानते थे कि विचार-काव्य को शुष्क, नीरस और अतएव उबाऊ होने से कैसे बचाना चाहिए। इसके लिए उन्होंने एक तो विचारों को अनुभूति में रूपांतरित करके उसे अत्यंत हृदयग्राही और वेगवान् बनाकर प्रस्तुत किया और दूसरे, महाभारत की घटनाओं का स्वाभाविक रूप से उल्लेख कर विचार-काव्य में कथा-काव्य का रस उत्पन्न कर दिया। अपने काव्य को एकरस होने से उन्होंने इस तरह बचाया कि उसमें एक तरफ अत्यंत प्रभावशाली वर्णन का समावेश किया और दूसरी तरफ आवश्यक होने पर उसमें सीधे-सीधे अपने विचार भी रखे। पहली बात का सबसे अच्छा उदाहरण 'कुरुक्षेत्र' का प्रथम सर्ग है और दूसरी बात का सबसे अच्छा उदाहरण उसका षष्ठ सर्ग। इस काव्य की रोचकता का एक बड़ा कारण इसमें बीच-बीच में होनेवाला छंद-परिवर्तन भी है। इन तमाम बातों को हम तब देखेंगे, जब सर्ग-क्रम से इस पर विचार करेंगे।

जैसा कि ऊपर संकेत किया गया, 'कुरुक्षेत्र' का प्रथम सर्ग अत्यंत प्रभावशाली है। देखिए—

कौरवों का श्राद्ध करने के लिए या कि रोने को चिता के सामने,
शेष जब था रह गया कोई नहीं एक वृद्धा, एक अंधे के सिवा,

और जब,
तीव्र हर्ष-निनाद उठकर पांडवों के शिविर से
घूमता फिरता गहन कुरुक्षेत्र की मृतभूमि में,
लड़खड़ाता-सा हवा पर एक स्वर निस्सार-सा,
लौट आता था भटककर पांडवों के पास ही,
जीवितों के कान पर मरता हुआ,
और उन पर व्यंग्य-सा करता हुआ—
'देख लो, बाहर महा सुनसान है
सालता जिनका हृदय मैं, लोग वे सब जा चुके।'

उसके बाद युधिष्ठिर सोचने लगते हैं—

सत्य ही तो, जा चुके सब लोग हैं दूर ईर्ष्या-द्वेष, हाहाकार से।
मर गए जो, वे नहीं सुनते इसे, हर्ष का स्वर जीवितों का व्यंग्य है।
स्वप्न-सा देखा, सुयोधन कह रहा— "ओ युधिष्ठिर, सिंधु के हम पार हैं,
तुम चिढ़ाने के लिए जो कुछ कहो, किंतु, कोई बात हम सुनते नहीं।
हम वहाँ पर हैं, महाभारत जहाँ, दीखता है स्वप्न अंत:शून्य-सा,
जो घटित-सा तो कभी लगता, मगर, अर्थ जिसका अब न कोई याद है।
आ गए हम पार, तुम उस पार हो; यह पराजय या कि जय किसकी हुई?
व्यंग्य, पश्चात्ताप, अंतर्दाह का अब विजय-उपहार भोगो चैन से।"

उधर—

हर्ष का स्वर घूमता निस्सार-सा, लड़खड़ाता मर रहा कुरुक्षेत्र में,
औ' युधिष्ठिर सुन रहे अव्यक्त-सा, एक रव मन का कि व्यापक शून्य का,
"रक्त से सिंचकर समर की मेदिनी, हो गई है लाल नीचे कोस-भर,
और ऊपर रक्त की खर धार में, तैरते हैं अंग रथ, गज, वाजि के।
किंतु, इस विध्वंस के उपरांत भी, शेष क्या है? व्यंग्य ही तो भाग्य का?
चाहता था प्राप्त मैं करना जिसे, तत्त्व वह करगत हुआ या उड़ गया?"

परिणामत: वे भयानक मानसिक अवस्था में पहुँच जाते हैं :

रक्त से छाने हुए इस राज्य को वज्र हो कैसे सकूँगा भोग मैं?
आदमी के खून में यह है सना और है इसमें लहू अभिमन्यु का।

दिनकरजी उनके बारे में कहते हैं—

भर गया ऐसा हृदय दुख-दर्द से, फेन या बद्बुद नहीं उसमें उठा।
खींचकर उच्छ्वास बोले सिर्फ वे— 'पार्थ, मैं जाता पितामह पास हूँ।'
और हर्ष-निनाद अंत: शून्य-सा, लड़खड़ाता मर रहा था वायु में।

यहाँ आकर 'कुरुक्षेत्र' का पहला सर्ग समाप्त होता है, जो जितना ही विचारोत्तेजक है, उतना ही भावोत्तेजक भी।

द्वितीय सर्ग का आरंभ भी वर्णन से ही हुआ है। यह वर्णन भव्यता से भी युक्त है, और पवित्रता से भी। आज भी काव्य-भाषा की कसौटी विषय के अनुरूप भाषा का प्रयोग ही है। जरूरी नहीं कि यह भाषा एक ही प्रकार की हो। हिंदी में बहुत दिनों तक यह धारणा प्रचलित रही है कि प्राचीन इतिहास पर आधारित नाटक या उपन्यास की भाषा तत्समप्रधान होनी चाहिए। लेकिन समर्थ लेखकों ने यह सिद्ध कर दिया है कि सरल यानी तद्भवप्रधान भाषा में भी कैसा भी वातावरण चित्रित किया जा सकता है। यहाँ वर्णन शरशय्याशायी भीष्म पितामह का है, इसलिए वह स्वाभाविक रूप से विषयानुरूप ही नहीं, असाधारण हो गया है। भीष्म महान् संकल्प वाले ही नहीं थे, महान् योद्धा और कृष्ण के बाद महान् तत्त्वज्ञ भी थे। इसीलिए शांति की खोज में युधिष्ठिर उनके पास पहुँचे थे। एक खास बात यह कि यह वर्णन जिस छंद में किया गया है, वह हिंदी का पुराना कवित्त छंद है। दिनकरजी ने 'रेणुका' की 'निर्झरिणी' शीर्षक कविता में सवैया छंद का सफलतापूर्वक प्रयोग किया था। वह सफलता ऐसी थी कि उन्होंने उसमें 'निर्झरिणी' का पूरा वेग भर दिया था। मुझे पता नहीं है कि उनके बाद के कवियों में से किसी ने कवित्त का उन-जैसा सधा हुआ प्रयोग किया हो। नागार्जुन भी छंद-सौंदर्य के पारखी थे। पं. नेहरू को विषय बनाकर कबित्त छंद में रची गई उनकी एक कविता मुझे मिली है, जिसे उन्होंने दिनकरजी को सुनाया था और जिसे सुनकर प्रसन्न होते हुए तथा हँसते हुए उन्होंने उनसे कहा था—'इसे पंडितजी को भेज दो।'

अब आप भीष्म का यह वर्णन देखें—

आई हुई मृत्यु से कहा अजेय भीष्म ने कि
'योग नहीं जाने का अभी है, इसे जानकर
रुकी रहो पास कहीं'; और स्वयं लेट गए
बाणों का शयन, बाण का ही उपधान कर।
व्यास कहते हैं, रहे यों ही वे पड़े विमुक्त,
काल के करों से छीन मुष्टि-गत प्राण कर।
और पंथ जोहती विनीत कहीं आसपास
हाथ जोड़ मृत्यु रही खड़ी शास्ति मान कर।

आगे—

शृंग चढ़ जीवन के आर-पार हेरते-से
योगलीन लेटे थे पितामह गभीर-से।
देखा धर्मराज ने, विभा प्रसन्न फैल रही
श्वेत शिरोरुह, शर-ग्रथित शरीर से।

करते प्रणाम, छूते सिर से पवित्र पद,
उँगली को धोते हुए लोचनों के नीर से,
"हाय पितामह, महाभारत विफल हुआ"
चीख उठे धर्मराज व्याकुल-अधीर-से।

"वीर-गति पाकर सुयोधन चला गया है,
छोड़ मेरे सामने अशेष ध्वंस का प्रसार;
छोड़ मेरे हाथ में शरीर निज प्राणहीन,
व्योम में बजाता जय-दुंदुभि-सा बार-बार;
और यह मृतक शरीर जो बचा है शेष,
चुप-चुप, मानो, पूछता है, मुझसे पुकार—
विजय का एक उपहार मैं बचा हूँ, बोलो,
जीत किसकी है और किसकी हुई है हार?"

अंत में युधिष्ठिर कहते हैं—

जानता कहीं जो परिणाम महाभारत का,
तन-बल छोड़ मैं मनोबल से लड़ता;
तप से, सहिष्णुता से, त्याग से सुयोधन को
जीत, नई नींव इतिहास की मैं धरता।
और कहीं वज्र गलता न मेरी आह से जो,
मेरे तप से नहीं सुयोधन सुधरता;
तो भी हाय, यह रक्त-पात नहीं करता मैं,
भाइयों के संग कहीं भीख माँग मरता।
....
करूँ आत्मघात तो कलंक और घोर होगा,
नगर को छोड़ अतएव, वन जाऊँगा;
पशु-खग भी न देख पाएँ जहाँ, छिप किसी
कंदरा में बैठ अश्रु खुलके बहाऊँगा;
जानता हूँ, पाप न धुलेगा वनवास से भी,
छिपा तो रहूँगा, दुःख कुछ तो भुलाऊँगा;
व्यंग्य से बिंधेगा वहाँ जर्जर हृदय तो नहीं,
वन में कहीं तो धर्मराज न कहाऊँगा।

अब छंद बदलता है और साथ-साथ विषय भी—

भीष्म ने देखा गगन की ओर

मापते, मानो, युधिष्ठिर के हृदय का छोर;
और बोले, 'हाय नर के भाग!
क्या कभी तू भी तिमिर के पार
उस महत् आदर्श के जग में सकेगा जाग,
एक नर के प्राण में जो हो उठा साकार है
आज दुख से, खेद से, निर्वेद के आघात से?'

इससे स्पष्ट है कि 'कुरुक्षेत्र' में युधिष्ठिर और भीष्म परस्पर प्रतिपक्षी नहीं हैं। यदि युधिष्ठिर उनकी शिक्षा से संन्यास लेने का विचार त्याग देते हैं, तो वे भी उनसे गहरी सहानुभूति रखते हैं। भीष्म भी शांतिकामी थे, बशर्ते कि संसार में अन्याय करनेवाले समाप्त हो जाएँ और शस्त्र उठाने की जरूरत न पड़े। कहने की आवश्यकता नहीं कि यह शर्त बहुत बड़ी है, जो भीष्म की शांति-कामना से लेकर महात्मा गाँधी की अहिंसा तक को एक जटिल सिद्धांत बना देती है। जब अन्यायी और अत्याचारी नहीं रहेंगे और उनके मन में भी शांति महत् आदर्श के रूप में जागृत हो उठेगी, तो युद्ध और हिंसा की आवश्यकता कतई नहीं रह जाएगी और संसार स्वर्ग बन जाएगा। परिस्थितियाँ कितनी पेचीदी हैं, यह हम 'कुरुक्षेत्र' के षष्ठ सर्ग में देखेंगे जिसे कवि ने आधुनिक विश्व की चिंता से प्रेरित होकर स्वतंत्र रूप से रचा है।

इस सर्ग में छंद पुनः बदलता है और भीष्म युधिष्ठिर को संबोधित कर कहते हैं :

है मृषा तेरे हृदय की जल्पना, युद्ध करना पुण्य या दुष्पाप है;
क्योंकि कोई कर्म है ऐसा नहीं, जो स्वयं ही पुण्य हो या पाप हो।
सत्य ही भगवान ने उस दिन कहा, 'मुख्य है कर्ता-हृदय की भावना,
मुख्य है यह भाव, जीवन-युद्ध में भिन्न हम कितना रहे निज कर्म से।'
औ' समर तो और भी अपवाद है, चाहता कोई नहीं इसको, मगर,
जूझना पड़ता सभी को, शत्रु जब आ गया हो द्वार पर ललकारता।
है बहुत देखा-सुना मैंने मगर, भेद खुल पाया न धर्माधर्म का,
आज तक ऐसा कि रेखा खींचकर बाँट दूँ मैं पुण्य को औ' पाप को।
....

छीनता हो स्वत्व कोई, और तू त्याग-तप से काम ले यह पाप है।
पुण्य है विच्छिन्न कर देना उसे, बढ़ रहा तेरी तरफ जो हाथ हो।
....
व्यक्ति का है धर्म तप, करुणा, क्षमा, व्यक्ति की शोभा विनय भी, त्याग भी,
किंतु, उठता प्रश्न जब समुदाय का, भूलना पड़ता हमें तप-त्याग को।

दिनकरजी ने भीष्म के कथन से ही यह सूत्र प्राप्त किया था कि 'आत्मा का संग्राम आत्मा

से और देह का संग्राम देह से जीता जाता है।' यह बात उन्होंने भीष्म का उल्लेख करते हुए पुस्तक की भूमिका में भी कही है। यही कारण है कि पश्चिमी आधुनिक काव्य के सकारात्मक प्रभाव में गर्जन-तर्जन छोड़कर 'महीन' कविताएँ लिखने लगने के बावजूद जब चीन ने भारत पर आक्रमण किया, तो उन्होंने 'परशुराम की प्रतीक्षा' में संकलित नई कविताएँ लिखीं, जो शत्रु के विरुद्ध हिंसा और युद्ध को प्रोत्साहन देनेवाली हैं। ये कविताएँ आद्यंत उद्‌बोधनपरक हैं और दिनकरजी की आरंभिक कविताओं की तरह ही ओजस्वी हैं। पं. नेहरू भी महात्मा गाँधी की अहिंसा को कार्यनीति-मात्र मानते थे और यह विचार रखते थे कि अहिंसा व्यक्ति का धर्म हो सकती है, लेकिन संकटग्रस्त समुदाय का नहीं।

युधिष्ठिर को भीष्म का संबोधन जारी रहता है, किंतु फिर एक बार बदले हुए छंद में,–

जो अखिल कल्याणमय है व्यक्ति तेरे प्राण में,
कौरवों के नाश पर है रो रहा केवल वही।
किंतु, उसके पास ही समुदायगत जो भाव हैं,
पूछ उनसे, क्या महाभारत नहीं अनिवार्य था?
....
त्याग, तप, भिक्षा? बहुत हूँ जानता मैं भी, मगर,
त्याग, तप, भिक्षा, विरागी योगियों के धर्म हैं;
याकि उसकी नीति, जिसके हाथ में शायक नहीं;
या मृषा पाषंड यह उस कापुरुष बलहीन का,
जो सदा भयभीत रहता युद्ध से यह सोचकर
ग्लानिमय जीवन बहुत अच्छा, मरण अच्छा नहीं।

जब मैं एम.ए. के अंतिम वर्ष में था, तो नलिनजी हमलोगों को 'गोदान' पढ़ाने के क्रम में एक बार अलग से प्रेमचंद की भाषा का विश्लेषण करते थे। उस संबंध में ढेर सारी दुर्लभ बातें बतलाने के बाद अंत में किंचित् झल्लाकर वे कहते थे कि 'आखिर इसके सिवा और कहा ही क्या जा सकता है कि प्रेमचंद की भाषा अत्यंत सरल है?' लेकिन दिनकरजी की काव्य-भाषा के बारे में कई बातें कही जा सकती हैं, जैसे यह कि वह प्रसंगानुसार अत्यंत ओजस्वी, ललित, गंभीर, मस्ती से लबरेज और संप्रेषणीय है।

'कुरुक्षेत्र' का तृतीय सर्ग पूर्णतः भीष्म के संवाद को समर्पित है। इसमें उन्होंने शांति और युद्ध के संबंध में अपने क्रांतिकारी विचार तो प्रकट किए ही हैं, यथास्थान महाभारत की अनेक घटनाओं का संदर्भ भी दिया है, जिससे ही इस विचार-प्रधान सर्ग में कथा का रस उत्पन्न हुआ है। ऐसे ही स्थलों के चलते 'कुरुक्षेत्र' संपूर्ण महाभारत की कथा हो गया है, जिससे उसमें व्यक्त किए गए विचार अखरते नहीं। युधिष्ठिर युद्ध की अपेक्षा शांति की बात करते थे, लेकिन भीष्म उनसे पूछते हैं कि युद्ध निंदनीय है, लेकिन यह

बतलाओ कि अन्याय पर आधारित शांति क्या शांति है? शांति से संबंधित उनका वक्तव्य उन्हीं के मुँह से सुनिए–

सुख-समृद्धि का विपुल कोष संचित कर कल, बल, छल से,
किसी क्षुधित का ग्रास छीन, धन लूट किसी निर्बल से।
सब समेट, प्रहरी बिठला कर कहती कुछ मत बोलो,
शांति-सुधा बह रही, न इसमें गरल क्रांति का घोलो।
हिलो-डुलो मत, हृदय-रक्त अपना मुझको पीने दो,
अचल रहे साम्राज्य शांति का, जियो और जीने दो।

आगे वे अत्यंत स्पष्ट रूप में अपने विचार रखते हैं–

शांति खोलकर खड्ग क्रांति का जब वर्जन करती है,
तभी जान लो, किसी समर का वह सर्जन करती है।
शांति नहीं तब तक, जब तक सुख-भाग न नर का सम हो,
नहीं किसी को बहुत अधिक हो, नहीं किसी को कम हो।

फिर वे महाभारत की घटनाओं का हवाला देते हुए काफी कड़े शब्दों में युधिष्ठिर से कहते हैं–

मनःशक्ति प्यारी थी तुमको यदि पौरुष ज्वलन से,
लोभ किया क्यों भरत-राज्य का? फिर आए क्यों वन से?
पिया भीष्म ने विष, लाक्षागृह जला, हुए वनवासी,
केशकर्षिता प्रिया सभा-सम्मुख कहलाई दासी।
क्षमा, दया, तप, त्याग, मनोबल, सबका लिया सहारा;
पर नर-व्याघ्र सुयोधन तुमसे, कहो कहाँ कब हारा?
क्षमाशील हो रिपु-समक्ष तुम हुए विनत जितना ही,
दुष्ट कौरवों ने तुमको कायर समझा उतना ही।
अत्याचार सहन करने का कुफल यही होता है,
पौरुष का आतंक मनुज कोमल होकर खोता है।

यहीं पर ये पंक्तियाँ आई हैं, जो हिंदी क्षेत्र में लोकोक्ति बन गई हैं–

क्षमा शोभती उस भुजंग को जिसके पास गरल हो।
उसको क्या, जो दंतहीन, विषरहित, विनीत, सरल हो?

इस सर्ग में भी अनेक सशक्त कबित्त आए हैं, लेकिन उनमें से कोई छंद उद्धृत करने का लोभ मैं संवरण कर रहा हूँ। कुछ पाठकों के लिए भी छोड़ना जरूरी है। धीरे-धीरे भीष्म का स्वर नरम पड़ता है और युधिष्ठिर की बात समझते हुए तथा उनके मन में जो

आदर्श उत्पन्न हुआ है, उसे दुर्लभ बतलाते हुए वे उन्हें समझाने के लहजे में कहते हैं :

मैं भी हूँ सोचता, जगत से कैसे उठे जिघिंसा,
किस प्रकार फैले पृथ्वी पर करुणा, प्रेम, अहिंसा।
जिएँ मनुज किस भाँति परस्पर होकर भाई-भाई,
कैसे रुके प्रदाह क्रोध का, कैसे रुके लड़ाई।

....

किंतु, हाय, आधे पथ तक ही पहुँच सका यह जग है,
अभी शांति का स्वप्न दूर नभ में करता जगमग है।
भूले-भटके ही पृथ्वी पर वह आदर्श उतरता,
किसी युधिष्ठिर के प्राणों में ही स्वरूप है धरता।

अंत में भीष्म की यह वज्र-वाणी—

पापी कौन? मनुज से उसका न्याय चुराने वाला?
याकि न्याय खोजते विघ्न का सीस उड़ाने वाला?

इस काव्य का चतुर्थ सर्ग कई दृष्टियों से महत्त्वपूर्ण है। इसमें भी एकाधिक छंदों का प्रयोग हुआ है, लेकिन इसका ज्यादा अंश दिनकरजी के प्रिय अट्ठाईस मात्राओं वाले सार छंद में रचित है। इसके आरंभ में कवि पुनः भीष्म पितामह का वर्णन करता है और उसके बाद जब युधिष्ठिर को उनका संबोधन शुरू होता है, तो वे उन्हें महाभारत को कोई आकस्मिक घटना नहीं बतलाते। वे कहते हैं कि उसके लिए परिस्थितियाँ पहले से तैयार हो रही थीं। इसके अलावा इसमें भीष्म का अत्यंत मार्मिक आत्मविश्लेषण एवं आत्मस्वीकार भी है, साथ-साथ अर्जुन के प्रति उनके स्नेहोद्रेक का कारण भी कथित है। अंत में वे महाभारत के लिए अपनी कमजोरी को ही दोषी करार देते हैं। इन तमाम बातों को हम एक-एक कर देखेंगे। पहले भीष्म का यह वर्णन :

शरों की नोंक पर लेटे हुए गजराज-जैसे,
थके, टूटे गरुड़-से, स्रस्त पन्नगराज-जैसे,
मरण पर वीर-जीवन का अगम बल-भार डाले
दबाए काल को, सायास संज्ञा को सँभाले,

पितामह कह रहे कौंतेय से रण की कथा हैं,
विचारों की लड़ी में गूँथते जाते व्यथा हैं।
हृदय-सागर मथित होकर कभी जब डोलता है,
छिपी निज वेदना गंभीर नर भी बोलता है।

दूसरे बंद की दूसरी पंक्ति में जो 'व्यथा' शब्द आया है, वह ध्यातव्य है और आगे वह

भीष्म के कथनों से प्रमाणित होता है। अभी तो वे युधिष्ठिर को वे बातें बतलाते हैं, जो घटनाओं को युद्ध की ओर लिए जा रही थीं, उनका थोड़ा-सा विवरण देखिए :

निभाना पार्थ-वध का चाहता राधेय था प्रण।
द्रुपद था चाहता गुरु द्रोण से निज वैर-शोधन।
शकुनि को चाह थी, कैसे चुकाए ऋण पिता का,
मिला दे धूल में किस भाँति कुरु-कुल की पताका।
सुयोधन पर न उसका प्रेम था, वह घोर छल था।
हितू बनकर उसे रखना ज्वलित केवल अनल था।
जहाँ भी आग थी जैसी, सुलगती जा रही थी,
समर में फूट पड़ने के लिए अकुला रही थी।
सुधारों से स्वयं भगवान के जो-जो चिढ़े थे,
नृपति वे क्रुद्ध होकर एक दल में जा मिले थे।
नहीं शिशुपाल के वध से मिटा था मान उनका।
दुबक कर रहा था धुँधुँआ द्विगुण अभिमान उनका।

परस्पर की कलह से, वैर से, होकर विभाजित,
कभी से दो दलों में हो रहे थे लोग सज्जित।
खड़े थे वे हृदय में प्रज्वलित अंगार लेकर,
धनुर्ज्या को चढ़ाकर म्यान में तलवार लेकर।

उपर्युक्त बंदों के बाद निम्नलिखित दो पंक्तियाँ आती हैं, जो भिन्न छंद में होने से हमें वही आनंद देती हैं, जो रामचरितमानस में चौपाइयों के बाद आनेवाला दोहा देता है। जैसे कथा-प्रवाह छोटी- छोटी तरंगें उठाता हुआ आगे बढ़ रहा हो। लेकिन अभी जो छंद उद्धृत किया जा रहा है, वह पूर्णतः दोहे के समान नहीं है, क्योंकि आगे चतुर्थ सर्ग का संपूर्ण शेष अंश इसी छंद में रचा गया है। फिर भी ये पंक्तियाँ हमें एक आनंद देती हैं–

था रह गया हलाहल का यदि कोई रूप अधूरा,
किया युधिष्ठिर उसे तुम्हारे राजसूय ने पूरा।

महाभारत को संभव बनानेवाली अन्य घटनाओं का पुनः उल्लेख–

बिंधा चित्र-खग रंग-भूमि में जिस दिन अर्जुन-शर से,
उसी दिवस जनमी दुरग्नि दुर्योधन के अंतर से।
बनी हलाहल वही वंश का, लपटें लाख-भवन की,
द्यूत-कपट शकुनी का, वन-यातना पांडु-नंदन की।
भरी सभा में लाज द्रौपदी की न गई थी लूटी,

वह तो यही कराल आग थी निर्भय होकर फूटी।
ज्यों-ज्यों साड़ी विवश द्रौपदी की खिंचती जाती थी,
त्यों-त्यों वह आवृत, दुरग्नि यह नग्न हुई जाती थी।
उसके कर्षित केश-जाल में केश खुले थे इसके,
पुंजीभूत वसन उसका था, वेश खुले थे इसके।

तत्पश्चात् भीष्म का निर्मम आत्मालोचन और अपने प्रति धिक्कार की भावना, जो इस काव्य में उनके चरित्र को लेकर उठाए जानेवाले प्रश्नों के जोर को कम कर देता है,—

किंतु न जाने, क्यों उस दिन तुम हारे, मैं भी हारा,
जाने, क्यों फूटी न भुजा को फोड़ रक्त की धारा।
नर की कीर्ति-ध्वजा उस दिन कट गई देश में जड़ से,
नारी ने सुर को टेरा जिस दिन निराश हो नर से।
महासमर आरंभ देश में होना था उस दिन ही,
उठा खड्ग यह पंक रुधिर से धोना था उस दिन ही।
....
उस दिन की स्मृति से छाती अब भी जलने लगती है,
भीतर कहीं छुरी कोई हृत् पर चलने लगती है।
धिक् धिक् मुझे; हुई उत्पीड़ित सम्मुख राज-वधूटी,
आँखों के आगे अबला की लाज खलों ने लूटी।
और रहा जीवित मैं, धरणी फटी न दिग्गज डोला,
गिरा न कोई वज्र, न अंबर गरज क्रोध में बोला।
....
सो, कलंक वह लगा, नहीं धुल सकता जो धोने से,
भीतर ही भीतर जलने या कंठ फाड़ रोने से।

छायावाद में प्रसाद तक ने 'कामायनी' की इड़ा के माध्यम से बुद्धि का विरोध किया है, जिसे हिंदी में गलत समझा गया कि यह बुद्धिवाद का विरोध है, जबकि प्रसाद स्वयं बड़े बौद्धिक थे और मुक्तिबोध ने 'कामायनी' पर लिखते हुए इस तरह की बात कही है कि उनके प्रत्येक संवेदन में चिंतन के कण थे। जाहिर है, प्रसाद से लेकर दिनकर तक ने बुद्धि के रूप में दुर्बुद्धि का विरोध किया है, जो आदमी को दुनियादार बनाती है और उसे निर्भीकतापूर्वक सत्य के पक्ष में खड़ा होने नहीं देती। राम का रावण पर जो क्रोध था, वह बुद्धिहीन नहीं, बल्कि सद्‌बुद्धि से प्रेरित था। किसी छायावादी कवि ने, वह कितना भी भावुक क्यों न हो, बुद्धि-मात्र का विरोध नहीं किया। निश्चय ही हमें शब्दों को नहीं, उसके पीछे स्थित आशय को समझना चाहिए। यहाँ भी भीष्म कहते हैं कि 'बुझा बुद्धि का दीप वीरवर आँख मूँद चलते हैं,/उछल वेदिका पर चढ़ जाते और स्वयं बलते हैं।'

यह बुद्धिहीनता नहीं है, बल्कि वह बुद्धि है, जो व्यक्ति को कायर और अपना हानि–लाभ सोचकर सत्य से पाँव पीछे खींच लेनेवाला नहीं बनाती है। भीष्म पर आरोप था कि वे कौरवों के सेनापति हैं, लेकिन स्नेह अर्जुन पर रखते हैं। इस संबंध में भीष्म का दो–टूक कथन है–

धर्म, स्नेह, दोनों प्यारे थे, बड़ा कठिन निर्णय था,
अतः एक को देह, दूसरे को दे दिया हृदय था।
किंतु, फटी जब घटा, ज्योति जीवन की पड़ी दिखाई,
सहसा सैकत–बीच स्नेह की धार उमड़कर छाई।
धर्म पराजित हुआ, स्नेह का डंका बजा विजय का,
मिली देह भी उसे, दान था जिसको मिला हृदय का।
भीष्म न गिरा पार्थ के शर से, गिरा भीष्म का वय था,
वय का तिमिर भेद वह मेरा यौवन हुआ उदय था।

कर्तव्य और प्रेम का द्वंद्व स्वयं दिनकरजी के भीतर भी था। 'उर्वशी' में आकर तो ऐसा लगा कि उस द्वंद्व में उनका प्रेम विजयी हो गया, लेकिन 'परशुराम की प्रतीक्षा' ने इस धारणा पर प्रश्नचिह्न लगा दिया। 'कवि की मृत्यु' शीर्षक कविता में उनकी मृत्यु से आहत स्त्रियाँ भी कहती हैं कि हम तो रो लेती हैं, 'पर इसे नहीं रोने का भी अवकाश मिला,/सारा जीवन कट गया आग सुलगाने में।' भीष्म अपनी कर्तव्य–भावना की पराजय को मुक्त भाव से स्वीकार करते हैं। ऊपर संकेत किया जा चुका है कि उनके भीतर अर्जुन के प्रति जो प्रेम जोरों से फूटा, वह उस संयम का परिणाम था, जिससे उन्होंने अपनी युवावस्था में अपनी कोमल भावनाओं का दमन किया था। ये पंक्तियाँ जितनी हार्दिक हैं, उतनी ही कवित्वपूर्ण भी–

फटा बुद्धि–भ्रम, हटा कर्म का मिथ्या जाल नयन से,
प्रेम अधीर पुकार उठा मेरे शरीर से, मन से–
लो, अपना सर्वस्व पार्थ! यह मुझको मार गिराओ,
अब है विरह असह्य, मुझे तुम स्नेह–धाम पहुँचाओ।
ब्रह्मचर्य के प्रण के दिन जो रुद्ध हुई थी धारा,
कुरुक्षेत्र में फूट उसी ने बनकर प्रेम पुकारा।
बही न कोमल वायु, कुंज मन का था कभी न डोला,
पत्तों की झुरमुट में छिपकर विहग न कोई बोला।

चतुर्थ सर्ग का अंत भीष्म के इस मुक्त आत्मस्वीकार से होता है :

प्रकटी होती मधुर प्रेम की मुझ पर कहीं अमरता,
स्यात् देश को कुरुक्षेत्र का दिन न देखना पड़ता।

....

राज-द्रोह की ध्वजा उठाकर कहीं प्रचारा होता,
न्याय-पक्ष लेकर दुर्योधन को ललकारा होता;
स्यात् सुयोधन भीत उठाता पग कुछ अधिक सँभलके,
भरतभूमि पड़ती न स्यात्, संगर में आगे चलके।

पंचम सर्ग का आरंभ भी कवि के कथन से ही हुआ है, जो कुछ दूर तक चलता है। उसका पहला कथन यह है :

शारदे! विकल संक्रांति-काल का नर मैं,
कलिकाल-भाल पर चढ़ा हुआ द्वापर मैं।

तात्पर्य यह कि 'कुरुक्षेत्र' में कथा द्वापर की है, लेकिन उसकी अंतर्वस्तु आधुनिक काल की। द्वापर और कलियुग का यह संबंध स्वाभाविक है, क्योंकि कलियुग ठीक द्वापर की पीठ पर आया है। अब वह महाभारत-युद्ध का वर्णन करता है और अंत में युद्धोपरांत युधिष्ठिर की मनोदशा के बारे में कहता है—

इस काल-गर्भ में किंतु, एक नर ज्ञानी
है खड़ा कहीं पर भरे दृगों में पानी,
रक्ताक्त दर्प को पैरों-तले दबाए,
मन में करुणा का स्निग्ध प्रदीप जलाए।
सामने प्रतीक्षा-निरत जयश्री बाला
सहमी-सकुची है खड़ी लिए वरमाला।
पर, धर्मराज कुछ जान नहीं पाते हैं।
इस रूपसि को पहचान नहीं पाते हैं।

ये पंक्तियाँ इस बात की साक्षी हैं कि दिनकरजी युधिष्ठिर की भावना को समझते थे और उसके साथ थे। तत्पश्चात् उन्होंने उनके मुँह से महाभारत-युद्ध के बाद के दृश्य का जो वर्णन किया है, वह जितना ही युगुत्सोत्पादक है, उतना ही उनकी उच्च मानववादी दृष्टि के कारण पाठकों के मन को युद्ध- विरोध की भावना से भर देनेवाला। अब तक हिंदी में बीभत्स रस के जो उदाहरण दिए जाते रहे हैं, उनमें सिर्फ घृण्य दृश्यों को अंकित कर दिया जाता था। वह वर्णन रसात्मक, जो आनंददायक ही हो सकता है, कदापि नहीं होता था। जुगुप्सा और आनंद, ये परस्पर विरोधी बातें हैं, इसलिए इनका एक साथ होना एक कठिन बात है, जैसे तलवार की धार पर चलना। दिनकरजी इसमें पूर्णतः सफल हुए हैं, क्योंकि उनका वर्णन जितना बीभत्स है, उतना ही कवित्वपूर्ण। पिछले सर्ग के अंत में भीष्म ने यह भी कहा था कि 'पर, सब कुछ हो चुका, नहीं कुछ शेष, कथा जाने दो,/भूलो बीती बात, नए युग को जग में आने दो।' उसी का हवाला देते हुए और

अश्रुपात करते हुए युधिष्ठिर भीष्म को संबोधित कर कहना शुरू करते हैं, पहले उनके बारे में कहते हुए,—

चलती रही पितामह-मुख से कथा अजस्र, अमेय,
सुनते ही सुनते, आँसू में फूट पड़े कौंतेय।
हाँ, सब कुछ हो चुका पितामह, रहा नहीं कुछ शेष,
शेष एक आँखों के आगे है यह मृत्यु-प्रदेश—
जहाँ भयंकर, भीमकाय शव-सा निस्पंद, प्रशांत,
शिथिल-श्रांत हो लेट गया है स्वयं काल विक्रांत।
रुधिर-सिक्त-अंचल में नर के खंडित लिए शरीर,
मृतवत्सला विषण्ण पड़ी है धरा मौन, गंभीर।
सड़ती हुई विषाक्त गंध से दम घुटता-सा जान,
दबा नासिका निकल भागता है द्रुतगति पवमान।
शीत-सूर्य अवसन्न डालता सहम-सहम कर ताप,
जाता है मुँह छिपा घनों में चाँद चला चुपचाप।
वायस, गृद्ध, शृगाल, श्वान, दल के दल वन-मार्जार,
यम के अतिथि विचरते सुख से देख विपुल आहार।
मनु का पुत्र बने पशु-भोजन! मानव का यह अंत!
भरत-भूमि के नर-वीरों की यह दुर्गति, हा हंत!

इस सर्ग का आगे का संपूर्ण अंश सवैया छंद में लिखा गया है। सनेही-स्कूल के अनेक कवियों ने इस छंद में काव्य-रचना की थी, जिनमें जगदम्बाप्रसाद मिश्र 'हितैषी' का बड़ा नाम था, लेकिन उनके खड़ीबोली के सवैयों का संग्रह मैंने देखा है, जिसमें कोई भी सवैया ऐसा नहीं है, जिसमें अपेक्षित कसाव हो और चौथी पंक्ति को चमत्कारपूर्ण बनाने की कोशिश न की गई हो। दिनकरजी के सवैए अत्यंत सार्थक हैं और उनमें भावना की तीव्र एवं संक्रामक अभिव्यक्ति के अलावा कोई चमत्कार नहीं है। युद्ध का वर्णन करने के बाद युधिष्ठिर भीष्म से कहते हैं कि मुझे साफ दिखलाई पड़ रहा है कि श्मशान से 'समृद्धि के प्रेत' जयमाला लिए हुए उनकी तरफ बढ़ रहे हैं और उनसे प्रश्न पूछते हैं कि जब तूने युद्ध में जीत के लिए सब कुछ किया, तो फिर अब राजसिंहासन पर बैठने से क्यों भाग रहा है? यह वस्तुतः युधिष्ठिर का निष्ठुर आत्म-निरीक्षण है, जो उनके चरित्र को असाधारणता प्रदान करता है। एतत्संबंधी दो सवैए नीचे उद्धृत किए जा रहे हैं :

जब युद्ध में फूट पड़ी यह आग, तो
कौन-सा पाप नहीं किया तूने?
गुरु के वध के हित झूठ कहा,
सिर काट समाधि में ही लिया तूने;

छल से कुरुराज की जाँघ को तोड़
नया रण-धर्म चला दिया तूने;
अरे पापी, मुमूर्षु मनुष्य के वक्ष को
चीर सहास लहू पिया तूने।

अपकर्म किए जिसके हित, अंक में
आज उसे भरता नहीं क्यों है?
ठुकराता है जीत को क्यों पद से?
अब द्रौपदी से डरता नहीं क्यों है?
कुरुराज की भोगी हुई इस सिद्धि को
हर्षित हो वरता नहीं क्यों है?
कुरुक्षेत्र-विजेता, बता, निज पाँव
सिंहासन पै धरता नहीं क्यों है?

आत्मभर्त्सना का ऐसा तीखा स्वर दिनकर के बाद फिर मुक्तिबोध में ही सुनाई पड़ता है। बहरहाल। आचार्य हजारीप्रसाद द्विवेदी का यह कथन प्रसिद्ध है कि नया छंद नए मनोभाव की सूचना देता है। यह कथन गलत नहीं है, लेकिन समर्थ कवि पुराने छंद में भी नए मनोभाव को प्रकट कर सकते हैं, जैसे असमर्थ कवि नए छंद में भी पुराना मनोभाव प्रकट करते रहते हैं। दिनकरजी की विशेषता यह है कि यहाँ विषय भी पुराना है और छंद भी, लेकिन छंद के भीतर से प्रकट होनेवाला आशय और उसकी विधि एकदम नई है। यहाँ नागार्जुन का भी उदाहरण लिया जा सकता है, जिन्होंने दोहा-जैसे पुराने छंद में वह कविता लिखी थी, जिसकी अंतिम पंक्तियाँ हैं : 'जली ठूँठ पर बैठकर गई कोकिला कूक,/बाल न बाँका कर सकी शासन की बंदूक।' ऊपर दूसरे छंद में समाधि में सिर काटने की बात आई है। सात्यकि ने समाधिस्थ भूरिश्रवा का मस्तक काट लिया था। कवि ने उसी ओर इशारा किया है।

ऐसा लगता है कि भीष्म की बातों से अभी तक युधिष्ठिर की शंका अंतिम रूप से निर्मूल नहीं हुई, इसलिए वे उनसे कहते हैं कि मुझ पर दया करके मुझे साफ-साफ बतलाइए कि युद्ध के लिए उत्तरदायी कौरव थे या पांडव?—

कुछ के अपमान के साथ पितामह,
विश्व-विनाशक युद्ध को तोलिए;
इनमें विघातक पातक कौन
बड़ा है? रहस्य विचारके खोलिए;
मुझ दीन, विपन्न को देख, दयार्द्र हो
देव! नहीं निज सत्य से डोलिए;

नर-नाश का दायी था कौन? सुयोधन
याकि युधिष्ठिर का दल? बोलिए।

नीचे के छंद से ऐसा लग सकता है कि युधिष्ठिर भीष्म से विवाद कर रहे हैं, पर उसकी पंक्तियों के भीतर झाँकने से उनकी पीड़ा स्पष्ट हो जाती है, बावजूद इसके कि उन्होंने अपना उल्लेख अन्य पुरुष में किया है, जो अंतिम दो पंक्तियों से स्पष्ट है :

कहिए मत दीप्ति इसे बल की,
यह दारद है, रण का ज्वर है,
यह दानवता की शिखा है मनुष्य में,
राग की आग भयंकर है;
वह बुद्धि-प्रमाद है, भ्रांति में सत्य को
देख नहीं सकता नर है;
कुरुवंश में आग लगी, तो उसे
दिखता जलता अपना घर है।

इसमें आनेवाला 'दारद' शब्द 'एक प्रकार का विष' है। युधिष्ठिर भीष्म की तरह ही आशावादी थे और उनमें प्रचंड आत्मविश्वास भी था, इसलिए वे अब एक दूसरे रण की बात करते हैं, जो किसी और के नहीं, बल्कि अपने विरुद्ध होगा, जिसमें वे निश्चित रूप से विजयी होकर निकलेंगे। प्रमाणस्वरूप सर्ग का यह अंतिम छंद—

यह होगा महारण राग के साथ;
युधिष्ठिर हो विजयी निकलेगा;
नर-संस्कृति की रणछिन्न लता पर
शांति-सुधा-फल दिव्य फलेगा,
कुरुक्षेत्र की धूल नहीं इति पंथ की,
मानव ऊपर और चलेगा;
मनु का यह पुत्र निराश नहीं,
नव धर्म-प्रदीप अवश्य जलेगा!

'कुरुक्षेत्र' के षष्ठ सर्ग के साथ मेरा एक संस्मरण जुड़ा हुआ है। 1955 के अंत में वारसा (पोलैंड) में विभिन्न देशों के राष्ट्रकवियों का एक सम्मेलन आयोजित था। उसमें भारत का प्रतिनिधित्व करने के लिए तत्कालीन प्रधानमंत्री पं. नेहरू ने दिनकरजी का चयन किया, लेकिन तत्कालीन शिक्षामंत्री मौलाना आजाद ने उर्दू की तरफ से उनके साथ उर्दू के शायर सागर निजामी को भी लगा दिया। दिनकरजी ने वहाँ से लौटकर हमलोगों को बतलाया था कि उक्त अंतर्राष्ट्रीय कवि-सम्मेलन में पढ़ने के लिए वे अपने साथ 'कुरुक्षेत्र' के षष्ठ सर्ग का संक्षिप्त रूप ले गए थे, साथ में वितरित करने के लिए उसके

अंग्रेजी अनुवाद की प्रतियाँ भी। कवि-सम्मेलन में उनका काव्य-पाठ सर्वाधिक प्रभावशाली सिद्ध हुआ। तभी उन्होंने वहीं से स्व. ब्रजकिशोर नारायण को पत्र में लिखा था कि 'कवि-सम्मेलन भारत के हाथ रहा।' सागर निजामी ने अपना कलाम तरन्नुम के साथ पेश किया था, जो पश्चिम के देशों के लिए एक अजूबा बात थी, क्योंकि वहाँ कविता और गायन का संबंध प्रायः विच्छिन्न हो चुका है। दिनकरजी ने बतलाया कि अगले दिन फिनलैंड का राष्ट्रकवि उनके पास आया और सागर निजामी की तरफ इशारा करके उनसे कहा कि 'अगली बार जब मैं कविसम्मेलन में आऊँगा, तो जरूर अपनी वायलिन साथ लेता आऊँगा।'

दिनकरजी की बातों से मुझे कुछ आश्चर्य हुआ था। एक तो इसलिए कि बाद में इतनी श्रेष्ठ कविताएँ लिखने के उपरांत भी उन्होंने पाठ के लिए 'कुरुक्षेत्र' के षष्ठ सर्ग को ही क्यों चुना और दूसरे इसलिए कि जब वे कवि सम्मेलनों में खुद अपनी कविताएँ गाकर सुनाते थे, तो फिनलैंड के कवि की बात कहते हुए उन्होंने भी सागर निजामी का उपहास क्यों किया? मुझे उनकी वह उपहासपूर्ण, किंतु मोहक और निश्च्छल हँसी आज तक नहीं भूली है। 1953 में शरद्-पूर्णिमा को किरण-मंडल (हाजीपुर) द्वारा गंडकी-तट पर आयोजित कवि-सम्मेलन के अध्यक्ष-पद से मैंने उनकी दो कविताएँ स्वयं सुनी थीं, जिनमें से पहली कविता थी 'किसको नमन करूँ मैं?' और दूसरी कविता थी 'रश्मिरथी' के तीसरे सर्ग का पूर्वांश। उन्होंने इन दोनों कविताओं को बहुत उदात्त और प्रभावशाली ढंग से गाकर प्रस्तुत किया था। आज मुझे अपने दोनों प्रश्नों का उत्तर मिल चुका है। 'कुरुक्षेत्र' के षष्ठ सर्ग का महत्त्व इसलिए है कि उसमें आज की वैश्विक समस्या को बहुत बड़े फलक पर उठाया गया है और दिनकरजी बाद में कविता के गायन से अधिक महत्त्व उसके पाठ को इसलिए देने लगे थे कि उनकी कविताओं में सांवादिकता बढ़ती गई है, जिससे उनका सौंदर्य पाठ से ही प्रकट होता है, उनके गायन से नहीं। उदाहरण के लिए उनकी परवर्ती दो कविताओं की ये आरंभिक पंक्तियाँ देखी जा सकती हैं: 'तबीयत चाहती है बात कुछ तुमको सुनाऊँ,/मगर, तुम कौन हो जो पंक्ति मेरी पढ़ रहे हो?' और 'हो गया एक नेता मैं भी? तो बंधु, सुनो,/मैं भारत के रेशमी नगर में रहता हूँ।'

पीछे संकेत किया जा चुका है कि 'कुरुक्षेत्र' के षष्ठ सर्ग में आधुनिक समस्या को उसके अनेक पहलुओं के साथ, जो परस्पर उलझे हुए हैं, उठाया गया है, यथा आधुनिक मनुष्य का सब कुछ को भुलाकर अपने स्वार्थ की डगर पर बढ़ते जाना, विज्ञान की चमत्कारी उपलब्धियाँ, लेकिन उससे उत्पन्न उपभोक्तावादी संस्कृति के द्वारा मानवीयता की उपेक्षा, जिसे शेक्सपियर ने 'ह्युमैन मिल्क' कहा है; इतना ही नहीं, विज्ञान का ध्वंसात्मक प्रयोग, मनुष्य की अपने श्रेय से अनभिज्ञता और वर्तमान स्थिति से मन में जन्म लेनेवाली निराशा। दिनकरजी ने लिखा है कि यह सर्ग 'कुरुक्षेत्र' के घटना-चक्र से स्वतंत्र है। भूमिका में उनका कथन है: 'पूरा का पूरा छठा सर्ग... क्षेपक है, जो इस काव्य से टूटकर अलग भी जी सकता है।' लेकिन ज्ञातव्य है कि इसका आरंभ पंचम सर्ग के अंत

में कथित युधिष्ठिर की बात का सूत्र पकड़कर ही हुआ है। पाठक ऊपर उद्धृत कथन से मिलाकर इन पंक्तियों को देख सकते हैं :

धर्म का दीपक, दया का दीप,
कब जलेगा, कब जलेगा, विश्व में भगवान?
कब सुकोमल ज्योति से अभिसिक्त
हो, सरस होंगे जली-सूखी रसा के प्राण?

लेकिन यह कोई अहम बात नहीं है। अहम बात यह है कि षष्ठ सर्ग में उठाई गई मूल समस्या आधुनिक युग की है। कवि की चिंता यह है :

भीष्म हों अथवा युधिष्ठिर या कि हों भगवान,
बुद्ध हों कि अशोक, गाँधी हों कि ईसु महान;
सिर झुका सबको, सभी को श्रेष्ठ निज से मान,
मात्र वाचिक ही उन्हें देता हुआ सम्मान,
दग्ध कर पर को, स्वयं ही भोगता दुख-दाह,
जा रहा मानव चला अब भी पुरानी राह।

त्रासदी यह है कि अब हम द्वापर-युग में न होकर आधुनिक युग में हैं, जिसमें विज्ञान ने हमें एक नए ज्योतिर्लोक में पहुँचा दिया है—

पूर्व युग-सा आज का जीवन नहीं लाचार,
आ चुका है दूर द्वापर से बहुत संसार;
यह समय विज्ञान का, सब भाँति पूर्ण, समर्थ;
खुल गए हैं गूढ़ संसृति के अमित गुरु अर्थ।
चीरता तम को, सँभाले बुद्धि की पतवार,
आ गया है ज्योति की नव भूमि में संसार।

इस प्रकार दिनकरजी विज्ञान को नकारात्मक दृष्टि से नहीं देखते थे, लेकिन उसके द्वारा संभव की गई औद्योगिक सभ्यता मनुष्य को जो यंत्र बनाती जा रही थी, उसके वे बड़े विरोधी थे। वह मनुष्य को इतना मस्तिष्क-प्रधान बनाती जा रही थी कि हृदय के मानवीय और कोमल गुण पीछे छूटते जा रहे थे :

किंतु है बढ़ता गया मस्तिष्क ही निःशेष,
छूट कर पीछे गया है रह हृदय का देश,
नर मनाता नित्य नूतन बुद्धि का त्यौहार,
प्राण में करते दुखी हो देवता चीत्कार।
चाहिए उसको न केवल ज्ञान,
देवता हैं माँगते कुछ स्नेह, कुछ बलिदान,

मोम-सी कोई मुलायम चीज,
ताप पाकर जो उठे मन में पसीज-पसीज;
प्राण के झुलसे विपिन में फूल कुछ सुकुमार;
ज्ञान के मरु में सुकोमल भावना की धार;
चाँदनी की रागिनी, कुछ भोर की मुस्कान;
नींद में भूली हुई बहती नदी का गान;
रंग में घुलता हुआ खिलती कली का राज;
पत्तियों पर गूँजती कुछ ओस की आवाज;
आँसुओं में दर्द की गलती हुई तस्वीर;
फूल की, रस में बसी-भीगी हुई जंजीर।

वैज्ञानिकों का कहना है कि मनुष्य के कोमल गुण भी उसके मस्तिष्क की ही देन हैं, लेकिन हृदय के साथ उनका संबंध कुछ इस तरह रूढ़ हो गया है कि हमें सब कुछ समझते हुए भी उसे मानकर चलना पड़ता है। दूसरे, पाठक फिर से नोट करेंगे कि दिनकरजी में सिर्फ 'चाँदी के उज्ज्वल शंख' का उद्घोष और 'आलोकधन्वा' की टंकार ही नहीं है, 'पत्तियों पर गूँजती कुछ ओस की आवाज' भी है, जो उन्हें पूर्ण कवि बनाती है। उनकी इस सभ्यता के प्रति सबसे बड़ी शिकायत यह है कि इसमें—

इस मनुज के हाथ से विज्ञान के भी फूल
वज्र होकर छूटते शुभ धर्म अपना भूल।

ऐसी स्थिति में उसे चेतावनी देने के अलावा उनके पास कोई उपाय नहीं है, सो वे कहते हैं—

सावधान, मनुष्य! यदि विज्ञान है तलवार,
तो इसे दे फेंक, तजकर मोह, स्मृति के पार।
हो चुका है सिद्ध, है तू शिशु अभी नादान;
फूल-काँटों की तुझे कुछ भी नहीं पहचान।
खेल सकता तू नहीं ले हाथ में तलवार;
काट लेगा अंग, तीखी है बड़ी यह धार।

तत्पश्चात् वे मनुष्य के श्रेय के बारे में बतलाते हैं—

श्रेय होगा मनुज का समता-विधायक ज्ञान,
स्नेह-सिंचित न्याय पर नव विश्व का निर्माण।
एक नर में अन्य का निःशंक, दृढ़ विश्वास,
धर्मदीप्त मनुष्य का उज्ज्वल नया इतिहास—
समर, शोषण, ह्रास की विरुदावली से हीन,

पृष्ठ जिसका एक भी होगा न दग्ध, मलीन।
मनुज का इतिहास, जो होगा सुधामय कोष,
छलकता होगा सभी नर का जहाँ संतोष।

आदर्श मानवीय संसार की कल्पना करने और मनुष्यता के पक्ष में खड़ा होने के अलावा कवि और कर ही क्या सकता है? राजनीतिज्ञों से तुलना करें, तो दखेंगे कि संसार के सारे लेखक मनुष्यता के पक्ष में खड़े हैं। उचित ही नलिनजी कहा करते थे कि मनुष्यता के दो–चार पर्यायों में से एक कविता भी है। नए कवि धूमिल ने भी सारी चीजों को व्यवस्था के पक्ष में चले जाते देखकर कहा था कि 'विपक्ष में केवल कविता है।' स्मरणीय है कि स्पेन के अधिनायक फ्रैंको की सेना से लड़ते हुए यूरोप के कई महान् लेखकों ने अपनी जान गँवा दी थी। दिनकरजी ने ऊपर की पंक्तियों में मानवीय समाज का जो आदर्श प्रस्तुत किया है, उसे ध्यान में रखकर षष्ठ सर्ग के अंत में वे स्वयं कहते हैं–

साम्य की वह रश्मि स्निग्ध, उदार,
कब खिलेगी, कब खिलेगी विश्व में भगवान?
कब सुकोमल ज्योति से अभिसिक्त
हो, सरस होंगे जली–सूखी रसा के प्राण?

यहाँ स्पष्ट कर देना जरूरी है कि उनका 'साम्य' सोवियत संघ का साम्यवाद न होकर उनका अभिलषित वह 'साम्य' है, जो ऊपर की पंक्तियों में वर्णित हुआ है।

'कुरुक्षेत्र' के सप्तम सर्ग में मुख्य रूप से भीष्म का संवाद है, लेकिन उसके आरंभ में कवि युधिष्ठिर के संबंध में स्तुतिपरक शब्दों में कहता है–

रागानल के बीच पुरुष कंचन–सा जलनेवाला,
तिमिर–सिंधु में डूब रश्मि की ओर निकलनेवाला,
ऊपर उठने को कर्दम से लड़ता हुआ कमल–सा,
ऊब–डूब करता, उतराता घन में विधु–मंडल–सा।

जय हो, अघ के गहन गर्त में गिरे हुए मानव की,
मनु के सरल, अबोध पुत्र की, पुरुष ज्योति–संभव की।
हार मान हो गई न जिसकी किरण तिमिर की दासी,
न्योछावर उस एक पुरुष पर कोटि–कोटि संन्यासी।

कहने की आवश्यकता नहीं कि पहला बंद कवित्व से लबरेज है। ऐसा लगता है कि अपनी कल्पना को अभिव्यक्ति देने के लिए कवि को जरा भी अटकना नहीं पड़ता और उसकी लेखनी स्वाभाविक रूप से चलती रहती है। निश्चय ही यह बड़े कवि का लक्षण है। दूसरे बंद में 'जय हो' शब्द आए हैं, जो दिनकरजी की अन्य कविताओं में भी देखने को मिलते

हैं। इस कारण कुछ लोगों ने उन्हें जयकारवादी कवि कहना शुरू किया था, लेकिन हमें यह जान लेना चाहिए कि उनका युग वीर-पूजा का युग था, क्योंकि उसमें तिलक, महात्मा गाँधी, खान अब्दुल गफ्फार खाँ, राजगोपालाचारी, पं. मदनमोहन मालवीय, डा. राजेंद्र प्रसाद, पं. नेहरू, सुभाषचंद्र बोस, सरदार वल्लभ भाई पटेल और राजर्षि पुरुषोत्तमदास टंडन-जैसे महान् नेता और महापुरुष पैदा हुए थे, इसलिए 'जय हो' वाली शैली दिनकरजी की स्वाभाविक शैली बन गई थी। लेकिन उनमें इतना ही देखना उन्हें देखना ही नहीं है। 'जय हो' वाले बंद में भी 'पुरुष ज्योति-संभव की' यह शब्दावली यह प्रमाणित करने को काफी है कि कवि जयकारवादी और साधारण कवि नहीं है। लेकिन युधिष्ठिर के संबंध में उपर्युक्त बातें कहने के बाद वे यह कहते हैं—

मही नहीं जीवित है मिट्टी से डरनेवालों से,
जीवित है वह उसे फूँक सोना करनेवालों से।
ज्वलित देख पंचाग्नि जगत् से निकल भागता योगी।
धुनी बनाकर उसे तापता अनासक्त रसभोगी।

तत्पश्चात् एक दोहे का घत्ता देकर भीष्म युधिष्ठिर को पुनः कबित्त में संबोधित करना शुरू करते हैं। उनके संबोधन में आवृत्ति भी है और नयापन भी, लेकिन सर्वत्र वेग पूर्ववत् है। एक दोहे के बाद वे कबित्त छंद में उनसे कहते हैं :

मृत्ति के अधूरे, स्थूल भाग ही मिटे हैं यहाँ,
नर का जला है नहीं भाग्य इस रण में।
शोणित में डूबा है मनुष्य, मनुजत्व नहीं,
छिपता फिरा है, देह छोड़ वह मन में।
आशा है मनुष्य की मनुष्य में, न ढूँढ़ो उसे
धर्मराज, मानव का लोक छोड़ वन में।
आशा मनुजत्व की विजेता के विलाप में है,
आशा है मनुज की तुम्हारे अश्रुकण में।

फिर वे उनसे मानव-जीवन के कल्याणमय रूप की खोज के बारे में कहते हैं। उनके कथन में आनेवाला दूसरा छंद बहुत ही क्रांतिकारी है, जो 'कुरुक्षेत्र' को एक आधुनिक काव्य बना देता है, बावजूद इसके कि वह महाभारत के चरित्रों को लेकर रचा गया है। देखिए :

खोजना इसे हो, तो जलाओ शुभ्र ज्ञान-दीप,
आगे बढ़ो वीर, कुरुक्षेत्र के श्मशान से।
राग में विरागी, राज-दंड-धर योगी बनो,
नर को दिखाओ पंथ त्याग-बलिदान से।

दलित मनुष्य में मनुष्यता के भाव भरो,
दर्प की दुरग्नि करो दूर बलवान से।
हिम-शीत भावना में आग अनुभूति की दो,
छीन लो हलाहल उदग्र अभिमान से।

रण रोकना है, तो उखाड़ विषदंत फेंको,
वृक-व्याघ्र-भीति से मही को मुक्त कर दो।
अथवा अजा के छागलों को भी बनाओ व्याघ्र,
दाँतों में कराल कालकूट-विष भर दो।
वट की विशालता के नीचे जो अनेक वृक्ष
ठिठुर रहे हैं, उन्हें फैलने का वर दो।
रस सोखता है जो मही का भीमकाय वृक्ष,
उसकी शिराएँ तोड़ो, डालियाँ कतर दो।

इसके आगे दिनकरजी पुनः अपने प्रिय सार छंद पर उतर आते हैं, जिसमें आगे भीष्म पिछली बात को बढ़ाते हुए कहते हैं—

धर्मराज, यह भूमि किसी की नहीं क्रीत है दासी,
हैं जन्मना समान परस्पर इसके सभी निवासी।

काव्य की भूमिका में दिनकरजी ने पहले ही कह दिया है कि "मैं जरा भी दावा नहीं करता कि 'कुरुक्षेत्र' के भीष्म और युधिष्ठिर, ठीक-ठीक, महाभारत के ही युधिष्ठिर और भीष्म हैं। यद्यपि मैंने सर्वत्र ही इस बात का ध्यान रखा है कि भीष्म अथवा युधिष्ठिर के मुख से कोई ऐसी बात न निकल जाए, जो द्वापर के लिए सर्वथा अस्वाभाविक हो। हाँ, इतनी स्वतंत्रता जरूर ली गई है कि जहाँ भीष्म किसी ऐसी बात का वर्णन कर रहे हों, जो हमारे युग के अनुकूल पड़ती हो, उसका वर्णन नए और विशद रूप से कर दिया जाए। कहीं-कहीं इस अनुमान पर भी काम लिया गया है कि उसी प्रश्न से मिलते-जुलते किसी अन्य प्रश्न पर भीष्म पितामह का उत्तर क्या हो सकता था।" यह कवि की पेशबंदी नहीं है, बल्कि इस खुलेपन के द्वारा उसने पाठकों को अपने विश्वास में ले लिया है।

भीष्म भोगवाद, भाग्यवाद, राजतंत्र, और व्यक्तिवाद के बारे में अपने ऐसे विचार व्यक्त करते हैं, जो आज के संदर्भ के बिलकुल अनुकूल लगते हैं। हम एक-एक करके उनके इन विचारों को देखेंगे।

भोगवाद :

इस वैयक्तिक भोगवाद से फूटी विष की धारा,
तड़प रहा जिसमें पड़कर मानव-समाज यह सारा।

भाग्यवाद :

ब्रह्मा से कुछ लिखा भाग्य में मनुज नहीं लाया है,
अपना सुख उसने अपने भुजबल से ही पाया है।
प्रकृति नहीं डरकर झुकती है कभी भाग्य के बल से,
सदा हारती वह मनुष्य के उद्यम से; श्रमजल से।

राजतंत्र :

राजतंत्र द्योतक है नर की मलिन, निहीन प्रकृति का,
मानवता की ग्लानि और कुत्सित कलंक संस्कृति का।
आया था यह प्रगति रोकने को केवल दुर्गुण की,
नहीं बाँधने को सीमा उन्मुक्त पुरुष के गुण की।
सो देखो, अब दिशा विचारों की भी निर्धारित है,
राज-नियम से परे कर्म क्या, चिंतन भी वारित है।

व्यक्तिवाद :

दुर्लभ नहीं मनुज के हित, निज वैयक्तिक सुख पाना,
किंतु, कठिन है कोटि-कोटि मनुजों को सुखी बनाना।
एक पंथ है, छोड़ जगत् को अपने में रम जाओ,
खोजो अपनी मुक्ति और निज को ही सुखी बनाओ।
अपर पंथ है, औरों को भी निज विवेक-बल देकर,
पहुँचो स्वर्ग-लोक में जग से साथ बहुत को लेकर।

अंत में वे युधिष्ठिर से धीरतापूर्वक किंचित् आदेश के स्वर में कहते हैं—

क्षत-विक्षत है भरत-भूमि का अंग-अंग बाणों से,
त्राहि-त्राहि का नाद निकलता है असंख्य प्राणों से।
कोलाहल है, महा त्रास है, विपद आज है भारी,
मृत्यु-विवर से निकल चतुर्दिक् तड़प रहे नर-नारी।
इन्हें छोड़ वन में जाकर तुम कौन शांति पाओगे?
चेतन की सेवा तज जड़ को कैसे अपनाओगे?
पोंछो अश्रु, उठो, द्रुत जाओ वन में नहीं, भुवन में।
होओ खड़े असंख्य नरों की आशा बन जीवन में।

लेकिन युधिष्ठिर के मन में युद्ध-विरोध और शांति की जो आकांक्षा उत्पन्न हुई है, वे उसके मूल्य को अच्छी तरह समझते हैं, इसलिए 'कुरुक्षेत्र' का समापन कवि ने उनके इस कथन से किया है, जो पुनः कबित्त में है—

आशा के प्रदीप को जलाए चलो धर्मराज,
एक दिन होगी मुक्त भूमि रण-भीति से।
भावना मनुष्य की न राग में रहेगी लिप्त,
सेवित रहेगा नहीं जीवन अनीति से।
हार से मनुष्य की न महिमा घटेगी और
तेज न बढ़ेगा किसी मानव का जीत से।
स्नेह-बलिदान होंगे माप नरता के एक
धरती मनुष्य की बनेगी स्वर्ग प्रीति से।

ऊपर के विस्तृत ब्यौरे से यह स्पष्ट है कि न 'कुरुक्षेत्र' में उठाया गया प्रश्न सरल है और न उसके चरित्र एकपक्षीय। भीष्म के जो विचार हैं, वही कवि के भी विचार हैं, लेकिन भीष्म की तरह ही उसके मन में युधिष्ठिर के लिए गहरा सम्मान और उनके प्रति गहरी सहानुभूति है। इस काव्य को विचार-काव्य कहा गया है, लेकिन इसमें विचार भी अनुभूति बनकर आए हैं। वर्ड्सवर्थ ने कहा था कि अनुभूति जब बहुत गहरी होती है, तब विचार बन जाती है। इसका उलटा भी उतना ही सही है। लूकाच का भी कहना था कि समकालीनता अपनी गहराई में पहुँचकर सार्वकालिक हो जाती है। इस तरह साहित्य या कविता का मामला कोई सरल मामला नहीं है, जिससे जल्दी में उस पर कोई वक्तव्य दिया जा सके। प्रत्येक श्रेष्ठ कवि अपने साथ कविता की नई भाषा और नया ढाँचा लेकर आता है, जो उसके अपने युग से भी बहुत कुछ अलग होता है। दिनकरजी ने अपने नए लहजे और कविता की अपनी नई संरचना से हमें यह मानने को बाध्य किया है कि वे अत्यंत श्रेष्ठ कवि थे और उनमें प्रचंड कवित्व था। ऐसा प्रचंड कवित्व किसी आधुनिक हिंदी कवि में देखने को नहीं मिलता।

निःसंदेह 'कुरुक्षेत्र' हिंदी की एक कालजयी रचना है।

चढ़ा मैं रश्मि-रथ पर आ रहा हूँ

कहा जा चुका है दिनकरजी बहुत बड़े प्रबंध-शिल्पी थे। इसका प्रमाण उनके तीनों प्रमुख प्रबंध-काव्य हैं, जिनमें से 'कुरुक्षेत्र' विचार-काव्य है, 'रश्मिरथी' कथा-काव्य और 'उर्वशी' प्रबंध-नाट्य या नाट्य-प्रबंध। 'रश्मिरथी' की भूमिका में उन्होंने इसे 'सरल-सीधा' काव्य कहा है, लेकिन आगे उन्होंने कुछ ऐसी बातें लिखी हैं, जिनको पूरा देखना जरूरी है। इसलिए लेख के आरंभ में ही पाठकों से क्षमा-याचना करते हुए मैं लंबा उद्धरण दे रहा हूँ, क्योंकि उसमें कई प्रासंगिक प्रश्न उठाकर उनका उत्तर दिया गया है, जो कथा-काव्य की उपेक्षा करनेवाले समकालीन पाठकों के लिए अवलोकनीय है : "बात यह है कि कुरुक्षेत्र की रचना कर चुकने के बाद ही मुझमें यह भाव जगा कि मैं कोई ऐसा काव्य भी लिखूँ जिसमें केवल विचारोत्तेजकता ही नहीं, कुछ कथा-संवाद और वर्णन का भी माहात्म्य हो। स्पष्ट ही यह उस मोह का उद्‌गार था जो मेरे भीतर उस परंपरा के प्रति मौजूद रहा है जिसके सर्वश्रेष्ठ प्रतिनिधि राष्ट्रकवि श्री मैथिलीशरण गुप्तजी हैं। इस परंपरा के प्रति मेरे बहुत-से सहधर्मियों के क्या भाव हैं, इससे मैं अपरिचित नहीं हूँ। मुझे यह भी पता है कि जिन देशों अथवा दिशाओं से आज हिंदी काव्य की प्रेरणा पार्सल से, मोल या उधार मँगाई जा रही है, वहाँ कथा-काव्य की परंपरा निःशेष हो चुकी है और जो काम पहले प्रबंध-काव्य करते थे वही काम अब बड़े मजे में, उपन्यास कर रहे हैं। किंतु, अन्य बहुत-सी बातों की तरह, मैं एक इस बात का भी महत्त्व समझता हूँ कि भारतीय जनता के हृदय में प्रबंध-काव्य का प्रेम आज भी काफी प्रबल है और वह अच्छे उपन्यासों के साथ-साथ ऐसी कविताओं के लिए भी बहुत ही उत्कंठित रहती है। अगर हम इस सात्त्विक काव्य-प्रेम की उपेक्षा कर दें तो, मेरी तुच्छ सम्मति में, हिंदी कविता के लिए यह कोई बहुत अच्छी बात नहीं होगी। परंपरा केवल वही मुख्य नहीं है जिसकी रचना बाहर हो रही है, कुछ वह भी प्रधान हैजो हमें अपने पुरखों से विरासत के रूप में मिली है, जो निखिल भूमंडल के साहित्य के बीच हमारे अपने साहित्य की विशेषता है और जिसके भीतर से हम अपने हृदय को अपनी जाति के हृदय के साथ आसानी से मिला सकते हैं।" ढेर सारे आधुनिक पाठक और आलोचक भी कथा-काव्य को हेय दृष्टि से देखते हैं, जबकि एक सफल कथा-काव्य की रचना, जिसे हिंदीभाषी प्रदेश की जनता हृदय से स्वीकार करे, एक कठिन काम है। अकारण नहीं कि इसमें सफलता आधुनिक

काल में दो-तीन कवियों को ही मिली है, यथा मैथिलीशरण, रामनरेश त्रिपाठी और स्वयं दिनकरजी। 'रश्मिरथी' उनका सबसे लोकप्रिय काव्य है, क्योंकि इसे गाँव के किसान भी पढ़ते-सुनते हैं और कुछ लोग तो ऐसे हैं, जिन्हें इस काव्य का पूरा-पूरा सर्ग याद है। कहने की आवश्यकता नहीं कि इसकी रचना के द्वारा कवि ने हिंदी काव्य की एक परंपरा का पालन तो किया ही है, उसके माध्यम से उसने अपनी जाति के हृदय के साथ अपने हृदय को आसानी से मिला दिया है।

अकुशल कवि के हाथ में पड़कर कर्ण का चरित्र अर्जुन के प्रति प्रतिशोध-भावना और युद्ध-लिप्सा के कारण आसानी से 'सिनिक' बन जा सकता था, लेकिन दिनकरजी ने अपनी विदग्धता का परिचय देते हुए उसे 'सिनिक' बनने से बचा लिया है और एक त्रासद चरित्र के रूप में प्रस्तुत किया है। जाहिर है कि त्रासद चरित्र वही होता है, जो बुनियादी तौर पर अच्छा होते हुए भी अपनी किसी चारित्रिक त्रुटि या दुर्भाग्य का शिकार होकर पराजित होता है। 'रश्मिरथी' के कर्ण पर ये दोनों बातें लागू होती हैं। आकृष्ट तो उसकी तरफ कवि इसलिए हुआ था कि वह 'हजारों वर्षों से हमारे सामने उपेक्षित एवं कलंकित मानवता का मूक प्रतीक बनकर खड़ा रहा है।' उसने कहा है कि ''कर्ण-चरित के उद्धार की चिंता इस बात का प्रमाण है कि हमारे समाज में मानवीय गुणों की पहचान बढ़नेवाली है। कुल और जाति का अहंकार विदा हो रहा है। आगे, मनुष्य केवल उसी पद का अधिकारी होगा जो उसके अपने सामर्थ्य से सूचित होता है, उस पद का नहीं, जो उसके माता-पिता या वंश की देन है। इसी प्रकार, व्यक्ति अपने निजी गुणों के कारण जिस पद का अधिकारी होता है, वह उसे मिलकर रहेगा, यहाँ तक कि उसके माता-पिता के दोष भी इसमें कोई बाधा नहीं डाल सकेंगे। कर्णचरित का उद्धार एक तरह से, नई मानवता की स्थापना का ही प्रयास है।'' यह कथन दिनकरजी के युगद्रष्टा होने का प्रमाण है, क्योंकि यह काव्य तब रचा गया था, जब कम से कम उत्तर भारत में दलितों, आदिवासियों और पिछड़ों का उदय एक सामाजिक और राजनीतिक शक्ति के रूप में नहीं हुआ था। उन्होंने कर्ण के मुँह से स्वयं उसका परिचय इस रूप में दिलवाया है—

मैं उनका आदर्श, कहीं जो व्यथा न खोल सकेंगे,
पूछेगा जग, किंतु, पिता का नाम न बोल सकेंगे;
जिनका निखिल विश्व में कोई कहीं न अपना होगा,
मन में लिए उमंग जिन्हें चिर-काल कलपना होगा।

लेकिन 'रश्मिरथी' में सिर्फ कर्ण का चरित्र चित्रित नहीं है। यह समावेशी काव्य बन गया है। इसका प्रमाण यह है कि 'कुरुक्षेत्र' की तरह इसमें भी संपूर्ण महाभारत की कथा किसी न किसी रूप में आ गई है। इसकी सफलता का एक रहस्य यह है कि इसमें पांडव-पक्ष के चरित्रों, वह कृष्ण हों, या कुंती, या अर्जुन, इन सबों का चित्रण पूरी वस्तुपरकता के साथ किया गया है, जिससे इनके प्रति पाठकों की भावना कभी आहत नहीं होती।

दिनकरजी ने इस काव्य में कर्ण की संपूर्ण जीवन-गाथा नहीं प्रस्तुत की, सिर्फ उसके जीवन के सात सबसे महत्त्वपूर्ण प्रसंगों को चुनकर उन्हें इस तरह छंदोबद्ध किया है कि उसमें उसका संपूर्ण जीवन आ जाता है– जन्म से लेकर मृत्यु तक। प्रथम सर्ग का आरंभ सार छंद से हुआ है, जिसमें सरसी छंद को जोड़कर कवि ने बंद को पूरा किया है। सरसी छंद में सार छंद की तुलना में एक मात्रा कम होती है, यानी उसका अंतिम वर्ण दीर्घ न होकर लघु होता है। इससे यह छंद जब सार छंद के साथ प्रयुक्त होता है, तो उसकी लय को अंत में एक हलका-सा झटका देता है, जिससे अभिव्यक्ति में एक सौंदर्य आ जाता है। दिनकरजी ने सर्ग में आद्यंत इस अनुशासन का पालन किया है, जो छंदों में उनकी रुचि का प्रमाण है। उनके निबंध-संग्रह 'मिट्टी की ओर' में छंद पर उनका एक लेख है, जो इस प्रसंग में उल्लेखनीय है। 'रश्मिरथी' का आरंभिक बंद ही देखिए, जिसमें इस सर्ग की अंतर्वस्तु भी संकेतित है,–

'जय हो', जग में जले जहाँ भी, नमन पुनीत अनल को।
जिस नर में भी बसे, हमारा नमन तेज को, बल को।
किसी वृंत पर खिले विपिन में, पर, नमस्य है फूल,
सुधी खोजते नहीं गुणों का आदि, शक्ति का मूल।

डेढ़-दो दशक पहले की बात है। दिनकरजी के नाम पर बेगूसराय शहर में जो नागरिक सभा-भवन है, उस पर वहाँ के जिलाधिकारी का नियंत्रण है। एक बार उसने शहर के लड़कों को नाटक के पूर्वाभ्यास के लिए उसे सुलभ कराने से हमेशा के लिए मना कर दिया। विरोध में लड़कों ने सभा-भवन के आगे धरना दिया और नारेबाजी के साथ बीच-बीच में ढोलक पर सामूहिक रूप से 'रश्मिरथी' का आरंभिक अंश गाते रहे। इसी तरह इंदिरा गाँधी की हत्या के बाद सिक्खों पर हिंदुओं का जो आक्रमण हुआ, उसके विरोध में शांति-मार्च करते हुए प्रगतिशील मनोवृति के लड़के महेंद्रू से पटना सिटी गुरुद्वारा पहुँचे थे और उसके सामने खड़े होकर ढोलक पर इकबाल का यह हिंदी तराना गाते रहे थे– 'सारे जहाँ से अच्छो हिंदोस्ताँ हमारा/हम बुलबुलें हैं इसकी ये गुलिस्ताँ हमारा'। दोनों ही अवसरों पर मैं प्रत्यक्षदर्शी था और मेरे मन में एक ही भाव उठा था कि जिस कवि की कविता को जन-साधारण इस तरह गाता है, वह कवि धन्य है। न इकबाल के श्रेष्ठ कवि होने में लोगों को संदेह है, न दिनकर के श्रेष्ठ कवि होने में।

आगे के एक बंद में दिनकरजी कर्ण का यह कहकर परिचय देते हैं कि–

तन से शमरशूर, मन से भावुक, स्वभाव से दानी,
जाति-गोत्र का नहीं, शील का, पौरुष का अभिमानी।
ज्ञान-ध्यान, शस्त्रास्त्र, शास्त्र का कर सम्यक् अभ्यास,
अपने गुण का किया कर्ण ने आप स्वयं सुविकास।

यहीं पर ये दो पंक्तियाँ आई हैं, जो हिंदी क्षेत्र में लोकोक्ति बन गई हैं : 'नहीं फूलते कुसुम मात्र राजाओं के उपवन में,/अमित बार खिलते वे पुर से दूर कुंज-कानन में।' आज रंगभूमि में सभी कौरव और पांडव अपनी धनुर्विद्या के प्रदर्शन के लिए उपस्थित हुए थे। अर्जुन जब अपनी कला से सभी दर्शकों को विस्मय में डाले हुए था, वहाँ बहुत ही नाटकीय ढंग से कर्ण का प्रवेश होता है। उसका वर्णन कवि ने जिस सरल भाषा में किया है, वह उसकी प्रभावोत्पादकता को बहुत बढ़ा देती है,–

रंग-भूमि में अर्जुन था जब समाँ अनोखा बाँधे,
बढ़ा भीड़-भीतर से सहसा कर्ण शरासन साधे।
कहता हुआ, ''तालियों से क्या रहा गर्व में फूल?
अर्जुन! तेरा सुयश अभी क्षण में होता है धूल।
तूने जो-जो किया, उसे मैं भी दिखला सकता हूँ,
चाहे तो कुछ नई कलाएँ भी सिखला सकता हूँ।''

इस पर बात को बिगड़ते देखकर कृपाचार्य ने उससे कहा– 'अर्जुन से लड़ना हो तो मत गहो सभा में मौन,/नाम-धाम कुछ कहो, बताओ कि तुम जाति हो कौन?' इस पर कर्ण की जो कठोर प्रतिक्रिया हुई, वह आज के सामाजिक यथार्थ को और बेहतर ढंग से उजागर करती है–

'जाति! हाय री जाति!' कर्ण का हृदय क्षोभ से डोला,
कुपित सूर्य की ओर देख वह वीर क्रोध से बोला–
''जाति-जाति रटते, जिनकी पूँजी केवल पाषंड,
मैं क्या जानूँ जाति? जाति हैं ये मेरे भुजदंड।
ऊपर सिर पर कनक-छत्र, भीतर काले-के-काले,
शरमाते हैं नहीं जगत् में जाति पूछनेवाले।
सूतपुत्र हूँ मैं, लेकिन, थे पिता पार्थ के कौन?
साहस हो तो कहो, ग्लानि से रह जाओ मत मौन।
मस्तक ऊँचा किए, जाति का नाम लिए चलते हो,
पर, अधर्ममय शोषण के बल से सुख में पलते हो।
अधम जातियों से थर-थर काँपते तुम्हारे प्राण,
छल से माँग लिया करते हो अंगूठे का दान।''

कर्ण के इस उत्तर से कृपाचार्य निरुत्तर हो गए और अब उन्होंने उसे नीचा दिखलाने के लिए दूसरी युक्ति लगाई। उससे कहा– 'राजपुत्र से लड़े बिना होता हो अगर अकाज,/अर्जित करना तुम्हें चाहिए पहले कोई राज।'

उनकी इस बात से कर्ण किंचित् हतप्रभ हुआ ही था कि अर्जुन का जन्मजात द्रोही

दुर्योधन आगे बढ़ा और बोला— 'अंग देश का मुकुट कर्ण के मस्तक पर धरता हूँ,/एक राज्य इस महावीर के हित अर्पित करता हूँ।' कर्ण उसकी इस कृपा से इतना विगलित हुआ कि उसने उसे अपनी भुजाओं में भर लिया और उसके मैत्री-प्रस्ताव को हृदय से स्वीकार करता हुआ उससे बोला— 'वीर बंधु! हम हुए आज से एक प्राण, दो देह।' यह प्रशंसा की ही बात है कि किसी भी परिस्थिति में कर्ण ने उसके उपकार को नहीं भुलाया और अंत-अंत तक उसका साथ दिया। इस प्रकार आज के रंग-भूमि के प्रदर्शन का रस-भंग हो गया। कौरव जितने ही प्रसन्न थे, पांडव उतने ही चिंतित कि यह एक अर्जुन का प्रतिद्वंद्वी कहाँ से आ गया, जिसे अपनी तत्परतापूर्ण चतुराई से दुर्योधन ने अपना मित्र बना लिया। लेकिन इस प्रदर्शन का सबसे त्रासद पक्ष उस मजमे में कुंती की उपस्थिति थी। वह जानती थी कि यह जो कथित सूतपुत्र कर्ण है, वह उसी का प्रथम पुत्र है और अपने अनुज अर्जुन के प्रति आज उसके मन में शत्रुता का जो भाव उत्पन्न हुआ है, वह उसे आजन्म नहीं छोड़ेगा। दूसरे, वह अपने ही भाइयों के विरुद्ध कौरवों के पक्ष में चला गया है। कुंती की स्थिति विषम थी। दिनकरजी दलितों और शोषितों के ही नहीं, स्त्रियों के भी पक्षधर थे, इसलिए कुंती की दशा से आहत होकर वे स्वयं सर्ग के अंत में कहते हैं—

और हाय, रनिवास चला वापस जब राजभवन को,
सब के पीछे चलीं एक विकला मसोसती मन को।
उजड़ गए हों स्वप्न कि जैसे हार गई हों दाँव,
नहीं उठाए भी उठ पाते थे कुंती के पाँव।

इस प्रकार सरल होते हुए भी यह सर्ग अंत में आकर किंचित् जटिल हो जाता है और आगे यह जटिलतर होता चला जाता है।

छोटा रचनाकार जटिल समस्या का भी सरलीकरण करके उसे प्रस्तुत करता है, जबकि बड़ा रचनाकार यह जानते हुए कि यथार्थ-मात्र जटिल होता है, सरल प्रतीत होनेवाली समस्या की भी आत्मा में पैठकर उसकी जटिलता के साथ उसे चित्रित करता है। परशुराम और कर्ण की कथा सरल रूप में जानी जाती है। लोग समझते हैं कि चूँकि परशुराम क्षत्रिय-विरोधी थे, इसलिए जब उनके सामने कर्ण का राज प्रकट हुआ, तो उन्होंने उसे शाप देकर अपने आश्रम से निकाल दिया। कर्ण के बारे में यह जनश्रुति है कि सूतपुत्र होने से द्रोणाचार्य उसे अपना शिष्य नहीं बनानेवाले थे, इसलिए धनुर्वेद की शिक्षा के लिए वह परशुराम के पास गया और ब्राह्मण-कुमार के रूप में उन्हें अपना परिचय दिया, जिससे उन्होंने उसे अपना शिष्य बनाना स्वीकार किया। इस झूठ का दंड भुगतकर उसे अंततः अपने घर लौटना पड़ा। दिनकरजी ने 'रश्मिरथी' के द्वितीय सर्ग में इस प्रसंग को उठाया है और दोनों चरित्रों के भीतर प्रवेश कर पाठकों के मन में उठनेवाले अनेक प्रश्नों का विश्वसनीय रूप में उत्तर देते हुए उसे समाप्त किया है। परशुराम क्षत्रिय-विरोधी क्यों

थे और कर्ण के लिए उनके मन में कोमल भावना भी थी, यह देखकर पाठक आनंदाभिभूत हो जाते हैं। इसी तरह कर्ण को उनसे किन परिस्थितियों में झूठ बोलना पड़ा था, इसका चित्रण पाठकों के मन में उसके प्रति सहानुभूति उत्पन्न कर देता है। उसने जिस तरह परशुराम के प्रचंड क्रोध का सामना किया, वह भी उसके चरित्र को ऊँचा उठानेवाला है। ताज्जुब नहीं कि यह सर्ग इस काव्य के उत्तम से उत्तम सर्गों में से एक है। पिछले सर्ग की तरह इस सर्ग का अंत भी करुण होता है, सो इसकी प्रभावोत्पादकता और बढ़ जाती है। यह तीस मात्राओं के ताटंक छंद में रचित है, जो दीर्घ होने के कारण वर्णन, चित्रण और संवाद इन तीनों की दृष्टि से अत्यंत उपयुक्त है। ज्ञातव्य है कि निराला की प्रसिद्ध कविता 'यमुना के प्रति' भी इसी छंद में निबद्ध है।

पिछला सर्ग अपेक्षाकृत सरल भाषा में लिखा गया है, जबकि इस सर्ग की भाषा का स्तर ऊँचा है। यह विषयानुरूप भी है, जो दिनकर की काव्य-भाषा को एकरस नहीं होने देता। सबसे पहले परशुराम के आश्रम का यह अत्यंत सुंदर और सटीक वर्णन देखिए–

शीतल, विरल एक कानन शोभित अधित्यका के ऊपर,
कहीं उत्स-प्रश्रवण चमकते, झरते कहीं शुभ्र निर्झर।
जहाँ भूमि समतल, सुंदर है, नहीं दीखते हैं पाहन,
हरियाली के बीच खड़ा है, विस्तृत एक उटज पावन।
....
अजिन, दर्भ, पालाश, कमंडलु– एक ओर तप के साधन,
एक ओर हैं टँगे धनुष, तूणीर, तीर, बरछे भीषण।
चमक रहा तृण-कुटी-द्वार पर एक परशु आभाशाली,
लौह-दंड पर जड़ित पड़ा हो, मानो, अर्ध अंशुमाली।
श्रद्धा बढ़ती अजिन-दर्भ पर, परशु देख मन डरता है,
युद्ध-शिविर या तपोभूमि यह, समझ नहीं कुछ पड़ता है।
हवन-कुंड जिसका यह, उसके ही क्या हैं ये धनुष-कुठार?
जिस मुनि की यह स्रुवा उसी की कैसे हो सकती तलवार?
....
तप से मनुज दिव्य बनता है, षड् विकास से लड़ता है,
तन की समर-भूमि में लेकिन, काम खड्ग ही करता है।
किंतु, कौन नर तपोनिष्ठ है यहाँ धनुष धरनेवाला?
एक साथ यज्ञाग्नि और असि की पूजा करनेवाला?
कहता है इतिहास, जगत् में हुआ एक ही नर ऐसा,
रण में कुटिल काल-सम क्रोधी, तप में महासूर्य-जैसा!

बतलाने की जरूरत नहीं कि वह नर परशुराम थे, जिन्होंने यह व्रत लिया था कि इस धरती

को नि:क्षत्रिय करके रहेंगे। यदि उसके बाद भी क्षत्रिय बचे रह गए, तो ये वे थे, जो माँ के गर्भ में थे और वे स्त्रियों पर कुठाराघात नहीं कर सकते थे। लेकिन प्रश्न है कि आखिर क्षत्रियों पर उनका ऐसा कोप क्यों था? इसका दिनकरजी ने जो उत्तर दिया है, वह किंचित् आधुनिक है। स्थिति आज भी बहुत कुछ वही है, बस क्षत्रियों की जगह शासक-वर्ग और ब्राह्मणों की जगह बुद्धिजीवियों, साहित्यकारों और कलाकारों को रखने की जरूरत है।

परशुराम अपने मुँह से अपने क्षत्रिय-विरोध का जो कारण कर्ण को बतलाते हैं, उससे उनके चरित्र पर प्रकाश पड़ता है। कहते हैं :

रण केवल इसलिए कि सत्ता बढ़े, नहीं पत्ता डोले,
भूपों के विपरीत न कोई कहीं कभी कुछ भी बोले।
ज्यों-ज्यों मिलती विजय अहं नरपति का बढ़ता जाता है,
और जोर से वह समाज के सिर पर चढ़ता जाता है।

दूसरी ओर—

अब तो है यह दशा कि जो कुछ है, वह राजा का बल है,
ब्राह्मण खड़ा सामने केवल लिए शंख-गंगाजल है।
कहाँ तेज ब्राह्मण में? अविवेकी राजा को रोक सके,
धरे कुपथ पर जभी पाँव वह, तत्क्षण उसको टोक सके।

पुनः —

कवि, कोविद, विज्ञान-विशारद, कलाकार, पंडित, ज्ञानी,
कनक नहीं, कल्पना, ज्ञान, उज्ज्वल चरित्र के अभिमानी,
इन विभूतियों को जब तक संसार नहीं पहचानेगा,
राजाओं से अधिक पूज्य जब तक न इन्हें वह मानेगा,
तब तक पड़ी आग में धरती, इसी तरह अकुलाएगी,
चाहे जो भी करे, दुखों से छूट नहीं वह पाएगी।
थकी जीभ समझाकर, गहरी लगी ठेस अभिलाषा को,
भूप समझता नहीं और कुछ छोड़ खड्ग की भाषा को।

यह सुखद संयोग है कि फणीश्वरनाथ रेणु ने भी अपने महा-उपन्यास 'परती : परिकथा' में वर्तमान समस्या का समाधान संस्कृति की प्रतिष्ठा में ही बतलाया है। परशुराम अपनी बात कहने के बाद कर्ण को 'ब्राह्मणकुमार' कहकर संबोधित करते हुए उससे कहते हैं : 'जियो, जियो ब्राह्मणकुमार! तुम अक्षय कीर्ति कमाओगे,/एक बार तुम भी धरती को नि:क्षत्रिय कर जाओगे।'

इस पर कर्ण की जो प्रतिक्रिया होती है, वह मिथ्याभाषण के लिए उसे निर्दोष साबित करती है। वह सोचता है—

किंतु, हाय, 'ब्राह्मणकुमार' सुन प्राण काँपने लगते हैं,
मन उठता धिक्कार, हृदय में भाव ग्लानि के जगते हैं।
गुरु का प्रेम किसी को भी क्या ऐसे कभी खला होगा?
और शिष्य ने कभी किसी गुरु को इस तरह छला होगा?
पर, मेरा क्या दोष? हाय! मैं और दूसरा क्या करता?
पी सारा अपमान, द्रोण के मैं कैसे पैरों पड़ता?
और पाँव पड़ने से भी क्या गूढ़ ज्ञान सिखलाते वे?
एकलव्य-सा नहीं अँगूठा क्या मेरा कटवाते वे?

फिर वह वर्ण और कुल में विभाजित समाज पर टिप्पणी करता है—

कौन जन्म लेता किस कुल में? आकस्मिक ही है यह बात,
छोटे कुल पर, किंतु, यहाँ होते तब भी कितने आघात!
हाय, जाति छोटी है, तो फिर सभी हमारे गुण छोटे,
जाति बड़ी, तो बड़े बनें वे, रहें लाख चाहे खोटे।

इसी समय एक घटना घटती है। परशुराम कर्ण की जाँघ पर अपना सिर रखकर सोए हुए थे। तभी एक विषकीट नीचे से कर्ण की जाँघ में छिद्र बनाकर घुस गया। उसने सोचा कि यदि मैं उँगली डालकर उस विषकीट को निकाल बाहर करता हूँ, तो मेरी जाँघ के हिलने से गुरुदेव की नींद उचट जाएगी और वे कठिन श्रम के बाद क्षण-भर के विश्राम से भी वंचित रह जाएँगे। सो वह सारी पीड़ा झेलकर भी अचल बैठा रहा, लेकिन जब खून की गर्म धार परशुराम के शरीर को महसूस हुई, तो उनकी निद्रा भंग हो गई और उन्होंने कर्ण से पूछा— तूने ऐसी मूर्खता क्यों की? अचल बैठा पीड़ा झेलता रहा और उस विषकीट को निकाला नहीं। कर्ण ने उत्तर दिया कि मुझे डर था कि आपकी नींद उचट जाएगी और जहाँ तक पीड़ा की बात है, मुझे कोई खास पीड़ा नहीं है। तत्पश्चात्—

परशुराम गंभीर हो गए सोच न जाने क्या मन में,
फिर सहसा क्रोधाग्नि भयानक भभक उठी उनके तन में।
दाँत पीस, आँखें तरेरकर बोले— "कौन छली है तू?
ब्राह्मण है या और किसी अभिजन का पुत्र बली है तू?
....
कसक भोगता हुआ विप्र निश्चल कैसे रह सकता है?
इस प्रकार की चुभन, वेदना, क्षत्रिय ही सह सकता है।
तू अवश्य क्षत्रिय है, पापी! बता, न तो, फल पाएगा,
परशुराम के कठिन शाप से अभी भस्म हो जाएगा।"

कर्ण थर-थर काँपता हुआ उनके चरणों पर गिर पड़ा और उनसे क्षमा माँगने लगा। फिर

उसने उन्हें यह कहकर अपना परिचय दिया कि मैं सूत-पुत्र शूद्र कर्ण हूँ और जो भी हूँ, आपका अनुचर और अंतेवासी हूँ। देव, मुझ पर दया कीजिए।

लेकिन उसकी जिस बात ने परशुराम को प्रभावित किया, वह उसका यह कथन था—

परशुराम का शिष्य कर्ण, पर, जीवन-दान न माँगेगा,
बड़ी शांति के साथ चरण को पकड़ प्राण निज त्यागेगा।
प्रस्तुत हूँ, दें शाप, किंतु, अंतिम सुख तो यह पाने दें,
इन्हीं पाद-पद्मों के ऊपर मुझको प्राण गँवाने दें।

अब परशुराम का यह कोमल रूप देखिए—

लिपट गया गुरु के चरणों से विकल कर्ण इतना कहकर,
दो कणिकाएँ गिरीं अश्रु की गुरु की आँखों से बहकर।
बोले— "हाय, कर्ण, तू ही प्रतिभट अर्जुन का नामी है?
निश्छल सखा धार्तराष्ट्रों का, विश्व-विजय का कामी है?
....
सुत-सा रखा जिसे, उसको कैसे कठोर हो मारूँ मैं?
जलते हुए क्रोध की ज्वाला, लेकिन कहाँ उतारूँ मैं?

इस पर कर्ण ने उनसे निवेदन किया कि आपको जो भी दंड मुझे देना है, निर्द्वंद्व भाव से दीजिए। उसे भोगकर मैंने जो आपसे छल किया है, उसके पास से तो मुक्त हो जाऊँगा। अंत में—

परशुराम ने कहा— "कर्ण तू बेध नहीं मुझको ऐसे,
तुझे पता क्या, सता रहा है मुझको असमंजस कैसे?
पर, तूने छल किया, दंड उसका, अवश्य ही पाएगा,
परशुराम का क्रोध भयानक निष्फल कभी न जाएगा।
मान लिया था पुत्र, इसी से प्राणदान तो देता हूँ,
पर, अपनी विद्या का अंतिम, चरम तेज, हर लेता हूँ,
सिखलाया ब्रह्मास्त्र तुझे जो, काम नहीं वह आएगा,
है यह मेरा शाप, समय पर उसे उसे भूल तू जाएगा।"

यह सुनकर कर्ण व्याकुल हो उठा। उसने गुरु से कहा कि इससे तो अच्छा था कि आप मुझे प्राणदंड ही दे देते। गुरु ने उसे आश्वस्त किया— "एक ब्रह्मास्त्र तुम्हारे पास नहीं रहा, यह कोई बड़ी बात नहीं है। तुम मुझसे बहुत कुछ प्राप्त कर चुके हो। मेरा शाप अटल है, इसलिए इसे सादर वहन करो। मैं तुम्हें यह वरदान भी देता हूँ कि तुम महान् होओगे और अपने यश से भारत के इतिहास को उज्ज्वल बना जाओगे।" परशुराम की दशा विचित्र है। अंत में वे कर्ण से कहते हैं—

हाय, छीनना पड़ा मुझी को, दिया हुआ अपना ही धन,
सोच-सोच यह बहुत विकल हो रहा, नहीं जाने, क्यों मन?
....
जाओ, जाओ कर्ण! मुझे बिलकुल असंग हो जाने दो,
बैठ किसी एकांत कुंज में मन को स्वस्थ बनाने दो।
भय है, तुम्हें निराश देखकर छाती कहीं न फट जाए,
फिरा न लूँ अभिशाप, पिघलकर वाणी नहीं उलट जाए।

कर्ण वस्तुतः अपनी चारित्रिक कमजोरी का शिकार भी था और दुर्भाग्य का मारा भी। इसलिए जहाँ उसे अपना प्यारा स्वप्न प्राप्त हुआ था, वहीं वह बिखर भी गया। यह विवरण इस बात का प्रमाण है कि दिनकरजी जिस चरित्र को जिस साँचे में ढालना चाहते हैं, उसमें उसे विश्वसनीय ढंग से ढालने में पूर्णतः सफल होते हैं। एक ओर परशुराम का क्षत्रिय-विरोध तथा अपने शिष्य के लिए उनकी कोमल भावना और दूसरी ओर एक शूद्र युवक की दयनीय स्थिति।

इस काव्य के द्वितीय सर्ग का समापन दिनकरजी ने उन्नीस मात्राओं के सुमेरु नामक एक छोटे छंद से किया है, जो संभवतः उर्दू से आया हुआ है। प्रबंध-काव्य के सर्गांत में छंद-परिवर्तन का शास्त्रीय विधान भी है, भले कवि ने सर्वत्र उसका निर्वाह न किया हो। आप ये अंतिम पंक्तियाँ देखें, जो अत्यंत करुण हैं—

परशुधर के चरण की धूलि लेकर,
उन्हें अपने हृदय की भक्ति देकर,
निराशा से विकल, टूटा हुआ-सा,
किसी गिरि-शृंग से छूटा हुआ-सा,
चला खोया हुआ-सा कर्ण मन में,
कि जैसे चाँद चलता हो गहन में।

अंतिम पंक्ति में प्रयुक्त 'गहन' 'ग्रहण' का तद्‌भव है। यह तद्‌भव-रूप हिंदी क्षेत्र की कई बोलियों में व्यवहृत होता है। दिनकरजी ने यहाँ इस शब्द का प्रयोग इसलिए किया है कि 'ग्रहण' की संगति 'चंद्र' के साथ तो है, पर 'चाँद' के साथ नहीं, और 'चंद्र' की जगह 'चाँद' का प्रयोग भी इसलिए है कि उनकी भाषा की मूल गति सरलता की ओर थी।

तृतीय सर्ग भी छोटे आकार के छंद में ही रचित है। वह छंद है सोलह मात्राओं का पदपादाकुलक, जिसमें मात्रा और लय की समानता के कारण प्रायः पद्धरि का मिश्रण हो जाता है। वह मिश्रण निराला की 'सरोज-स्मृति' में भी है, जो मुख्यतः पद्धरि छंद में रचित है। लेकिन 'सरोज-स्मृति' और 'रश्मिरथी' के इस तृतीय सर्ग में छंद की गति की दृष्टि से एक बड़ा फर्क है। वह यह कि 'सरोज-स्मृति' के शब्द जहाँ अर्थ-संकुल और वाक्य-रचना जहाँ जटिल है, वहाँ उक्त काव्य के इस सर्ग में सब कुछ सरल है। इस कारण

निराला की कविता जहाँ मंद गति से चलती है, वहाँ दिनकरजी की कविता अत्यंत वेग के साथ। कहा जा सकता है कि यह उनके व्यक्तित्व का भी प्रभाव है, जो किसी न किसी रूप में उनकी प्रत्येक कविता को प्रभावित करता है, वह मुक्तक हो या प्रबंध।

तृतीय सर्ग की कथा-वस्तु यह है कि कृष्ण पांडवों की ओर से संधि-संदेश लेकर कौरवों की सभा में जाते हैं। वहाँ उन्होंने दुर्योधन के आगे यह प्रस्ताव रखा—

दो न्याय अगर, तो आधा दो,
पर, इसमें भी यदि बाधा हो,
तो दे दो केवल पाँच ग्राम,
रक्खो अपनी धरती तमाम।
हम वही खुशी से खाएँगे,
परिजन पर असि न उठाएँगे।

लेकिन दुर्योधन उसके लिए भी तैयार न हुआ और उलटे कृष्ण को बाँधने के लिए बढ़ा। उसके बाद उन्होंने अपना विराट् रूप दिखलाया, जिसका वर्णन दिनकरजी ने बहुत ही ओजस्वी रूप में किया है। इस पूरे प्रसंग का वर्णन काव्य-प्रेमियों के लिए अवश्य द्रष्टव्य और आस्वाद्य है, पर यहाँ उसके सिर्फ कुछ अंश उद्धृत किए जा रहे हैं,—

हरि ने भीषण हुंकार किया,
अपना स्वरूप-विस्तार किया,
डगमग-डगमग दिग्गज डोले,
भगवान् कुपित होकर बोले—
"जंजीर बढ़ा कर साध मुझे,
हाँ-हाँ, दुर्योधन! बाँध मुझे।

यह देख, गगन मुझमें लय है,
यह देख, पवन मुझमें लय है,
मुझमें विलीन झंकार सकल,
मुझमें लय है संसार सकल।
अमरत्व फूलता है मुझमें,
संहार झूलता है मुझमें।

....

भूलोक, अतल पाताल देख,
गत और अनागत काल देख,
यह देख, जगत् का आदि-सृजन,
यह देख, महाभारत का रण;

मृतकों से पटी हुई भू है,
पहचान, कहाँ इसमें तू है।''

किरण-मंडल के कवि-सम्मेलन में इस अंश का पाठ करते समय दिनकरजी ने कहा था कि आज भी लोग अपना विराट् रूप दिखलाते हैं, जैसे 1942 में महात्मा गाँधी ने दिखलाया था। तात्पर्य यह कि उन्हें मिथक और यथार्थ का फर्क मालूम था और दोनों के एक-दूसरे में रूपांतरण का भी उन्हें ज्ञान था। मुक्तिबोध की प्रसिद्ध कविता 'अँधेरे में' में महात्मा गाँधी काव्य-नायक को भारतीय जनता के प्रतीक के रूप में जो शिशु सौंपते हैं, वह उसके कंधे पर कभी राइफल-बंदूक के रूप में बदल जाता है और कभी सूरजमुखी फूलों के गुच्छे में। यह यथार्थ का मिथक में रूपांतरण नहीं तो और क्या है? भारतीय मानस मिथकों में रचा-बसा है। इसका एक प्रमाण यह भी है कि जिस रामायण और महाभारत को उपजीव्य काव्य कहा जाता है, वे मिथकीय ही हैं। मिथकीय आख्यान साधारण जन को ही नहीं, अभिजन को भी रोमांचित कर देते हैं।

दिनकरजी ने कौरवों की सभा में कृष्ण के जिस विराट् रूप के प्रदर्शन का वर्णन किया है, उन्होंने सभा पर उसका प्रभाव भी बतलाया है,—

थी सभा सन्न, सब लोग डरे,
चुप थे या थे बेहोश पड़े।
केवल दो नर न अघाते थे,
धृतराष्ट्र-विदुर सुख पाते थे।
कर जोड़ खड़े प्रमुदित, निर्भय,
दोनों पुकारते थे 'जय-जय!'

कृष्ण जब सभा से निकले, तो उन्हें मार्ग में संकुचित और भ्रमित-सा कर्ण मिला, जो उनका विराट् रूप देखकर विस्मित था। उन्होंने यहाँ एक कूटनीतिक चाल चली, यद्यपि उनका असली उद्देश्य देश को महाभारत-युद्ध से बचाना था। वे जानते थे कि कर्ण पर दुर्योधन का अखंड विश्वास है और उसी के बाहु-बल के भरोसे वह हर हालत में युद्ध ठानने को तैयार है। उन्होंने सोचा कि यदि उसे उससे अलग कर पांडवों के पक्ष में ले आया जाता है, तो युद्ध टल सकता है। सो उन्होंने बड़े प्रेम से कर्ण का हाथ पकड़ा और उसे लेकर रथ पर सवार हो गए। जब रथ आगे बढ़ा, तो उन्होंने उस पर उसके जन्म का रहस्य प्रकट करते हुए उससे कहा—

कुंती का तू ही तनय ज्येष्ठ,
बल, बुद्धि, शील में परम श्रेष्ठ।
मस्तक पर मुकुट धरेंगे हम,
तेरा अभिषेक करेंगे हम।

आरती समोद उतारेंगे,
सब मिलकर पाँव पखारेंगे।
पद–त्राण भीम पहनाएगा,
धर्माधिप चँवर डुलाएगा।
पहरे पर पार्थ प्रवर होंगे,
सहदेव–नकुल अनुचर होंगे।
भोजन उत्तरा बनाएगी,
पांचाली पान खिलाएगी।

इस उद्धरण के अंतिम बंद और खासकर उसकी अंतिम दो पंक्तियों में जिस सहज भाषा का प्रयोग हुआ है, वह अभिजात और सामान्य दोनों पाठकों के मन को चहका देनेवाली है। कृष्ण आगे कर्ण से कहते हैं–

कुरुराज्य समर्पण करता हूँ,
साम्राज्य समर्पण करता हूँ।
यश, मुकुट, मान, सिंहासन ले,
बस एक भीख मुझको दे दे।
कौरव को तज रण रोक सखे,
भू का हर भावी शोक सखे।

उनके मुँह से अपने जन्म की कथा सुनकर कर्ण व्याकुल तो बहुत हुआ, पर पूरे औद्धत्य के साथ, जिसे दिनकरजी ने छिपाया नहीं है, उसने उन्हें उत्तर दिया–

हे कृष्ण! आप चुप ही रहिए,
इस पर न अधिक कुछ भी कहिए,
सुनना न चाहते तनिक श्रवण,
जिस माँ ने मेरा किया जनन,
वह नहीं नारि कुलपाली थी,
सर्पिणी परम विकराली थी।

स्पष्ट है कि उसके पास उस कल्पना–शक्ति का अभाव था, जिससे कि वह समाज में एक कुँवारी युवती के माँ बन जाने के बाद उसकी स्थिति का अनुमान कर सके। वह कुंती की जगह राधा के प्रति कृतज्ञ था, जिसने उसे असली माँ का प्यार दिया। फिर रंगभूमि में सूतपुत्र कहकर जब उसका अपमान किया गया, तो दुर्योधन ने उसे अपनाकर अपमान से उबारा। इन दोनों कारणों से वह न राधा को छोड़ने को तैयार था, न दुर्योधन को। वह इनके प्रति इतना कृतज्ञ था कि भगवान् के अनुरोध को भी ठुकरा दिया। इसे उसके चरित्र का उज्ज्वल पक्ष ही कहेंगे। उसने उन्हें अपना दो–टूक फैसला सुनाया :

है ऋणी कर्ण का रोम-रोम,
जानते सत्य यह सूर्य-सोम,
तन, मन, धन दुर्योधन का है,
यह जीवन दुर्योधन का है।
सुरपुर से भी मुख मोड़ूँगा,
केशव! मैं उसे न छोड़ूँगा।

....

रण में कुरुपति का विजय-वरण,
या पार्थ-हाथ कर्ण का मरण।
हे कृष्ण! यही मति मेरी है,
तीसरी नहीं गति मेरी है।

उसमें एक वीतरागता भी थी, जिस कारण वह केवल दुर्योधन के प्रति अपने कृतज्ञता-ज्ञापन को ही सब कुछ मानता था। इसका पता उसके निम्नलिखित कथन से चलता है—

सम्राट् बनेंगे धर्मराज,
या पाएगा कुरुराज ताज;
लड़ना भर मेरा काम रहा,
दुर्योधन का संग्राम रहा।
मुझको न कहीं कुछ पाना है,
केवल ऋण मात्र चुकाना है।

तत्पश्चात्—

रथ से राधेय उतर आया,
हरि के मन में विस्मय छाया,
बोले कि "वीर! शत बार धन्य,
तुझ-सा न मित्र कोई अनन्य।
तू कुरुपति का ही नहीं प्राण,
नरता का है भूषण महान्।"

इन पंक्तियों से कृष्ण और कर्ण दोनों के बड़प्पन का पता चलता है। कर्ण ने कृष्ण के अनुनय-भरे अनुरोध को भी दृढ़ता से ठुकरा दिया, तब भी उन्होंने उसके अद्वितीय मैत्री-भाव की सराहना कर उसे मनुष्यता का भूषण बतलाया। दूसरी तरफ कर्ण ने भगवान् के वचन को भी न मानकर और निर्लिप्त भाव से दुर्योधन के प्रति अपार निष्ठा दिखलाकर अपनी महिमा का परिचय दिया। दिनकरजी की खूबी यह है कि उन्होंने अपने प्रत्येक चरित्र की

जटिलता में प्रवेश कर अत्यंत वस्तुपरक ढंग से उपयुक्त भाषा में उसका चित्रण किया है।

'रश्मिरथी' का चतुर्थ सर्ग इसके द्वितीय सर्ग की तरह ही अतिशय उत्तम रूप में रचा गया है। इसमें आद्यंत शुद्ध सार छंद का प्रयोग हुआ है, जिसमें कहने की आवश्यकता नहीं कि कथा-प्रसंग, वर्णन, चरित्र-चित्रण और संवाद बहुत सफलतापूर्वक लिखे जा सकते हैं। इस सर्ग के मुख्य चरित्र हैं कर्ण और इंद्र। इन दोनों का ही बहुत श्रेष्ठ चित्रण दिनकरजी ने किया है। किसी छोटे कवि के हाथ में पड़कर इंद्र आसानी से खलनायक बन जा सकते थे, लेकिन कवि ने इन दोनों का चित्रण इतनी गहराई से किया है कि वह अत्यंत मर्मस्पर्शी हो गया है। कर्ण महायोद्धा और महारथी होने के साथ-साथ महादानी भी था। वह संध्या समय गंगा के जल में कमर तक खड़ा होकर सूर्य की उपासना करता था और उसके बाद जो भी उससे कुछ माँगने के लिए आता था, उसे निःसंकोच वह वस्तु देता था। दिनकरजी ने यह बतलाते हुए दान की महिमा भी किंचित् दार्शनिक रूप में बतलाई है, यथा—

दान जगत् का प्रकृत धर्म है, मनुज व्यर्थ डरता है,
एक रोज तो हमें स्वयं सब कुछ देना पड़ता है।
बचते वही, समय पर जो सर्वस्व दान करते हैं,
ऋतु का ज्ञान नहीं जिनको, वे देकर भी मरते हैं।

उन्होंने संसार के सभी महान् दानियों और त्यागियों का उल्लेख किया है, जिनमें से ईसा और गाँधी के बारे में वे कहते हैं : 'ईसा ने संसार-हेतु शूली पर प्राण गँवाकर,/अंतिम मूल्य दिया गाँधी ने तीन गोलियाँ खाकर।'

यह सुविदित है कि अर्जुन इंद्र के पुत्र थे और चूँकि कर्ण कवच और कुंडल से रक्षित था, इसलिए उन्हें डर लगा रहता था कि महाभारत-युद्ध में अर्जुन उसका कुछ बिगाड़ नहीं सकेगा और उलटे वही कर्ण के हाथों मारा जाएगा। इस कारण ब्राह्मण का वेश धारण कर एक दिन संध्या समय वे छिपते-छिपते कर्ण से उसका कवच और कुंडल माँगने पहुँच गए। इस स्थान पर दिनकरजी ने कर्ण और सायंकालीन प्रकृति का जो वर्णन किया है, वह उनकी काव्य-क्षमता का परिचायक है,—

एक दिवस जब छोड़ रहे थे दिनमणि मध्य गगन को,
कर्ण जाह्नवी-तीर खड़ा था मुद्रित किए नयन को,
कटि तक डूबा हुआ सलिल में, किसी ध्यान में रत-सा,
अंबुधि में आकटक निमज्जित कनक-खचित पर्वत-सा।
हँसती थीं रश्मियाँ रजत से भरकर वारि विमल को,
हो उठती थीं स्वयं स्वर्ण छू कवच और कुंडल को।

चौथी पंक्ति में जो 'आकटक' शब्द आया है, उसके मूल में 'कटक' है, जिसका अर्थ है 'पर्वत का मध्यभाग'। आगे–

कहा कर्ण ने, ''कौन उधर है? बंधु, सामने आओ,
मैं प्रस्तुत हो चुका, स्वस्थ हो, निज आदेश सुनाओ।''

फिर उसने अपनी दानशीलता के बारे में अत्यंत विनम्र शब्दों में निवेदन किया, जिससे उसकी चारित्रिक उच्चता फूट-फूट पड़ती है–

अरे कौन है भिक्षु यहाँ पर? और कौन दाता है?
अपना ही अधिकार मनुज नाना विधि से पाता है।
कर पसार कर जब भी तुम मुझसे कुछ ले लेते हो,
तृप्त भाव से हेर मुझे क्या चीज नहीं देते हो?

इंद्र के लिए यह घोर संकट और ग्लानि की घड़ी थी, इसलिए कर्ण के सामने अपनी माँग रखने के पूर्व उन्होंने एक भूमिका बाँधी, जिससे कर्ण विस्मित हुआ। उनकी दिलचस्प भूमिका देखिए :

मैं सब कुछ पा गया प्राप्त कर वचन आपके मुख से,
अब तो मैं कुछ लिए बिना भी जा सकता हूँ सुख से।
क्योंकि माँगना है जो कुछ उसको कहते डरता हूँ,
और साथ ही एक द्विधा का भी अनुभव करता हूँ।
कहीं आप दे सके नहीं जो कुछ मैं धन माँगूँगा,
मैं तो भला किसी विधि अपनी अभिलाषा त्यागूँगा;
किंतु, आपकी कीर्ति-चाँदनी फीकी हो जाएगी,
निष्कलंक विधु कहाँ दूसरा फिर वसुधा पाएगी?

कर्ण ने ब्राह्मणवेषधारी इंद्र से कहा–

वचन माँग कर नहीं माँगना दान, बड़ा अद्‌भुत है,
कौन वस्तु है, जिसे न दे सकता राधा का सुत है?
विप्रदेव! माँगिए छोड़ संकोच वस्तु मनचाही,
मरूँ अयश की मृत्यु, करूँ यदि एक बार भी नाहीं।

कर्ण की बातें सुनकर इंद्र सहम गए, फिर भी साहस बटोरकर उन्होंने कहा–

धन की लेकर भीख नहीं मैं घर भरने आया हूँ,
और नहीं नृप को अपना सेवक करने आया हूँ।
यह कुछ मुझको नहीं चाहिए, देव धर्म को बल दें,
देना हो तो मुझे कृपा कर कवच और कुंडल दें।

फिर तो—

कवच और कुंडल! विद्युत् छू गई कर्ण के तन को,
पर, कुछ सोच रहस्य, कहा उसने गभीर कर मन को।
समझा, तो यह और न कोई, आप स्वयं सुरपति हैं,
देने को आए प्रसन्न हो तप में नई प्रगति हैं।
धन्य हमारा सुयश आपको खींच मही पर लाया,
स्वर्ग भीख माँगने आज, सच ही, मिट्टी पर आया।

दिनकरजी में स्वर्ग और पृथ्वी को लेकर भी एक द्वंद्व था, जिसमें उन्होंने हमेशा पृथ्वी का पक्ष लिया, जिस पर मनुष्य रहते हैं। उन्होंने 'उर्वशी' नामक काव्य लिखा है, लेकिन वे 'अप्सरा-लोक' के नहीं, इसी दु:खमय धरती के कवि हैं। स्वभावत: कर्ण के माध्यम से इंद्र के स्वर्ग से पृथ्वी पर आकर उससे कुछ याचना करते देखकर उन्हें प्रसन्नता हुई। कर्ण ने इंद्र से कहा—

जीते जूझ समर वीरों ने सदा बाहु के बल से,
मुझे छोड़ रक्षित जनमा था कौन कवच-कुंडल से?
मैं ही था अपवाद, आज वह भी विभेद हरता हूँ,
कवच छोड़ अपना शरीर सबके समान करता हूँ।
अच्छा किया कि आप मुझे समतल पर लाने आए,
हर तनुत्र दैवीय; मनुज सामान्य बनाने आए।

फिर उसने कहा—

उद्वेलित जिसके निमित्त पृथ्वीतल का जन-जन है,
कुरुक्षेत्र में अभी शुरू भी हुआ नहीं वह रण है।
दो वीरों ने किंतु, लिया कर आपस में निपटारा,
हुआ जयी राधेय और अर्जुन इस रण में हारा।

आगे—

यह कह, उठा कृपाण कर्ण ने त्वचा छील क्षण भर में,
कवच और कुंडल उतार, धर दिया इंद्र के कर में!

इस घटना ने इंद्र को लज्जा में बोर दिया। उन्होंने कर्ण के सामने स्वीकार किया—

देख न सकता अधिक और मैं कर्ण, रूप यह तेरा,
काट रहा है मुझे जानकर पाप भयानक मेरा।
तेरे इस पावन स्वरूप में जितना ही पगता हूँ,
उतना ही मैं और अधिक बर्बर-समान लगता हूँ।

अतः कर्ण! कर कृपा यहाँ से तुरत मुझे जाने दे,
अपने इस दुर्धर्ष तेज से त्राण मुझे पाने दे।
मगर, विदा देने के पहले एक कृपा यह कर तू,
मुझ निष्ठुर से भी कोई ले माँग सोचकर वर तू।

यह आत्म-स्वीकार और अपराध-बोध इंद्र के चरित्र को ऊपर उठानेवाला है। कर्ण उनकी याचना से बहुत आहत था, सो—

कहा कर्ण ने, ''धन्य हुआ मैं आज सभी कुछ देकर,
देवराज! अब क्या होगा वरदान नया कुछ लेकर?
बस, आशिष दीजिए, धर्म में मेरा भाव अचल हो,
वही छत्र हो, वही मुकुट हो, वही कवच-कुंडल हो।''

लेकिन इंद्र माने नहीं। उन्होंने कहा—

तू माँगे कुछ नहीं, किंतु, मुझको अवश्य देना है,
मन का कठिन बोझ थोड़ा-सा हल्का कर लेना है।
ले अमोघ यह अस्त्र, काल को भी यह खा सकता है,
इसका कोई वार किसी पर विफल न जा सकता है।
एक बार ही मगर, काम तू इससे ले पाएगा,
फिर यह तुरत लौटकर मेरे पास चला जाएगा।...
दे अमोघ शर-दान सिधारे देवराज अंबर को,
व्रत का अंतिम मूल्य चुका कर गया कर्ण निज घर को।

यह एकघ्नी थी, जिसे कर्ण ने अर्जुन के लिए बचा कर रखा था, लेकिन कृष्ण की युद्ध-कला से युद्ध में वह भी उसके हाथ से निकल गई। अशोक वाजपेयी ठीक कहते हैं कि साहित्य में सबके लिए जगह है। दिनकरजी ने निष्पक्ष भाव से इस सर्ग में कर्ण की दानवीरता तथा व्रत-पालन और इंद्र की ग्लानि तथा पाप-शोधन का प्रयास इन सबका तन्मयतापूर्वक वर्णन किया है।

प्रबंध-काव्य की सफलता उसमें संकटपूर्ण स्थलों के होने और कवि द्वारा उसके गहराई से किए गए चित्रण पर निर्भर है। वस्तुतः संकटपूर्ण स्थलों के चित्रण में ही कवि की परीक्षा होती है। 'रश्मिरथी' के कर्ण का जीवन तो शुरू से अंत तक संकटपूर्ण था। स्वभावतः उसके प्रत्येक सर्ग में संकटपूर्ण स्थल आते हैं, जिनका प्रायः आश्चर्यजनक सफलता के साथ चित्रण कर कवि यश का भागी बना है। प्रथम सर्ग में रणभूमि में सूतपुत्र कहकर कर्ण का अपमान, द्वितीय सर्ग में उस पर परशुराम का कोप और उसे शाप देना, तृतीय सर्ग में कौरवों की सभा में अपने विराट् रूप का प्रदर्शन करने के बाद उनके उस रूप से विस्मित कर्ण को कृष्ण का अपने रथ पर बैठा लेना तथा युद्ध रोकने के लिए उससे

दुर्योधन को छोड़कर पांडवों के पक्ष में चले आने का हार्दिक अनुरोध और चतुर्थ सर्ग में सायंकाल में उसके गंगा में खड़े होकर सूर्य की उपासना करने के बाद उसे अरक्षित करने के लिए इंद्र का ब्राह्मण-वेश में उपस्थित होकर उससे उसका कवच-कुंडल माँगना। ये सभी स्थल संकटपूर्ण हैं। हम देखेंगे कि आगे के तीन सर्गों में भी संकटपूर्ण स्थल उपस्थित हैं, जिनका कवि ने बहुत तल्लीनता के साथ वर्णन किया है। अंतिम सर्ग में जो संकट उपस्थित होता है, उससे कर्ण का त्रासद चरित्र अपनी चरम परिणति को प्राप्त करता है।

पंचम सर्ग के मुख्य चरित्र हैं कुंती और कर्ण। कुंती भी कर्ण के सामने एक संकट उपस्थित करती है, जिसका सामना कर्ण पहले तो औद्धत्य के साथ, और फिर बहुत शालीनता के साथ, करता है। यह पूरा सर्ग बाईस मात्राओं के छंद राधिका और साधिका को मिलाकर, जिनकी लय आपस में समानता रखती है, रचा गया है। निराला की प्रसिद्ध कविता 'विधवा' भी इन्हीं दोनों छंदों का मिश्रण करते हुए लिखी गई है। महाभारत के युद्ध का क्षण सिर पर आ गया है। दिनकरजी के सरल और सशक्त शब्दों में उसका वर्णन देखिए—

आ गया काल विकराल शांति के क्षय का,
निर्दिष्ट लग्न धरती पर खण्ड-प्रलय का।
हो गई पूर्ण योजना नियति की सारी,
कल ही होगा आरंभ समर अति भारी।
कल जैसे ही पहली मरीचि फूटेगी,
रण में शर पर चढ़ महामृत्यु छूटेगी।

इस युद्ध से सबसे बेचैन कुंती थी। दिनकरजी ने उसकी बेचैनी का बेचैन कर देनेवाला चित्रण किया है—

"एक ही गोद के लाल, कोख के भाई,
सत्य ही, लड़ेंगे हो दो ओर लड़ाई?
सत्य ही, कर्ण अनुजों के प्राण हरेगा?
अथवा, अर्जुन के हाथों स्वयं मरेगा?
दो में जिसका उर फटे, फटूँगी मैं ही,
जिसकी भी गरदन कटे, कटूँगी मैं ही।...
हे राम! निरावृत किए बिना व्रीड़ा को,
है कौन, हरेगा जो मेरी पीड़ा को?"

अंततः उसने तय किया कि संध्या समय जब कर्ण गंगा में सूर्योपासना कर चुकता है, तब चलकर उस पर उसके जन्म का रहस्य प्रकट कर दिया जाए और उसे ज्येष्ठ पांडव बनने

के लिए, अपना अपराध स्वीकार करते हुए, उससे विनती की जाए। जब वह गंगा-तट पर पहुँची, तो—

दिनमणि पश्चिम की ओर क्षितिज के ऊपर,
थे घट उँड़ेलते खड़े कनक के भू पर।
लालिमा बहा अग-जग को नहलाते थे,
खुद भी लज्जा से लाल हुए जाते थे।

अंतिम पंक्ति में सूर्य के स्वयं लज्जित होने की जो बात कही गई है, वह क्या इसलिए कि उन्होंने ही कुंती को इस विचित्र स्थिति में डाला था?

कर्ण ने जब देखा कि उसके सामने कुंती खड़ी है, तो उसने कहा : 'राधा का सुत मैं, देवि! नमन करता हूँ।' कुंती ने विगलित होकर काँपते हुए स्वर में उससे कहा : 'रे कर्ण! बेध मत मुझे निदारुण शर से।' फिर उसने उसे बतलाया कि वह राधा का नहीं, उसका पुत्र है। वह उसे तब प्राप्त हुआ था, जब वह क्वाँरी थी, सो समाज के भय से उसे अपने अनमोल नवजात पुत्र को छोड़कर भागना पड़ा। फिर वह निवेदन करती है—

बेटा, धरती पर बड़ी दीन है नारी,
अबला होती, सचमुच, योषिता कुमारी।
है कठिन बंद करना समाज के मुख को,
सिर उठा न पा सकती पतिता निज सुख को।
उस पर भी बाल अबोध, काल बचपन का,
सूझा न शोध मुझको कुछ और पतन का।
मंजूषा में धर तुझे वज्र कर मन को,
धारा में आई छोड़ हृदय के धन को।
संयोग, सूत पत्नी ने तुझको पाला,
उन दयामयी पर तनिक न मुझे कसाला।
ले चल, मैं उनके दोनों पाँव धरूँगी,
अग्रजा मानकर सादर अंक भरूँगी।

फिर उसने अनुनय के स्वर में कर्ण से कहा—

जा भूल द्वेष के जहर, क्रोध के विष को,
रे कर्ण! समर में अब मारेगा किसको?
पाँचों पांडव हैं अनुज, बड़ा तू ही है,
अग्रज बन रक्षा हेतु खड़ा तू ही है।
नेता बन, कर में सूत्र समर का ले तू,
अनुजों पर छत्र विशाल बाहु का दे तू,

संग्राम जीत, कर प्राप्त विजय अति भारी।
जय मुकुट पहन, फिर भोग संपदा सारी।

लेकिन कर्ण पर कुंती की बातों का कोई असर नहीं हुआ। उसने पूर्ववत् उद्धत स्वर में उसे उत्तर दिया। कहा कि 'तुम बड़े वंश की बेटी, ठकुरानी हो,/अर्जुन की माता, कुरुकुल की रानी हो।' इतना ही नहीं, उसने उसे जन्म के बाद शिशु के प्रति माँ का कर्तव्य बतलाया और यह कठोर उपालंभ दिया : 'उलटे, मुझको असहाय छोड़कर जल में,/तुम लौट गईं इज्जत के बड़े महल में।' दिनकरजी की कविता में अमरकोष के अप्रचलित शब्द मिलते हैं, तथापि उन्हें अरबी-फारसी के प्रचलित और स्थल-विशेष पर मौजूँ शब्द के प्रयोग से कोई परहेज न था। प्रथम सर्ग में भी हमें 'समाँ' शब्द का प्रयोग देखने को मिलता है ('रंग-भूमि में अर्जुन था जब *समाँ* अनोखा बाँधे') और षष्ठ सर्ग में भी पांडवी सेना के लिए उन्होंने 'फौज' शब्द का प्रयोग किया है ('भागती *फौज* हो गई खड़ी')। इसी तरह कुछ अन्य स्थलों पर भी। यहाँ 'इज्जत के बड़े महल में' कथन जितना अशिष्टतापूर्ण क्यों न हो, कुंती को विचलित करनेवाला है। कर्ण कुंती से जरूरत से ज्यादा अपेक्षा कर रहा था। उसने उससे शिकायत की कि तुम समाज की परवाह न करके, उसे छोड़कर राजभवन से निकल क्यों न गईं? उसने मर्यादा छोड़कर उससे यह भी कहा कि—

पी सुधा जहर को देख नहीं घबरातीं,
था किया प्रेम तो बढ़कर मोल चुकातीं।
भोगतीं राजसुख रहकर नहीं महल में,
पालतीं खड़ी हो मुझे कहीं तरु-तल में।

कुंती की मातृत्व-भावना की खिल्ली उड़ाते हुए उसने उससे यहाँ तक कहा कि—

मैं खूब समझता हूँ कि नीति यह क्या है,
असमय में जन्मी हुई प्रीति यह क्या है।
जोड़ने नहीं बिछुड़े वियुक्त कुलजन से,
फोड़ने मुझे आई हो दुर्योधन से।

लेकिन अपनी इन कठोर बातों के लिए बाद में उसे अफसोस होता है और वह रोने लगता है। उस समय प्रकृति भी निस्तब्ध थी। पूरा वर्णन देखिए :

अंबर पर मोती-गुँथे चिकुर फैलाकर,
अंजन उँड़ेल सारे जग को नहलाकर,
साड़ी में टाँके हुए अनंत सितारे,
थी घूम रही तिमिरांचल निशा पसारे।
थी दिशा स्तब्ध, नीरव समस्त अग-जग था,
कुंजों में अब बोलता न कोई खग था,

झिल्ली अपना स्वर कभी-कभी भरती थी,
जल में जब-तब मछली छप-छप करती थी।
इस सन्नाटे में दो जन सरित-किनारे,
थे खड़े शिलावत् मूक, भाग्य के मारे।
था सिसक रहा राधेय सोच यह मन में,
क्यों उबल पड़ा असमय विष कुटिल वचन में?

मानना पड़ेगा कि दिनकरजी में भौतिक प्रकृति और मानवीय प्रकृति दोनों के चित्रण की अद्‌भुत क्षमता थी।

कुंती को देखकर और उसकी बातें सुनकर कर्ण अपना आपा खो बैठा, भले उसे बाद में उसके लिए अफसोस हुआ। लेकिन कर्ण की बातों से कुंती ने पलभर के लिए भी न अपनी मातृ-भावना को छोड़ा, न मर्यादा को। उसका आत्म-स्वीकृति से भरा यह निम्नलिखित कथन उसके चरित्र को बहुत ऊँचाई पर पहुँचा देता है—

बेटा! सचमुच ही, बड़ी पापिनी हूँ मैं,
मानवी-रूप में विकट साँपिनी हूँ मैं।
मुझ-सी प्रचंड अघमयी, कुटिल, हत्यारी,
धरती पर होगी कौन दूसरी नारी?...
लज्जित होकर तू वृथा वत्स, रोता है,
निर्घोष सत्य का कब कोमल होता है।
धिक्कार नहीं तो मैं क्या और सुनूँगी?
काँटे बोए थे, कैसे कुसुम चुनूँगी?

अंत में उसने कर्ण से कहा :

अब आ, क्षण भर मैं तुझे अंक में भर लूँ,
आखिरी बार तेरा आलिंगन कर लूँ।
ममता जमकर हो गई शिला जो मन में,
जो क्षीर फूटकर सूख गया था तन में,
वह लहर रहा फिर उर में आज उमड़कर
बह रहा हृदय के कूल-किनारे भरकर।

आगे का हाल यह है कि कर्ण न केवल बहुत भावुक हो उठता है, बल्कि चरम सम्मान के साथ कुंती से बात करता है—

माँ ने बढ़कर जैसे ही कंठ लगाया,
हो उठी कंटकित पुलक कर्ण की काया।
संजीवन-सी छू गई चीज कुछ तन में,

बह चला स्निग्ध प्रस्रवण कहीं से मन में।
पहली वर्षा में मही भींगती जैसे,
भींगता रहा कुछ काल कर्ण भी वैसे।
फिर कंठ छोड़ बोला चरणों पर आकर,
मैं धन्य हुआ बिछुड़ी गोदी को पाकर।
पर, हाय, स्वत्व मेरा न समय पर लाईं,
माता, सचमुच, तुम बड़ी देर कर आईं।...
लेकिन, पड़ता हूँ पाँव, जननि! हठ त्यागो,
बनकर कठोर मुझसे मुझको मत माँगो।
केवल निमित्त संगर का दुर्योधन है,
सच पूछो तो यह कर्ण-पार्थ का रण है।

कर्ण अपनी जगह से हिलने को तैयार नहीं है। न वह दुर्योधन को छोड़ने को तैयार है और न अर्जुन के प्रति अपनी प्रतिशोध-भावना को। लेकिन अब वह ढंग से बात करता है, जो उसके चरित्र के उज्ज्वल पक्ष को सामने लाता है। उसका यह सहृदयतापूर्ण तर्क और साफगोई के साथ कुंती को दिया जानेवाला वचन, जिसका वह युद्ध में निष्ठापूर्वक निर्वाह करता है, उससे पाठकों की शिकायत को दूर कर उनके मन में उसके प्रति आदर और सहानुभूति जगा देता है।—

तुम दान-दान रट रहीं, किंतु, क्यों माता,
पुत्र ही रहेगा सदा जगत् में दाता?
दुनिया तो उससे सदा सभी कुछ लेगी,
पर, क्या माता भी उसे नहीं कुछ देगी,
मैं एक कर्ण अतएव, माँग लेता हूँ,
बदले में तुमको चार कर्ण देता हूँ।
छोड़ूँगा मैं तो कभी नहीं अर्जुन को,
तोड़ूँगा कैसे स्वयं पुरातन प्रण को?
पर, अन्य पांडवों पर मैं कृपा करूँगा,
पाकर भी उनका जीवन नहीं हरूँगा।
अब जाओ हर्षित-हृदय सोच यह मन में,
पालूँगा जो कुछ कहा, उसे मैं रण में।

अंत में वह कुंती को यह कहकर आश्वस्त करता है कि—

जीते जो भी यह समर झेल दुख भारी,
लेकिन होगी माँ! अंतिम विजय तुम्हारी।

पहले भी कहा जा चुका है कि कर्ण में एक वैराग्य-भावना भी थी। यह वैराग्य-भावना उस दार्शनिकता से उपजती है, जो भारतीय जन के व्यक्तित्व को पूर्णता प्रदान करती है। कुंती के विदा होने के पहले वह उसे जो कुछ कहता है, वह उसे एक असाधारण चरित्र सिद्ध करता है, भले वह अपनी लक्ष्य-प्राप्ति में सफल न हुआ हो। उसका यह कथन देखिए—

है एक पंथ कोई जीते या हारे,
खुद मरे, याकि, बढ़कर दुश्मन को मारे।
एक ही देश दोनों को जाना होगा,
बचने का कोई नहीं बहाना होगा।
निस्सार द्रोह की क्रिया, व्यर्थ यह रण है,
खोखला हमारा और पार्थ का प्रण है।

सर्गांत इन मार्मिक पंक्तियों के साथ हुआ है—

हो रहा मौन राधेय चरण को छूकर,
दो बिंदु अश्रु के गिरे दृगों से चूकर।
बेटे का मस्तक सूँघ, बड़े ही दुख से,
कुंती लौटी कुछ कहे बिना ही मुख से।

'रश्मिरथी' के इस सर्ग को पढ़कर स्वाभाविक रूप से रवींद्रनाथ की लंबी और प्रसिद्ध कविता 'कर्णकुंतीसंवाद' की याद आती है, जिसका कर्ण जितना भावुक है, उतना ही विवेकशील भी। जाहिर है कि कुंती उस पर उसके जन्म का रहस्य प्रकट कर उसे पांडवों के शिविर में ले जाने के लिए आई थी, तथापि उससे यह जानकर कि वह उसका पुत्र है, वह व्याकुल हो उठा और उसने उससे जो निवेदित किया, उसे उद्धृत करते हुए ही मैं लेख के इस अंश का समापन करना चाहता हूँ।—

पुरातन सत्य-सम
तव वाणी स्पर्शितेछे मुग्धचित्त मम।
अस्फुट शैशवकाल येन रे आमार,
येन मोर जननीर गर्भेर आँधार
आमारे घेरिछे आजि। राजमातः अयि,
सत्य होक स्वप्न होक, ऐसो स्नेहमयी,
तोमार दक्षिणहस्त ललाटे चिबुके
राखो क्षणकाल।
....
आज राते

अर्जुनजननीकंठे केन शुनिलाम
आमार मातार स्नेहस्वर! मोर नाम
ताँर मुखे केन हेन मधुर संगीते
उठिल बाजिया— चित्त मोर आचंबिते
पंचपांडवेर पाने भाइ बले धाय!
....
ये पक्षेर पराजय
से पक्ष त्यजिते मोरे कोरो ना आह्वान।
जयी होक, राजा होक पांडवसंतान—
आमि रब निष्फलेर हताशेर दले।

षष्ठ सर्ग में संकट का स्थल यह है कि इंद्र द्वारा दी गई जिस एकघ्नी को कर्ण अर्जुन पर छोड़ने के लिए बचाकर रखे हुए था, कृष्ण के युद्ध-कौशल के कारण उसे वह घटोत्कच पर छोड़ देने को विवश हुआ। इस प्रकार वह एक बार फिर अरक्षित हो गया। इस सर्ग का आरंभ बत्तीस मात्राओं के मत्तसवैया छंद से हुआ है, जो वर्णन और चिंतन दोनों की दृष्टि से बहुत उपयुक्त है। चूँकि यह सर्ग युद्ध पर आधारित है, इसलिए इसमें कवि का युद्ध-संबंधी चिंतन भी साथ-साथ चलता रहा है। जैसा कि पहले भी संकेत किया जा चुका है, दिनकरजी सोचनेवाले कवि भी हैं, सिर्फ मानव- व्यवहार का चित्रण करनेवाले नहीं। इस सर्ग का आरंभ ही इन पंक्तियों से हुआ है—

नरता कहते हैं जिसे, सत्त्व क्या वह केवल लड़ने में है?
पौरुष क्या केवल उठा खड्ग मारने और मरने में है?
तब उस गुण को क्या कहें, मनुज जिससे न मृत्यु से डरता है,
लेकिन, तब भी मारता नहीं, वह स्वयं विश्व-हित मरता है?

कवि के मन में यह प्रश्न उठता है कि यदि पांडव केवल पाँच गाँव लेकर रह सकते थे, तो विश्व-शांति के लिए क्या कुछ और दुःख नहीं उठा सकते थे? कृष्ण ने दुर्योधन को यह उत्तर क्यों नहीं दिया कि तुम युद्ध की आग भड़काना चाहते हो, पर जब तक मैं जीवित हूँ, तुम्हें अपने बंधुओं से युद्ध नहीं करने दूँगा? जिसमें तुम प्रसन्न रहो, वही सही। पांडव एक बार फिर वन चले जाएँगे, क्योंकि विश्व-शांति की रक्षा के लिए दस-पाँच व्यक्तियों के दुःख का कोई महत्त्व नहीं है। 'सच है कि पांडुनंदन वन में सम्राट् नहीं कहलाएँगे,/पर काल-ग्रंथ में उससे भी वे कहीं श्रेष्ठ पद पाएँगे।' कवि के भीतर तर्क-वितर्क चलता है। वह अपने मन में उठनेवाले प्रश्न का यह कहकर स्वयं उत्तर देता है कि 'पर, नहीं, विश्व का अहित नहीं होता क्या ऐसा कहने से?/प्रतिकार अनय का हो सकता क्या उसे मौन हो सहने से?'

भीष्म कर्ण को भीतर से उसकी वीरता के लिए पसंद करते थे, लेकिन एक बार

उन्होंने उसे 'अर्धरथी' कह दिया था, सो उनसे नाराज रहने के कारण वह उनके सेनापतित्व में युद्ध में नहीं उतरा। जब उनके गिर जाने के बाद द्रोणाचार्य कौरवों के सेनापति हुए, तो वह युद्ध में उतरने के पहले भीष्म से आशीर्वाद माँगने गया। भीष्म ने उससे अनुरोध किया—

चल सके सुयोधन पर यदि वश,
बेटा! लो जग में नया सुयश,
लड़ने से बढ़ यह काम करो,
आज ही बंद संग्राम करो।
यदि इसे रोक तुम पाओगे,
जग के त्राता कहलाओगे।

उन्होंने उससे कहा कि दुर्योधन से जाकर कहो कि द्वेष के विष को मन से निकाल दे, पांडवों से संधि कर ले और मुझे शांति से मरने दे। लेकिन कर्ण युद्ध पर अडिग था। उसने भीष्म के अनुरोध को भी यह कहते हुए ठुकरा दिया कि 'जय मिले बिना विश्राम नहीं,/इस समय संधि का नाम नहीं,/आशिष दीजिए, विजय कर रण,/फिर देख सकूँ ये भव्य चरण।' उसके बाद युद्ध में उतरकर कर्ण ने जब पांडवी सेना पर कहर ढाना शुरू किया, तो वह भाग खड़ी हुई। यह देखकर कृष्ण भी घबड़ा गए। उन्होंने शिथिल पड़े अर्जुन को ललकारा, जिससे वह उत्साहित होकर कर्ण पर टूट पड़ा। 'जूझने लगे कौन्तेय-कर्ण,/ज्यों लड़ें परस्पर दो सुपर्ण।' परिणामस्वरूप 'दोनों की किंशुक देह हुई, दोनों के पावक हुए प्राण'। अर्जुन के युद्ध से, भागती हुई पांडवी सेना, रुक गई। ऊपर उद्धृत छोटी पंक्तियाँ पदपादाकुलक छंद की हैं और अंतिम बड़ी पंक्ति मत्तसवैया छंद की, जो करीब-करीब सर्ग के अंत तक चलता है। दिनकरजी का युद्ध-संबंधी चिंतन जारी रहता है। कहते हैं :

है वृथा धर्म का किसी समय, करना विग्रह के साथ ग्रथन,
करुणा से कढ़ता धर्म विमल, है मलिन पुत्र हिंसा का रण।
जीवन के परम ध्येय—सुख—को सारा समाज अपनाता है,
देखना यही है कौन वहाँ तक किस प्रकार से जाता है।

कर्ण के युद्ध का वर्णन चंदबरदाई से लेकर तुलसीदास तक के युद्ध-वर्णन की सशक्त कड़ी है। उसकी थोड़ी-सी झलक :

इस तरह शत्रु-दल पर टूटा, जैसे हो दावानल अजेय,
या टूट पड़े हों स्वयं स्वर्ग से उतर मनुज पर कार्तिकेय।
संघटित या कि उनचास मरुत कर्ण के प्राण में छाए हों,
या कुपित सूर्य आकाश छोड़ नीचे भूतल पर आए हों।

अथवा रण में हो गरज रहा धनु लिए अचल प्रालेयवान,
या महाकाल बन टूटा हो भू पर ऊपर से गरुत्मान।

स्वयं कृष्ण घटोत्कच से कर्ण के युद्ध के बारे में कहते हैं :

यह देख कर्ण की विशिख-वृष्टि कैसी कराल झड़ लाती है?
गो के समान पांडव-सेना भय-विकल भागती जाती है।
तिल-भर भी भूमि न कहीं खड़े हों लोग जहाँ सुस्थिर क्षण-भर,
सारी रण-भू पर बरस रहे एक ही कर्ण के बाण प्रखर।

प्रथम उद्धरण की अंतिम दो पंक्तियों में आनेवाले शब्द 'प्रालेयवान' और 'गरुत्मान' का अर्थ है क्रमशः 'हिमालय' और 'गरुड़'। कर्ण के पास एकघ्नी थी, इसलिए वह अर्जुन को द्विरथ-युद्ध के लिए ललकार रहा था, 'पर, चतुर पार्थ-सारथी आज रथ अलग नचाए फिरते थे।' वे जानते थे कि द्विरथ-युद्ध में कर्ण अर्जुन को नहीं छोड़ेगा और अर्जुन उसके हाथों मारा जाएगा। उन्होंने घटोत्कच को बुलाकर उससे— "बोले, 'बेटा! क्या देख रहा? हाथ से विजय जाने पर है,/अब सबका भाग्य एक तेरे कुछ करतब दिखलाने पर है।' " उन्होंने कर्ण से उसकी एकघ्नी निकलवाने के लिए घटोत्कच को युद्ध में उतारा।—

फूटे ज्यों वह्निमुखी पर्वत, ज्यों उठे सिंधु में प्रलय-ज्वार,
कूदा रण में त्यों महाघोर गर्जन कर दानव किमाकार।
सत्य ही असुर के आते ही रण का वह क्रम टूटने लगा,
कौरवी अनी भयभीत हुई; धीरज उसका छूटने लगा।

उसका भयानक युद्ध देखकर दुर्योधन विचलित हो उठा। उसने कर्ण से कहा : 'अब नहीं अन्य गति; आँख मूँद, एकघ्नी का संधान करो'। यदि घटोत्कच पर एकघ्नी नहीं छोड़ी जाती, तो युद्ध का फैसला उसी रोज हो जाता, सो कर्ण को दुर्योधन की बात माननी पड़ी। दिनकरजी के शब्दों में—

मन ही मन बोला कर्ण, "पार्थ! तू वय का बड़ी बली निकला,
या यह कि आज फिर एक बार मेरा ही भाग्य छली निकला।"

अब उनके शब्दों में एकघ्नी का असाधारण वर्णन देखिए—

वह काल-सर्पिणी की जिह्वा, वह अटल मृत्यु की सगी स्वसा,
घातकता की वाहिनी, शक्ति यम की प्रचंड, वह अनल-रसा,
लपलपा आग-सी एकघ्नी तूणीर छोड़ बाहर आई,
चाँदनी मंद पड़ गई, समर में दाहक उज्ज्वलता छाई।

जब पर्वताकार घटोत्कच भूमि पर गिरा, वहाँ की भूमि धँसकर उछल पड़ी। पांडवों में हाहाकार मच गया। सभी कातर क्रंदन करने लगे और उधर कौरवों में जीत का हर्षनाद

उठा। अंत में मधुमालती छंद में कवि इस तरह इस सर्ग का समापन करता है—

राधेय संगर से चला, मन में कहीं खोया हुआ,
जय-घोष की झंकार से आगे कहीं सोया हुआ।
हारी हुई पांडव-चमू में हँस रहे भगवान् थे,
पर जीत कर भी कर्ण के हारे हुए-से प्राण थे।

सप्तम यानी अंतिम सर्ग में कवि ने कई छंदों का प्रयोग किया है, लेकिन पूर्वप्रयुक्त सुमेरु और मत्तसवैया छंद की प्रधानता है। इसका आरंभ ही प्रकृति-वर्णन से हुआ है, जिसे पढ़ने से जी नहीं भरता। आप भी उसका आस्वादन करें—

निशा बीती, गगन का रूप दमका,
किनारे पर किसी का चीर चमका।
क्षितिज के पास लाली छा रही है,
अतल से कौन ऊपर आ रही है?
सँभाले शीश पर आलोक-मंडल,
दिशाओं में उड़ाती ज्योतिरंचल,
किरण में स्निग्ध आतप फेंकती-सी,
शिशिर-कंपित द्रुमों को सेंकती-सी,
खगों का स्पर्श से कर पंख-मोचन,
कुसुम के पोंछती हिम-सिक्त लोचन,
दिवस की स्वामिनी आई गगन में,
उड़ा कुंकुम, जगा जीवन भुवन में।

इस प्रकृति-लोक की तुलना में मनुष्य-लोक इतना गर्हित है कि उधर उषा कुंकुम उड़ा रही है और इधर महाभारत में मनुष्य मनुष्य के खून का प्यासा हो रहा है। द्रोणाचार्य के मारे जाने के बाद कर्ण बहुत उत्साह के साथ कौरवी सेना का सेनापति बनता है। उसका उत्साह देखने लायक है—

कवच-कुंडल गया; पर, प्राण तो हैं,
भुजा में शक्ति, धनु पर बाण तो हैं।
गई एकघ्नि तो सब कुछ गया क्या?
बचा मुझमें नहीं कुछ भी नया क्या?

कौरवी सेना को विश्वास है कि कर्ण के सेनापतित्व में वह युद्ध जीतकर रहेगी। इस स्थल का कविकृत वर्णन है—

रथ सजा, भेरियाँ धमक उठीं, गहगहा उठा अंबर विशाल,
कूदा स्यंदन पर गरज कर्ण ज्यों उठे गरज क्रोधांध काल।

कर्ण युद्ध में उतरा, तो 'तालोच्च-तरंगावृत बुभुक्षु-सा लहर उठा संगर-समुद्र,/या पहन ध्वंस की लपट, लगा नाचने समर में स्वयं रुद्र।' युद्ध में एक दिलचस्प घटना घटती है कि कर्ण की चपेट में युधिष्ठिर आ जाते हैं। जब वे उसके बाणों का प्रहार नहीं झेल पाते हैं, तो भाग खड़े होते हैं। कर्ण रथ से कूदकर उनकी गर्दन पकड़ता है और उनसे कहता है—

हैं विप्र आप, सेविए धर्म, तरु-तले कहीं, निर्जन वन में,
क्या काम साधुओं का, कहिए, इस महाघोर घातक रण में?
मत कभी क्षात्रता के धोखे, रण का प्रदाह झेला करिए,
जाइए, नहीं फिर कभी गरुड़ की झपटों से खेला करिए।

उसका सारथी शल्य यह समझ नहीं पाता है कि वह शत्रु को पकड़कर छोड़ क्यों देता है। इस पर कर्ण उसे जो उत्तर देता है, उसमें दिनकरजी का मस्तीभरा लहजा देखने लायक है। उसमें प्रयुक्त अरबी-फारसी के शब्द ही इसके लिए जिम्मेवार हैं,—

समझोगे नहीं शल्य इसको, यह करतब नादानों का है,
यह खेल जीत से बड़े किसी मकसद के दीवानों का है।

युद्ध का विस्तृत वर्णन इसी सर्ग में हुआ है। कर्ण और अर्जुन का युद्ध देखिए—

इस ओर कर्ण मार्तंड-सदृश, उसे ओर पार्थ अंतक-समान,
रण के मिस, मानो, स्वयं प्रलय हो उठा समर में मूर्तिमान।
जूझना एक क्षण छोड़, स्वतः सारी सेना विस्मय-विमुग्ध,
अपलक होकर देखने लगी दो शितिकंठों का विकट युद्ध।

यह युद्ध ऐसा था कि 'थी रुकी दिशा की साँस, प्रकृति के निखिल-रूप तन्मय-गभीर,/ऊपर स्तंभित दिनमणि का रथ, नीचे नदियों का अचल नीर।' कवि को अफसोस होता है कि काश, ये दोनों योद्धा आपस में मिल पाते, तो मनुष्यता का शृंगार होते। लेकिन नियति को कुछ और ही मंजूर था। यहाँ दो सगे भाई एक दूसरे की जान लेने के लिए सारी शक्ति लगाए हुए थे। इसी समय एक घटना और घटती है। अर्जुन ने जब खांडव-वन का दहन किया था, तो उसमें साँपों के राजा अश्वसेन को छोड़कर उसके संबंधियों सहित सारे साँप जलकर भस्म हो गए थे। अश्वसेन उसके लिए अर्जुन से प्रतिशोध लेना चाहता था, सो वह कर्ण के तरकस में आ गया और उससे कहने लगा कि तुम मुझे अपने धनुष पर रखकर छोड़ो, मैं अभी अपने दंश से अर्जुन को मार डालूँगा। लेकिन कर्ण युद्ध में साँपों की सहायता लेने को तैयार नहीं हुआ और फटकार कर उसे भगा दिया। अब युद्ध में उसने ऐसा उग्र रूप धारण किया कि कृष्ण को भी उसकी प्रशंसा करनी पड़ी। वे अर्जुन से बोले—

कैसी करालता! क्या लाघव! कितना पौरुष! कैसे प्रहार!
किस गौरव से वह वीर द्विरद कर रहा समर-वन में विहार!
व्यूहों पर व्यूह फटे जाते, संग्राम उजड़ता जाता है,
ऐसी तो नहीं कमल-वन में भी कुंजर धूम मचाता है।

अब कर्ण का अंत निकट आ गया था। उसने शल्य से कहा कि घोड़ों को तेज करके उसे वहाँ ले चले, जहाँ कृष्ण और अर्जुन के साथ सारे चुने हुए पांडव वीर इकट्ठे हों। इसी स्थल पर संकट आ उपस्थित होता है। कर्ण के रथ का चक्का रक्त से पंकिल पृथ्वी में इस कदर धँस गया कि वह उससे भी निकाले नहीं निकला। दिनकरजी के शब्दों में—

महि डोली, ससिल-आगार डोला,
भुजा के जोर से संसार डोला।
न डोला, किंतु, जो चक्का फँसा था,
चला वह जा रहा नीचे धँसा था।

कृष्ण को इसी मौके का इंतजार था—

विपद् में कर्ण को यों ग्रस्त पाकर,
शरासनहीन, अस्त-व्यस्त पाकर,
जगा कर पार्थ को भगवान् बोले—
खड़ा है देखता क्या मौन, भोले?
शरासन तान, बस, अवसर यही है,
घड़ी फिर और मिलने को नहीं है।
विशिख कोई गले के पार कर दे,
अभी ही शत्रु का संहार कर दे।

अर्जुन को निःशस्त्र योद्धा पर प्रहार करना अधर्म प्रतीत हुआ। लेकिन कृष्ण ने उसे डपट दिया कि मैं तुम्हें जो भी कहता हूँ, उसे धर्म मानकर उसका पालन करो। शत्रु का हनन करना सत्कर्म है। कर्ण ने भी अर्जुन को तब तक रुकने के लिए कहा, जब तक वह रथ के चक्के को कीचड़ से निकालकर रथ पर आरूढ़ होकर धनुष नहीं धारण करता। उसने दार्शनिक मुद्रा में उससे यह भी कहा कि युद्ध में विजय तो शरीर की क्षण-भर की चमक है। इस संसार के बाद वह चमक नहीं रहेगी और धर्म ही शेष बचेगा। उसके मुख से धर्म की बात सुनकर कृष्ण उबल पड़े और उससे कहा कि तुम किस मुँह से धर्म की बात करते हो? भीम को विष देना, लाक्षागृह में आग लगाना, शकुनि का छलपूर्वक जुए में युधिष्ठिर को हराना, द्रौपदी को सभा में खींचकर लाना और दुर्योधन द्वारा उसे अपनी दासी बतलाना, पांडवों का वनवास और उनके राज्य में हिस्सा माँगने पर दुर्योधन का इनकार, क्या यह सब धर्म था? उन्होंने अर्जुन को किंचित् भी शिथिलता बरतने से मना

किया। कर्ण ने कृष्ण को यह उत्तर दिया कि मैंने जो कुछ किया, मित्र-धर्म के निर्वाह के लिए। यदि मुझे पीड़ा है, तो सिर्फ इस बात की कि—

वधूजन को नहीं रक्षण दिया क्यों?
समर्थन पाप का उस दिन किया क्यों?
न कोई योग्य निष्कृति पा रहा हूँ,
लिए यह दाह मन में जा रहा हूँ।

उसकी यह पीड़ा भी उसके चरित्र के एक उज्ज्वल पक्ष को उजागर करती है। अंततः कर्ण ने निराश होकर रथ को छोड़ दिया और मरने के लिए तैयार हो गया। उसने जो अंतिम बात कही, वह यह कि संसार की ज्योतियो, अपना द्वार खोलो, क्योंकि 'तपस्या रोचि भूषित ला रहा हूँ,/चढ़ा मैं रश्मि-रथ पर आ रहा हूँ।' 'रोचि' अर्थात् 'प्रभा'।
तत्पश्चात्—

गगन में बद्ध कर दीपित नयन को,
किए था कर्ण जब सूर्यस्थ मन को,
लगा शर एक ग्रीवा में सँभलके,
उड़ी ऊपर प्रभा तन से निकलके!
गिरा मस्तक मही पर छिन्न होकर,
तपस्या-धाम तन से भिन्न होकर।
छिटक कर जो उड़ा आलोक तन से,
हुआ एकात्म वह मिलकर तपन से।

कर्ण के हत होते ही युद्ध में अर्जुन की जय-जयकार होने लगी। उधर दुर्योधन बच्चों की तरह रो रहा था और इधर भीम खुशी से पागल हो रहा था। युधिष्ठिर भी बहुत आश्वस्त हुए, लेकिन कृष्ण उदास थे। उन्होंने कर्ण के बारे में उनसे कहा—

मगर, जो हो, मनुज सुवरिष्ठ था वह।
धनुर्धर ही नहीं, धर्मिष्ठ था वह।
तपस्वी, सत्यवादी था, व्रती था,
बड़ा ब्रह्मण्य था, मन से यती था।

इस तरह एक त्रासद चरित्र का अंत हुआ। उपर्युक्त उद्धरण की अंतिम पंक्ति में आनेवाले 'ब्रह्मण्य' शब्द का अर्थ है 'ब्राह्मणनिष्ठ'।

इसी अपावन में अदृश्य वह पावन सना हुआ है

1961 में दिनकर के काव्य 'उर्वशी' का प्रकाशन हुआ। उसके बाद उस पर विभिन्न पत्र-पत्रिकाओं में अनेक समीक्षात्मक लेख छपे। ये समीक्षाएँ एक तरफ सकारात्मक थीं और दूसरी तरफ घोर नकारात्मक। परिणामस्वरूप इस कृति को लेकर एक अच्छा खासा विवाद उठ खड़ा हुआ। उस विवाद में जिस लेखक ने सर्वाधिक गंभीरता के साथ भाग लिया था, वे थे मुक्तिबोध। वे 'आलोचना' के जुलाई, 1963 के अंक में 'उर्वशी' की समीक्षा कर चुके थे, बेहद कठोरता के साथ, लेकिन ऐसा लगता है कि उससे उन्हें संतोष नहीं था। क्योंकि 'कल्पना' (अप्रैल, 1963) में प्रकाशित 'उर्वशी' की भगवतशरण उपाध्यायकृत विस्तृत समीक्षा विवाद का विषय बनी, तो उसके जनवरी, 1964 के अंक में अन्य बीसेक लेखकों के साथ उन्होंने पुनः उस पर अपने विचार प्रकट किए और अधिक विस्तार से। ये विचार उनकी पूर्वोल्लिखित 'उर्वशी'-समीक्षा का पल्लवन-मात्र हैं। तात्पर्य यह कि उस अल्प अवधि में उनकी प्रतिक्रिया में रंच-मात्र भी परिवर्तन नहीं हुआ, बल्कि उसमें कुछ दृढ़ता ही दिखलाई पड़ी। वे 'कामायनी' को खारिज करते हुए एक पूरी पुस्तक लिख चुके थे, इसलिए पाठकों को 'उर्वशी'-संबंधी उनकी प्रतिक्रिया पर कोई आश्चर्य नहीं हुआ। प्रगतिशील आलोचना वैसे ही अपनी संकीर्णता के लिए बदनाम थी। मुक्तिबोध की 'उर्वशी' की समीक्षा से उसकी साख कुछ गिरी ही, उसमें वृद्धि का तो कोई प्रश्न ही नहीं था।

उन्होंने जैसे 'उर्वशी' की आत्मा पर प्रहार करते हुए लिखा, " 'उर्वशी' का मूल दोष यह है कि वह एक कृत्रिम मनोविज्ञान पर आधारित काव्य है। कामात्मक इंद्रिय-संवेदनाओं के जाल में खो जाने के क्षणों में उनका आध्यात्मिकीकरण नहीं किया जा सकता। न किसी दार्शनिक भावना का, न ही धर्म-भावना का, बोध हमें उस समय होता है। हमारा समाज इस समय न मोहन-जो-दड़ो के युग में है, न वज्रयानियों के युग में, जहाँ यौन अनुभव के क्षणों को धार्मिक मनोवैज्ञानिक रूप दिया जा सके।" इस कथन में सत्य का जो अपलाप हुआ है, उसे हम बाद में देखेंगे, यहाँ हम सिर्फ दो बातें कहकर आगे बढ़ते हैं। पहली बात यह कि मुक्तिबोध ने 'उर्वशी' को एक बृहत् 'कल्पना-स्वप्न' कहा है, लेकिन उस पर विचार किया है उसे 'सत्य-कथा' मानकर, और दूसरी यह कि मनोविज्ञान की दुहाई देकर उन्होंने प्रेम-संबंधी संपूर्ण भारतीय और पाश्चात्य चिंतन को

अस्वीकार कर दिया है। निश्चय ही इसके लिए उन्हें काम को प्रेम से अलग कर देना पड़ा है। दिलचस्प है कि जैसे उन्होंने 'आलोचना' वाली अपनी समीक्षा को 'कल्पना' वाली अपनी प्रतिक्रिया में पल्लवित किया, वैसे ही डा. रामविलास शर्मा ने 'कल्पना' में प्रकाशित अपनी प्रतिक्रिया को बाद के 'उर्वशी'-केंद्रित अपने एक लेख में। इस लेख में उन्होंने 'उर्वशी' के संबंध में जो सबसे बड़ी बात कही, वह यह कि "सामयिक कविता की उपलब्धियाँ, उसके आयाम और उसकी विधाएँ, इस मेरु के आसपास उगे हुए झाड़-झंखाड़ जैसी लगती हैं।"

डा. नामवर सिंह ने 'कविता के नए प्रतिमान' के एक लेख में 'कल्पना' वाले 'उर्वशी'-विवाद पर विचार किया है और उसके पीछे कविता-संबंधी नए और पुराने मूल्यों के टकराव की स्थिति देखी है। उन्होंने उक्त विवाद में हिस्सा लेनेवाले मुक्तिबोध और डा. शर्मा का विशेष रूप से हवाला दिया है और कहा है कि लेखकों की प्रतिक्रियाओं से यह पता चल जाता है कि 'किसके बोध में पिछली रूमानियत का कितना रंग अवशिष्ट है'। जाहिर है कि नामवरजी का ध्यान नई कविता के लिए रूमानियत की जगह नए यथार्थ-बोध को मूल्य के रूप में स्थापित करने पर है। उनके अनुसार डा. शर्मा की प्रतिक्रिया रूमानी है और मुक्तिबोध की यथार्थवादी। उन्होंने लेख का अंत अपने इन शब्दों से किया है : "संप्रति नई पीढ़ी ने मुक्तिबोध में रचनात्मक संभावना का पुनराविष्कार कर प्रमाणित कर दिया है कि उस टकराहट में मुक्तिबोध की ही दिशा ठीक थी।" इस कथन में 'रचनात्मक संभावना' वाली बात सही हो सकती है, लेकिन 'उर्वशी' की आलोचना के प्रसंग में सवाल 'आलोचनात्मक संभावना' का है। उस दृष्टि से डा. शर्मा की ही दिशा ठीक हो सकती है, क्योंकि उन्होंने इस कृति पर यथासंभव आलोचक के रूप में विचार किया है, आत्मपरकता से मुक्त होकर, जबकि मुक्तिबोध ने उस पर एक रचनाकार की दृष्टि से विचार किया है, पूर्णतः आत्मपरक दृष्टि से। ऐसा ही उन्होंने 'कामायनी' के साथ भी किया है। यहाँ यह प्रश्न भी उठता है कि किसी नई-पुरानी महत्त्वपूर्ण कृति के गलत मूल्यांकन से क्या 'रचनात्मक संभावना' का द्वार खुल सकता है, या कि उसका कोई भिन्न मार्ग है?

'उर्वशी' के मूल्यांकन में जो भी गड़बड़ी हुई है, वह इस कारण कि उस क्रम में न तो उसे हिंदी कविता की परंपरा में रखकर देखा गया और न कृति से सीधा रिश्ता जोड़ा गया। और तो और, इस काव्य की रचना के पीछे कवि का क्या 'उद्देश्य' था, इसे भी समझने की कोशिश नहीं की गई। हम यहीं से आरंभ करें तो बेहतर।

2

डी. एच. लॉरेंस का यह कथन प्रसिद्ध है कि कलाकार का कभी विश्वास मत करो। अज्ञेय का भी कहना है कि कविता ही कवि का परम वक्तव्य है। आशय यह कि कवि अपनी कविता से बाहर उसके बारे में जो कुछ कहता है, वह विश्सनीय भी नहीं होता और स्पृहणीय

भी नहीं। लेकिन अनुभव बतलाता है कि कवि बहुत पहले से अपनी कविता के बारे में अलग से भी कहते रहे हैं, कविता-पुस्तकों की भूमिकाओं में ही नहीं, कभी-कभी उस पर लंबे लेख लिखकर भी। पाठकों को निराला का प्रसिद्ध लेख 'मेरे गीत और कला' याद होगा। कौन कह सकता है कि वह लेख गैरजरूरी था और उससे निराला की कविता को समझने में पाठकों को मदद नहीं मिलती! अनुभव यह भी बतलाता है कि कवि के वक्तव्य में, जो आत्मकथ्य, साक्षात्कार आदि रूपों में भी हो सकता है, कभी-कभी उसकी कविता की कुंजी मिल जाती है। इस प्रसंग में अधिक से अधिक यही कहा जा सकता है कि कविता से बाहर उसके संबंध में कही गई बातें उसे समझने में जितनी भी मददगार हों, उन्हें कविता की क्षतिपूर्ति के रूप में नहीं होना चाहिए।

यह सब कहने का मतलब यह है कि 'उर्वशी' पर विचार करने के पहले उसकी अंतर्वस्तु के संबंध में कम से कम उसकी भूमिका में कही गई कवि की बातों को देखना जरूरी था। दु:खद यह है कि उसके आलोचकों ने उन्हें देखा भी, तो ठीक-ठीक ग्रहण नहीं किया। जैसे उसके लिए उनके पास समय ही न रहा हो, या वे कवि के प्रति पूर्वग्रहग्रस्त रहे हों और अपने विचारों को ही अंतिम मानते रहे हों। तुर्रा यह कि ऊपर से वे अपनी प्रतिक्रिया के हर तरह से वस्तुपरक और निष्पक्ष होने का दावा करते हैं। उदाहरण के लिए आलोचकों ने 'उर्वशी' के प्रसंग में कवि के प्राय: एक ही कथन को देखा और उसे भी सही अर्थों में नहीं लिया, क्योंकि वह जहाँ पूरे काव्य की दृष्टि से अधूरा कथन है, उन्होंने उसे हर तरह से पूरा मान लिया। वह कथन है, 'मेरी दृष्टि में पुरूरवा सनातन नर का प्रतीक है और उर्वशी सनातन नारी का।' निश्चय ही इस काव्य के तृतीय अंक में ये दोनों पात्र इसी रूप में चित्रित हैं, जिनकी प्रकृतिगत भिन्नता भी कवि ने भूमिका में बतलाई है। उसने लिखा है कि पुरुष में जहाँ द्वंद्व होता है, वहाँ स्त्री द्वंद्व से सर्वथा मुक्त होती है। दूसरे, पुरुष जहाँ ऐंद्रियता से निकलकर अतींद्रिय धरातल तक उठना चाहता है, वहाँ स्त्री अतींद्रिय लोक से चलकर ऐंद्रिय लोक में आना चाहती है। पुरुष और स्त्री के स्वभाव का यह फर्क मिथ्या नहीं है, क्योंकि यह व्यवहार से जाना गया फर्क है। पुरूरवा के प्रसंग में तो अपनी डायरी में दिनकरजी ने एक जगह लिखा भी है, "पुरूरवा में जो जीवधारी है, उस पर उर्वशी न्यौछावर होती है। उसके भीतर जो रहस्य चिंतक है, उससे उर्वशी घबराती है। उर्वशी स्वर्ग नहीं चाहती, मिट्टी के सुखों का आलोड़न चाहती है। *यह अनुभूति मुझे जीवन से ही प्राप्त हुई है।*" जहाँ तक उर्वशी की बात है, यह भी बहुत कुछ सामान्य अनुभव की बात है कि स्त्रियाँ पुरुषों की तुलना में अधिक व्यावहारिक होती हैं और धर्म या तत्त्व-विरोधी न होते हुए भी फालतू चिंताओं में कम पड़ती हैं। लेकिन 'उर्वशी' काव्य इतना ही नहीं है, जबकि आपत्ति की बात यह है कि आलोचकों ने उसे इसी में नि:शेष कर दिया है और मुक्तिबोध ने तो ऐसे नर-नारी को सनातन मानने की जगह वर्ग-विशेष से जोड़ दिया है।

यह सच्चाई है कि यह काव्य अपने तृतीय अंक तक ही सीमित नहीं है और न ही

उसमें उर्वशी अकेली स्त्री है। उसमें बहुत अधिक जगह घेरनेवाली औशीनरी तो अपनी पूरी समस्या और व्यक्तित्व के साथ उपस्थित है ही, सुकन्या भी अपने व्यक्तित्व के साथ उपस्थित है। निस्संदेह इन दोनों में अधिक महत्त्वपूर्ण चरित्र औशीनरी है, लेकिन सुकन्या भी नारी-चरित्र के एक पहलू का पूरे सामर्थ्य के साथ प्रतिनिधित्व करती है। कवि ने भूमिका में खास तौर से औशीनरी का जिक्र किया है। कहा है कि 'औशीनरी की व्यथा ने कविता को वहाँ समाप्त नहीं होने दिया।' 'वहाँ' से मतलब है उस स्थल से, जहाँ पुरूरवा संन्यास ग्रहण करता है। इस काव्य में औशीनरी का क्या महत्त्व है, यह बेहतर रूप में हमें उस पत्र से मालूम होता है, जो दिनकरजी ने उसकी समाप्ति के तुरत बाद पंतजी को लिखा था।

उसमें वे कहते हैं—

भूतल पर डाले स्वर्ण-जाल
है बीत रहा यह काम-काल
जो प्रणय-लिप्त, आहत-धृति है,
यह उसी काम-युग की कृति है।

तब भी, सब महिमा खसी नहीं,
सब त्रिया-जाति उर्वशी नहीं।
वे भी हैं जिनके बड़े हृदय—
में मधु से मिला हुआ है पय;
जिनके प्राणों के महाव्योम—
में संग उदित हैं सूर्य-सोम।

पर हाय, यही रोती रहतीं
दायित्व सभी ढोती रहतीं।
माताएँ क्लेश उठाती हैं,
उर्वशियाँ मौज मनाती हैं।

दिनकरजी को अपने कामलिप्त युग से बहुत शिकायत है और वे बतलाते है कि 'उर्वशी' उसी का चित्रण है। फिर भी वे निराश नहीं हैं, क्योंकि सारी स्त्रियाँ उर्वशी नहीं हैं। उनकी दृष्टि में अधिक मनोज्ञ और गरिमापूर्ण रूप उस स्त्री का है, जिसका हृदय विशाल है और जिसके शृंगार में वात्सल्य मिला हुआ है। उसका प्राण उस महाव्योम की तरह है, जिसमें सूर्य और चंद्रमा एक साथ प्रकाशित हो रहे हैं! उन्होंने उन पाठकों पर व्यंग्य किया है, जो इस काव्य में औशीनरी की स्थापना देखकर झल्ला उठेंगे। पत्र में आगे उन्होंने कहा है—

जो अधिक रसिक होंगे, वे तो
इससे भी खिन्न उठेंगे रो,
जो त्रिया अंत में आती है,
वह क्यों सब पर छा जाती है?
क्यों नीति काम को मार गई,
अप्सरा सती से हार गई?

इसके अलावा इस काव्य में उर्वशी का चरित्र तृतीय अंक तक ही सीमित नहीं रहता। वह चतुर्थ अंक में उस स्त्री के रूप में, जिसमें प्रेयसी और माता के बीच का द्वंद्व अपने चरम पर पहुँचा हुआ है, अत्यंत सार्थक विकास को प्राप्त करता है। गरज यह कि पुरूरवा और उर्वशी की प्रेम-कथा के केंद्र में होते हुए भी 'उर्वशी' एक ऐसा चिंतनपरक काव्य है, जिसमें सामाजिक परिवेश न केवल अनुपस्थित नहीं है, बल्कि अपने पूरे द्वंद्व और वेदना के साथ मूर्तिमान् है। दिनकर-जैसे दृढ़ सामाजिक पृष्ठभूमिवाले कवि के बारे में यह सोचा भी नहीं जा सकता कि वे सब तरह से अपने को समेटकर एक सर्वथा ऐकांतिक काव्य की सृष्टि करेंगे। उनके लिए हर प्रश्न सामाजिक था, वह काम या प्रेम ही क्यों न हो।

मुक्तिबोध ने 'उर्वशी' की आलोचना जिस आधार पर की है, वह सही नहीं है। अपनी बात को स्थापित करने के लिए उन्होंने काम का जिक्र तो किया है, लेकिन प्रेम को छोड़ दिया है। वैसे भारतीय चिंतन में जहाँ 'प्रेम' की चर्चा है, वहाँ उसे अनिवार्यतः काम से अलग नहीं किया गया है, लेकिन इसका यह मतलब नहीं है कि काम के दैहिक और भावात्मक दो स्तर नहीं हैं। यहाँ तो यह तक कहा गया है कि 'धर्मादर्थो अर्थतः कामः कामाद्धर्मफलोदयः', अर्थात् धर्म से अर्थ और अर्थ से काम की प्राप्ति होती है, किंतु काम से फिर हमें धर्म के ही फल प्राप्त होते हैं। उचित ही इसे दिनकरजी ने पुस्तक की भूमिका में उद्धृत किया है। मुक्तिबोध साहसपूर्वक इसे कृत्रिम मनोविज्ञान कहते हैं। शायद स्वाभाविक मनोविज्ञान से उनका आशय फ्रायड के मनोविज्ञान से है, जिन्होंने कहा था कि प्रेम काम का ही उदात्त रूप है। मतलब यह कि वह काम से रूपतः भिन्न होते हुए भी तत्त्वतः भिन्न नहीं होता। मुक्तिबोध ने संभवतः कॉडवेल की प्रेम पर लिखे गए महत्त्वपूर्ण निबंध में कही गई इस बात पर ध्यान नहीं दिया कि काम का प्रेम में उदात्तीकरण होता है, तो वह वही नहीं रह जाता, जैसे मिट्टी गुलाब बन जाती है, तो वह वही नहीं रह जाती। ऑक्टावियो पाज ने बीसवीं शताब्दी के अंतिम वर्षों में प्रेम पर एक पूरी पुस्तक लिखी : 'दि डबल फ्लेम'। इसमें उन्होंने प्रेम की व्याख्या की है और उस क्रम में काम, शृंगार तथा प्रेम की चर्चा करते हुए कहा है कि कामाग्नि शृंगार की रक्तिम लपट उठाती है और शृंगार की वह रक्तिम लपट प्रेम की काँपती हुई नीली लपट। इस तरह शृंगार और प्रेम जीवन की दो लपटें हैं। पाज आत्मा के बिना प्रेम का अस्तित्व नहीं मानते, लेकिन उनकी दृष्टि में वह शरीर के बिना भी संभव नहीं है। शरीर के माध्यम से प्रेम शृंगार है, जो जीवन की व्यापकतम और गहनतम प्रच्छन्न शक्तियों तक पहुँचता है।

दिनकरजी ने 'उर्वशी' की भूमिका में यह बात एकाधिक बार कही है कि 'मनुष्य के सारे व्यक्तित्व, समग्र जीवन का आधार उसकी जैव भावनाओं का धरातल है' और 'कला, सुरुचि, सौंदर्यबोध और *प्रेम*, इनका जन्म जैव धरातल पर होता है, किंतु, सार्थकता उनकी तब सिद्ध होती है, जब वे ऊपर उठकर आत्मा के धरातल का स्पर्श करते हैं। इसके पहले ही हमें उनका यह वाक्य मिलता है, 'इंद्रियों के मार्ग से अतींद्रिय धरातल का स्पर्श, यही प्रेम की आध्यात्मिक महिमा है।' इसके बाद भी मुक्तिबोध 'उर्वशी' के एतत्संबंधी प्रसंग को लेकर कवि पर कटु से कटु प्रहार करते हैं, तो लगता है कि 'अतींद्रिय', 'आध्यात्मिक' और 'रहस्यात्मक' शब्द ही उनके लिए नाकाबिलेबर्दाश्त हैं।

'कल्पना' में प्रकाशित 'उर्वशी'-संबंधी प्रतिक्रियाएँ संभवतः बाद में भी दिनकरजी के दिमाग में चक्कर काटती रहीं, क्योंकि बात पुरानी हो जाने पर भी वे काम और अध्यात्म-संबंधी अपने मंतव्य को स्पष्ट करते रहे। उदाहरणार्थ अपने काव्य-संचयन 'रश्मिलोक' की भूमिका में भी उन्होंने कहा है कि "प्रेम नहीं हो, तो काम कुछ नहीं है। काम की सारी सार्थकता प्रेम को लेकर है, क्योंकि प्रेम ही काम को पवित्रता प्रदान करता है" और फिर यह कि "एक आत्मा से दूसरी आत्मा का गहन संपर्क अध्यात्म की भूमि बन जाता है, यह 'उर्वशी' काव्य का गुणीभूत व्यंग्य है।" हम नहीं समझते यह कोई आपत्ति की बात है, यदि 'अध्यात्म' शब्द को उसी अर्थ में लिया जाए, जिस अर्थ में कवि ने उसका प्रयोग किया है।

'उर्वशी' के मूल्यांकन में गड़बड़ी इसलिए भी हुई कि उसके नायक-नायिका पुरूरवा-उर्वशी को विद्वानों ने आदर्श मान लिया और उनकी बातों को कवि का संदेश समझा। दुःखद है कि ऐसी गलतफहमी सबसे ज्यादा मुक्तिबोध को ही हुई। भूमिका में दिनकरजी ने स्पष्ट लिखा है कि "प्रश्नों के उत्तर, रोगों के समाधान मनुष्यों के नेता दिया करते हैं। कविता की भूमि केवल दर्द को जानती है, केवल बेचैनी को जानती है, केवल वासना की लहर और रुधिर के उत्ताप को पहचानती है।" 'रश्मिलोक' की भूमिका में कुछ और स्पष्ट रूप में उन्होंने कहा है कि " 'उर्वशी' के कवि के सामने भी प्रश्न और उत्तर अनेक हैं, किंतु वह किसी भी उत्तर को रेखांकित करना नहीं चाहता। उसका यह भाव है कि शायद सभी उत्तर सही हैं, शायद सभी उत्तर गलत हैं। 'उर्वशी' किसी निष्कर्ष पर पहुँचने के लिए नहीं, प्रेम की अतल गहराई का अनुसंधान करने के लिए लिखी गई है।" और भी, " 'उर्वशी' धर्म नहीं, प्रेम की अतींद्रियता का आख्यान है और यही आख्यान उसका आध्यात्मिक पक्ष है। काम या प्रेम के द्वारा मुक्ति, यह विषय 'उर्वशी' का प्रतिपाद्य नहीं है।" 'शेष-निःशेष' में संकलित एक साक्षात्कार में दिनकरजी ने साफ-साफ कहा है कि "गौरवान्वित न तो मैंने उर्वशी को किया है, न पुरूरवा को। गौरव की अधिकारिणी तो सुकन्या और औशीनरी ही हैं।" निश्चय ही कवि की इन बातों से 'उर्वशी' को समझने का सही परिप्रेक्ष्य हमारे सामने आता है, जो काव्य के 'पाठ' से पुष्ट और प्रमाणित ही होता है, उससे उसका खंडन नहीं होता।

3

'उर्वशी' के साथ न्याय करने के लिए इस काव्य की संरचना पर ध्यान देना जरूरी है। उसमें तीन कथाएँ हैं, जो प्राय: समानांतर चलती हैं। पहली कथा पुरूरवा और उर्वशी की है, दूसरी औशीनरी और पुरूरवा की तथा तीसरी च्यवन और सुकन्या की। इन तीनों कथाओं की अंतर्वस्तु अलग-अलग है। पहली कथा की अंतर्वस्तु है प्रेमी और प्रेमिका के बीच का प्रेम, दूसरी कथा की पत्नी और पति के बीच का प्रेम तथा तीसरी कथा की ऋषि और ऋषि-पत्नी के बीच का प्रेम, जो गार्हस्थ्य और संन्यास का संधि-स्थल है। विद्वानों ने, जैसा कि ऊपर संकेत किया जा चुका है, शेष दो कथाओं को भुलाकर पुरूरवा और उर्वशी की कथा पर अपना ध्यान केंद्रित किया है। किसी-किसी विद्वान् ने तो यहाँ तक कहा है कि 'उर्वशी' तृतीय अंक में आकर समाप्त हो जाती है और उसके बाद के दो अंक भरती के अंक हैं। ऐसे विद्वानों ने इस काव्य के द्वितीय अंक को भी भुला दिया है, जो औशीनरी को समर्पित है, और चतुर्थ अंक को भी, जो उर्वशी के पत्नी और मातृ-रूप के बीच चलनेवाले द्वंद्व को अत्यंत तीव्रता के साथ हमारे सामने लाता है। द्वितीय अंक को उन्होंने जैसे तृतीय अंक की तैयारी-भर समझा है और चतुर्थ तथा पंचम अंकों को कथा का समापन-मात्र। स्पष्टत: यह इस काव्य की संरचना को, जो कि अत्यंत सुविचारित और अत्यंत सुदृढ़ है, नजरअंदाज करना है। यह सत्य है कि 'उर्वशी' का तृतीय अंक इस काव्य का केंद्रीय अंक है, जो आकार में भी सबसे बड़ा है और जिसे कवि ने सर्वाधिक मनोयोग से भी रचा है, तथापि यह सत्य नहीं है कि इस अंक में आकर कवि इस काव्य की रचना के उद्देश्य को प्राप्त कर लेता है। 'उर्वशी' में उसके तृतीय अंक का महत्त्व वैसा ही है, जैसा 'साकेत' में उसके नवम सर्ग का और स्वयं दिनकरजी के 'कुरुक्षेत्र' में उसके षष्ठ सर्ग का। ये दोनों सर्ग उक्त दोनों काव्यों के मर्मस्थल हैं, लेकिन पूरा काव्य-शरीर नहीं।

पुरूरवा और उर्वशी प्रेमी-प्रेमिका हैं, लेकिन दोनों की स्थिति अलग-अलग है। पुरूरवा मनुष्य है और उर्वशी अप्सरा। एक पार्थिव है और दूसरी स्वर्ग की शोभा बढ़ानेवाली। दिनकरजी के शब्दों में पुन: कहें, तो एक पुरुष का प्रतीक है और दूसरी नारी की। स्वभावत: दोनों की वृत्तियाँ अलग-अलग हैं। खास बात यह कि दोनों में से कोई शरीर और आत्मा में से किसी एक को लेकर संतुष्ट नहीं है। जैसे पुरूरवा के लिए शरीर के साथ आत्मा का महत्त्व है, वैसे ही उर्वशी के लिए आत्मा के साथ शरीर का। कहा जा सकता है कि एक जहाँ आत्मोन्मुख है, दूसरी देहोन्मुख। पुरूरवा के पुष्पोद्यान में मिलने के बाद दोनों एक वर्ष के लिए गंधमादन पर्वत पर जाते हैं और वहाँ विहार करते हैं। उस दरम्यान उनके बीच जो संवाद होता है, उसी का अभिलेख 'उर्वशी' का तृतीय अंक है। मुक्तिबोध को यह भी भ्रम हुआ है कि यह संवाद काम के गोपन क्षणों का है, जो कि अत्यंत अस्वाभाविक है, जबकि सच्चाई यह है कि यह दोनों के मध्य विहार का पूरा समय बिताते हुए संपन्न होता है। निस्संदेह एकाध संवाद गोपन क्षणों का भी है, लेकिन

उसमें कोई वैसी बात नहीं है। दूसरे, इस संवाद के कई विषय हैं, सिर्फ दर्शन और रहस्य नहीं। उदाहरण के लिए एक संवाद, जिसमें उर्वशी कहती है, 'किंतु आह! यों नहीं ; तनिक तो शिथिल करो बाँहों को', चार-पाँच पंक्तियों के बाद ही बदल जाता है और उर्वशी और पुरूरवा दोनों विस्तार से चतुर्दिक् व्याप्त ज्योत्स्ना-निशा का वर्णन करने लगते हैं, जो अपनी सरलता और हार्दिकता में अद्वितीय है। बानगी के तौर पर हम कुछ पंक्तियाँ देख सकते हैं—

दमक रही कर्पूर-धूलि दिग्वधुओं के आनन पर;
रजनी के अंगों पर कोई चंदन लेप रहा है।
यह अधित्यका दिन में तो कुछ इतनी बड़ी नहीं थी?
अब क्या हुआ कि यह अनंत सागर-समान लगती है?
कम कर दी दूरता कौमुदी ने भू और गगन की?
उठी हुई-सी मही, व्योम कुछ झुका हुआ लगता है।

रसप्रसन्न मधुकांति चतुर्दिक् ऐसे उमड़ रही है,
मानो, निखिल सृष्टि के प्राणों में कंपन भरने को
एक साथ ही सभी बाण मनसिज ने छोड़ दिए हों।

दोनों की बातचीत इस विषय से होते हुए समय या काल पर पहुँचती है और फिर दार्शनिक या रहस्यवादी भूमि पर आ जाती है, जो जरा भी नहीं खटकता, बल्कि भारतीय मानस को बहुत सहज और रुचिकर प्रतीत होता है।

इस अंक में पुरूरवा और उर्वशी अपना दार्शनिक पक्ष प्रस्तुत करते हैं। पुरूरवा कहता है—

ऊपर जो द्युतिमान्, मनोमय जीवन झलक रहा है,
उसे प्राप्त हम कर सकते हैं तन के अतिक्रमण से।

तन का अतिक्रमण, यानी इन दो सुरम्य नयनों के
वातायन से झाँक देखना उस अदृश्य जगती को
जहाँ मृत्ति की सीमा सूनेपन में बिला रही है।

इस काव्य में दर्शन भी किस तरह अनुभूति का अंग बनकर आया है, इसका प्रत्यक्षीकरण निम्नलिखित पंक्तियों में होता है, जो कविता के सर्वोच्च धरातल का स्पर्श करती हैं—

सुनें अशब्दित वे विचार, जिनमें सब ज्ञान भरा है,
और चुनें गोपन भेदों को, जो समाधि-कानन में
कामद्रुम से कुसुम-सदृश नीरव, अशब्द झरते हैं।

लेकिन जैसा कि कहा जा चुका है, उर्वशी जहाँ पूर्णतः निर्द्वंद्व है, वहाँ पुरूरवा निर्द्वंद्व भाव से अपना दर्शन उपस्थित करते हुए भी शरीर और मन तथा काम और अध्यात्म के बीच झटके खाता है, जिससे उबरना उसके लिए संभव नहीं है। उपर्युक्त दार्शनिक आख्यान के बाद वह कहता है—

पर, कैसा दुःसाध्य पंथ! कितना उड्डयन कठिन है!
पहले तो मधु-सिक्त भ्रमर के पंख नहीं खुलते हैं ;
और खुले भी तो उड़ान आधी ही रह जाती है,
नीचे उसे खींच लेता है आकर्षण मधुवन का।

वैसे नामवरजी की एक व्याख्यान में कही गई यह बात सही है कि उर्वशी के निर्द्वंद्व दर्शन से अधिक प्रभावशाली पुरूरवा का यह द्वंद्व है। उर्वशी का प्रेमिका-चरित्र जहाँ बहुत कुछ शांत है, 'कामायनी' की श्रद्धा की तरह, वहाँ पुरूरवा का चरित्र अतिशय अशांत है, 'कामायनी' के ही मनु की तरह। स्वभावतः श्रद्धा के पास जैसा भी आदर्श हो, हमें प्रभावित करता है मनु का यथार्थ चरित्र। अंत में पुरूरवा संन्यास ग्रहण कर लेता है, जिससे पाठकों को ऐसा महसूस हो सकता है कि उसका द्वंद्व समाप्त हो गया, लेकिन कवि को उसका विश्वास नहीं है। कारण यह कि वह उसे पुरुष की मूल प्रवृत्ति का, जो काम और अध्यात्म के बीच झूलती है, प्रतिनिधि मानता है, जिससे भूमिका में उसने संकेत से कहा है कि चूँकि द्वंद्व से पुरुष की मुक्ति होगी या नहीं, यह अज्ञात है, इसलिए पुरूरवा के बारे में भी निश्चित रूप से नहीं कहा जा सकता कि संन्यास उसकी आखिरी मंजिल है।

पुरूरवा और उर्वशी की कथा आगे भी चलती है। जो लोग पुरूरवा को दिनकरजी का आदर्श पात्र मानते हैं, उनके लिए 'उर्वशी' के अंतिम अंक में ही नहीं, उसके द्वितीय अंक में भी उस पर परोक्ष रूप से की गई कवि की टिप्पणियों को देखना जरूरी है। द्वितीय अंक में औशीनरी की प्रायः संपूर्ण आत्माभिव्यक्ति पत्नी के प्रति पुरूरवा के व्यवहार पर ज्वलंत टिप्पणी है। अंत में जब उसे गंधमादन पर्वत से महाराज यह संदेश भिजवाते हैं कि पुत्र- प्राप्ति के लिए 'करती रहें प्रार्थना, त्रुटि हो नहीं, धर्मसाधन में,/जहाँ रहूँ, मैं भी रत हूँ ईश्वर के आराधन में', तो वह अपनी सखी निपुणिका से कहती है : 'हाँ, अनोखी साधना है,/अप्सरा के संग रमना ईश की आराधना है!' इसी तरह अंतिम अंक में पुरूरवा के पुत्र-दर्शन के बाद उर्वशी के स्वर्ग लौट जाने पर उसे वापस लाने के लिए जब वह स्वर्ग पर हमले की योजना बनाता है, तो नेपथ्य से प्रारब्ध उसे कसकर फटकार लगाता है। वह उससे कहता है कि तुमने कभी यह भी सोचा है कि एक भोग्या के लिए देवलोक पर आक्रमण कर भावी पीढ़ियों पर तुम अपनी कैसी छाया छोड़ रहे हो? तुम प्रेम की बात करते हो, लेकिन इस प्रश्न का तुम्हारे पास क्या उत्तर है कि वह तुम्हारे लिए करुणा की अश्रुधारा में क्यों नहीं परिणत हुआ? वह रमणी के मुख के लावण्य से आगे बढ़कर उसके हृदय में छिपे हुए देवता का आराधन क्यों नहीं बना? तुम्हारे प्रेम की सार्थकता इस

बात में थी कि वह जीवन के अखंड आलोक-पुंज में रूपांतरित होता, जिसे लिए हुए तुम और ऊपर उठते, लेकिन वैसा नहीं हुआ। इतना ही नहीं, प्रारब्ध उससे पूछता है कि स्त्री के भीतर जो एक असीम स्त्री है, उसकी रक्षा कौन करेगा ? वह तो वही कर सकता है, जो केवल पुरुष नहीं, बल्कि उससे किंचित् अधिक पुरुष है, जिसके हृदय में करुणा है और प्राणों में अचल पर्वत; जिसकी उँगलियाँ कलियों-सी सुकुमार हैं, पर मुट्ठियाँ पत्थर-जैसी कठोर। वह उससे जानना चाहता है कि क्या तू वह पुरुष है ? प्रारब्ध पुरूरवा की आत्मा की ही आवाज था। उसकी बातों से अंततः उसका मोहभंग होता है और वह अपनी कमजोरी महसूस करता है, लेकिन मात्र इससे वह कवि का आदर्श नहीं हो जाता। कवि तो उसे अंत-अंत तक संदेह की दृष्टि से देखता है, जिसकी तरफ इशारा किया जा चुका है।

पुरूरवा शरीर का अतिक्रमण कर आत्मलोक में पहुँचना चाहता है, क्योंकि वह इन दोनों को एक-दूसरे से अलग मानता है। तात्पर्य यह कि उसकी दृष्टि में प्रकृति और परमेश्वर, माया और ब्रह्म, गोचर जगत् और ईश्वरीय जगत् तथा शरीर और आत्मा दो हैं, जिनमें से एक साधन-मात्र है और दूसरा साध्य। उर्वशी का दर्शन इसके विपरीत है। वह पुरूरवा से, जो काम के माध्यम से, यानी उसे सोपान-मात्र समझते हुए, उससे ऊपर उठकर अध्यात्म-लोक में प्रवेश करना चाहता है, कहती है—

ईश्वरीय जग भिन्न नहीं है इस गोचर जगती से ;
इसी अपावन में अदृश्य वह पावन सना हुआ है।

माया कह क्यों मृषा मेटते हो अस्तित्व प्रकृति का ?
ये नदियाँ, ये फूल, वृक्ष ये और स्वयं हम-तुम भी
शून्य मंच पर सत्त्वशील, जीवित, साकार खड़े हैं।
और यहाँ जो कुछ करते हैं, उसकी गंध हवा में
उड़ते-उड़ते दूर जन्म-जन्मांतर तक जाती है।

उर्वशी का यह दृढ़ मत है कि प्रकृति में किसी प्रकार का द्वैत नहीं है। जब तक हम उसे और परमेश्वर को अलग-अलग देखते हैं, तभी तक यह संसार हमें माया लगता है। यदि हम अच्छे-बुरे भावों से तटस्थ हो जाएँ, तो भेद का अस्तित्व नहीं रह जाता और न शंका के लिए कोई जगह रह जाती है। दिनकरजी ने अपनी डायरी में भी एक जगह कहा है कि भेद-दृष्टि से 'शरीर और मन की एकता का भंजन होता है। वास्तव में मन शरीर का ही एक अंश है।' अब आप उर्वशी का मत देखें—

मन की कृति अद्वैत, प्रकृति में, सचमुच, द्वैत नहीं है।
जब तक प्रकृति विभक्त पड़ी है श्वेत-श्याम खंडों में,
विश्व तभी तक माया का मिथ्या प्रवाह लगता है।

किंतु, शुभाशुभ भावों से मन के तटस्थ होते ही,
न तो दीखता भेद, न कोई शंका ही रहती है।

इस संसार को माया नहीं मानने में सबसे बड़ी बाधा यह है कि यह क्षण-क्षण परिवर्तनशील है और विनाश को प्राप्त होता जा रहा है। उर्वशी इस शंका का समाधान यह कहकर करती है कि यह परिवर्तन विनाश नहीं है, बल्कि यह प्रकृति की सहज गति है। यदि इसे नश्वरता कहा जाए, तो मुक्ति उससे भिन्न कोई वस्तु नहीं। उसके दर्शन पर वैष्णव दर्शन का भी किंचित् प्रभाव मालूम पड़ता है, क्योंकि वह पुरूरवा से कहती है—

जिसे खोजता फिरता है तू, वह अरूप, अनिकेतन
किसी व्योम पर कहीं देह धर बैठा नहीं मिलेगा।
वह तो स्वयं रहा बह अपनी ही लीला-धारा में,
कर्दम कहीं, कहीं पंकज बन, कहीं स्वच्छ जल बनकर।

इस दर्शन को दिनकरजी का भी समर्थन प्राप्त है, क्योंकि वह प्रवृत्ति में निवृत्ति और निवृत्ति में प्रवृत्ति का सुविचारित भारतीय दर्शन है। अपनी डायरी में उन्होंने यह भी कहा है कि 'धर्म का ध्येय प्रकृति और ईश्वर के बीच एकता की अनुभूति है।' लेकिन इसका मतलब यह कतई नहीं है कि यह दर्शन ही 'उर्वशी' काव्य का संदेश है। एक तो संदेश-मात्र पर कवि का विश्वास नहीं और दूसरे, उर्वशी से उसकी वजनी शिकायतें भी हैं। संदेश में अविश्वासवाली दिनकरजी की बात ऊपर उद्धृत की जा चुकी है। 'शेष-निःशेष' वाले साक्षात्कार में उन्होंने यह भी कहा है कि "जो लोग 'उर्वशी' काव्य का पारायण यह सोचकर करते हैं कि पुरूरवा आदर्श पुरुष और उर्वशी आदर्श नारी है, उन्हें उनकी जिज्ञासा का समाधान इस काव्य में नहीं मिलेगा। उर्वशी में ऐसी बहुत-सी बातें हैं जो आदर्श नारी में नहीं होनी चाहिए।" वे नारी के दोनों परंपरागत रूपों— लक्ष्मी-रूप और अप्सरा-रूप — से परिचित थे और उसके अप्सरा-रूप की अपेक्षा लक्ष्मी-रूप को अधिक पसंद करते थे। उनके अनुसार उर्वशी की रचना के क्रम में उनका ध्यान बार-बार आधुनिकाओं पर जाता था, जो अपने लक्ष्मी-रूप की अपेक्षा अप्सरा-रूप का ध्यान रखती हैं। स्वभावतः 'उर्वशी' में औशीनरी के माध्यम से उसके अप्सरा-धर्म की कठोर आलोचना की गई है। अप्सराओं के नारी-चरित्र में हमें कोई विकास नहीं मिलता, क्योंकि वे सिर्फ कामिनी बनी रहना चाहती हैं और मातृत्व से भागती हैं। दिनकरजी कालिदास की तरह ही नारी-चरित्र का विकास प्रेयसी से पत्नी होने में और फिर पत्नी से माँ होने में देखते थे। डायरी में मुझे उनका यह वाक्य भी मिला है कि 'नारी वही अच्छी है, जो फेमिनिस्ट कम, फेमिनिन ज्यादा हो।' नारीवादियों को यह प्रतिक्रियावाद प्रतीत होगा, लेकिन 'उर्वशी' के रचनाकार को नारी के पत्नी और मातृ-रूप से वियुक्त नारी की कोई कल्पना नहीं थी। उनके लिए विवाह नामक संस्था को पुरुष-स्त्री के व्यक्तित्व की समानता के धरातल पर लाना जरूरी था, लेकिन जब तक उसका बेहतर विकल्प न मिल जाए, वे उसे छोड़ने की बात नहीं सोच

सकते थे। बहरहाल, हम उर्वशी के अप्सरा-धर्म पर किए गए प्रहार को देखें।

'उर्वशी' के द्वितीय अंक में ही, यानी उर्वशी के इस काव्य के मंच पर अवतरित होते ही, पुरूरवा के साथ उसके प्रेम-व्यवहार के बारे में सुनकर उस पर औशीनरी यह टिप्पणी करती है—

जाने, इस गणिका का मैंने कब क्या अहित किया था,
कब, किस पूर्वजन्म में उसका क्या सुख छीन लिया था,
जिसके कारण भ्रमा हमारे महाराज की मति को,
छीन ले गई अधम पापिनी मुझसे मेरे पति को।

ये प्रवंचिकाएँ, जाने, क्यों तरस नहीं खाती हैं,
निज विनोद के हित कुल-वामाओं को तड़पाती हैं।
जाल फेंकती फिरतीं अपने रूप और यौवन का,
हँसी-हँसी में करती हैं आखेट नरों के मन का।
किंतु, बाण इन व्याधिनियों के किसे कष्ट देते हैं?
पुरुषों को दे मोद प्राण वे वधुओं के लेते हैं।

यही दिनकर की प्रकृत भूमि है, जिससे ये यथार्थ और करुण पंक्तियाँ उनकी कलम से निकली हैं। ऐसी स्थिति में उनके द्वारा उर्वशी को महिमामंडित करने की कोई बात ही नहीं हो सकती थी। उक्त टिप्पणी, जिसमें जान-बूझकर अप्सरा के लिए 'गणिका' शब्द का प्रयोग किया गया है, उर्वशी के चरित्र का राज फाश कर देती है। कवि ने उसे विस्तार न दिया होता, यदि उसे पुरूरवा और उसके माध्यम से 'प्रेम की अतल गहराई का अनुसंधान करना' न होता। इस प्रेमी-युगल के बारे में उनकी यह उक्ति पुन: द्रष्टव्य है : "असल में आदर्श नर और आदर्श नारी का चित्रण मेरा ध्येय नहीं था। मैं तो केवल पुरूरवा और उर्वशी का चित्रण करना चाहता था, जिनके दर्शन मुझे नए मनीषियों और नई नारियों में मिलते ही रहते हैं।" यह उक्ति भी उक्त साक्षात्कार में ही मिलती है, जिसके दूसरे वाक्य के उत्तरांश का व्यंग्य अत्यंत स्पष्ट है।

उर्वशी का प्रेमिका रूप भी बहुत प्रभावशाली है, क्योंकि दिनकर ने उसे रवींद्रनाथ की तरह 'विश्वप्रिया' तक उठा दिया है, लेकिन चतुर्थ अंक में उपस्थित किए गए उसके मातृरूप में तो गजब की मार्मिकता है। कवि ने उसे मानवी का रूप प्रदान कर उसके निर्द्वंद्व मन को भी तनाव और द्वंद्व से भर दिया है। कहाँ उसका यह अप्सरा-रूप—

मैं नाम-गोत्र से रहित पुष्प,
अंबर में उड़ती हुई मुक्त आनंद-शिखा
इतिवृत्तहीन,
सौंदर्य-चेतना की तरंग :

सुर-नर-किन्नर-गंधर्व नहीं,
प्रिय! मैं केवल अप्सरा
विश्वनर के अतृप्त इच्छा-सागर से समुद्भूत...

और कहाँ उसका यह सगर्भा-रूप—

देह कांति-पीतिमायुक्त ; गति नहीं पदों के वश में;
चल लेती है किसी भाँति पीवर उस मेघाली-सी
जो समुद्र का जल पीकर मंथर डगमगा रही हो।

कालिदास ने भी रघुवंश के तृतीय सर्ग के आरंभ में सगर्भा सुदक्षिणा का रूप-वर्णन किया है। निस्संदेह सगर्भा स्त्री में वही कवि सौंदर्य देख सकते हैं, जिनकी दृष्टि उसके प्रमदा-रूप तक सीमित नहीं है। कहने की आवश्यकता नहीं कि च्यवन के माध्यम से किया गया उर्वशी का यह सौंदर्य-वर्णन हमें दिनकर की असीमित सौंदर्य-दृष्टि की सूचना देता है। '*उर्वशी*' का चतुर्थ अंक इस कारण महत्त्वपूर्ण है कि इसमें च्यवन-सुकन्या की कथा के साथ उर्वशी के मातृ-रूप की कथा बहुत स्वाभाविक रूप से गुंफित होकर सामने आई है। उसने अपने पुत्र आयु को पुरूरवा से छिपकर वहीं जन्म दिया था। आयु वहीं पल रहा था, जिसे देखने के लिए वह छिपकर ही पुरूरवा के राजभवन से प्रतिदिन वहाँ जाया करती थी। पुरूरवा एक यज्ञ में व्यस्त था, जो कल समाप्त होनेवाला था। उर्वशी को चिंता इस बात को लेकर होती है कि यज्ञ-कर्म से मुक्त होकर महाराज उसे ढूँढ़ेंगे और फिर एक पल के लिए भी उसे आँखों से ओझल न होने देंगे। इस तरह आयु को आज वह अंतिम बार च्यवन के आश्रम में देख रही थी। वह उसे हृदय से लगाकर बार-बार चूमती है और कहती है—

कितनी मृदुल ऊर्मि प्राणों में अकथ, अपार सुखों की!
दुग्ध-धवल यह दृष्टि मनोरम कितनी अमृत-सरस है!
और स्पर्श में यह तरंग-सी क्या है सोम-सुधा की,
अंक लगाते ही आँखों की पलकें झुक जाती हैं।
हाय, सुकन्ये! कल से मैं, जाने, किस भाँति जियूँगी!

कौन कह सकता है कि उर्वशी के लिए वात्सल्य का यह सुख काम के सुख से और पुत्र के लिए उसकी बेचैनी प्रेमी के लिए उसकी बेचैनी से घटकर है!

उसके भीतर चलनेवाला प्रेमिका-रूप और मातृ-रूप का द्वंद्व उसे कैसा नया व्यक्तित्व प्रदान करता है, यह उसके इस कथन में द्रष्टव्य है—

और विवशता यह तो देखो, मैं अभागिनी नारी
दिखा नहीं सकती सुत का मुख अपने ही स्वामी को,
न तो पुत्र के लिए स्नेह स्वामी का तज सकती हूँ।

भरत-शाप जितना भी कटु था, अब तक वह वर ही था;
उसका दाहक रूप सुकन्ये! अब आरंभ हुआ है।

इस द्वंद्व में अंततः उसका प्रेमिका-रूप उसके मातृ-रूप से पराजित हो जाता है, जिसका प्रमाण सुकन्या के प्रति उसका यह कथन है–

अपना सुख तृणवत् नगण्य है, उसे छोड़ सकती हूँ।
किंतु, पुत्र का भाग्य भूमि पर रह कैसे फोड़ूँगी?
देना भेज, उचित जब समझो, मुझसे जनित तनय पर
जभी पड़ेगी दृष्टि दयित की, वज्र आन टूटेगा;
गरज उठेगा भरत-शाप, मैं पराधीन पुतली-सी
खिंची हुई क्षिति छोड़ अचानक स्वर्ग चली जाऊँगी।
छूट जायँगे अकस्मात् वे सुख, जिनके लालच में,
जबसे आई यहाँ, कल्प-कानन को भूल गई हूँ।

अंत में उसकी यह नियति पाठकों के सामने आती है–

हाय! अंत में, मुझ अभागिनी शापग्रस्त नारी को
न तो प्राणप्रिय पुत्र, न तो प्रियतम मिलनेवाले हैं।

कहा जा सकता है कि मानवी की दुर्भाग्य-शिला से टकराकर उर्वशी का अप्सरा-रूप चूर-चूर हो जाता है, जिसे भुलाकर 'उर्वशी' की इस नायिका का चरित्र-चित्रण पूरा नहीं हो सकता।

4

औशीनरी और पुरूरवा की कथा में औशीनरी अपने पति द्वारा सताई हुई एक स्त्री है, मैथिलीशरण की शकुंतला, उर्मिला, यशोधरा, विष्णुप्रिया और रत्नावली की परंपरा में। स्मरणीय है कि इन सबों के पति महापुरुष थे। कोई राजा था, कोई शेषनाग का अवतार और महान् भ्रातृभक्त, कोई महान् दार्शनिक और धर्म-प्रवर्तक, कोई महान् वैष्णव तथा कोई महान् कवि। पुरूरवा भी एक प्रतापी राजा है, जो स्वर्ग पर भी आक्रमण कर सकता है। लेकिन पत्नी के प्रति उसका व्यवहार औसत हिंदू पति-जैसा ही है। क्या यह आकस्मिक है कि पूरे काव्य में उसकी महारानी से कभी मुलाकात नहीं होती? अंत में जब वह संन्यास लेकर वन के लिए प्रस्थान करता है, तब भी वह उससे नहीं मिलता। यह घटना सीधे यशोधरा की नियति को हमारे सामने ला देती है, जिसे सुप्तावस्था में छोड़कर सिद्धार्थ ने महाभिनिष्क्रमण किया था। हम देख चुके हैं कि द्वितीय अंक में गंधमादन पर्वत से पुरूरवा औशीनरी को पुत्र-प्राप्ति के लिए निष्ठापूर्वक व्रत साधते रहने का संदेश भिजवाता है, तो उस पर औशीनरी व्यंग्य से टिप्पणी करती है, लेकिन साथ-साथ वह यह भी कहती

है : 'तब भी मरुत अनुकूल हों,/मुझको मिलें, जो शूल हों,/प्रियतम जहाँ भी हों, बिछे सर्वत्र पथ में फूल हों।' निश्चय ही यह स्थिति-मात्र है, आदर्श स्थिति नहीं, क्योंकि इससे न कवि सहमत है और न इन पंक्तियों का तुच्छ लेखक। यदि यह आदर्श स्थिति होती, तो औशीनरी के मुख से यहाँ कवि इस तरह की बातें न कहलवाता—

कितना विलक्षण न्याय है!
कोई न पास उपाय है!
अवलंब है सबको, मगर, नारी बहुत असहाय है।

दुख-दर्द जतलाओ नहीं,
मन की व्यथा गाओ नहीं,
नारी! उठे जो हूक मन में, जीभ पर लाओ नहीं।

द्वितीय अंक के बाद औशीनरी फिर काव्य के अंतिम अर्थात् पंचम अंक में ही उपस्थित होती है। वह भी तब, जब पुरूरवा राजपाट अपने पुत्र आयु को सौंपकर वन के लिए प्रस्थान कर जाता है। लेकिन उसके बाद भी वह वस्तुतः सब पर छा जाती है। यह उसके चरित्र की 'सबलता' के कारण ही संभव होता है। यह महारानी का नहीं, एक औसत हिंदू पत्नी का चरित्र है, पीड़ा और करुणा से भरा हुआ। उसके मंच पर आने के पहले राजसभा में दो घटनाएँ घटी थीं— सुकन्या के साथ आयु का प्रवेश और उसके बाद उर्वशी का अदृश्य हो जाना। तात्पर्य यह कि राजसभा में पुरूरवा के साथ उर्वशी विराजमान थी, लेकिन औशीनरी नहीं। उसकी जगह मानो पति के वामांग में नहीं, अंतःपुर में ही थी। इससे बढ़कर उसका अपमान और उपेक्षा क्या होगी ? यह तो उसकी पीड़ा का एक कारण है। उसका तो संपूर्ण जीवन ही जैसे पीड़ा की अकथ कहानी रहा है। उसका एक अंश उसी के शब्दों में सुनने योग्य है। वह महामात्य से कहती है—

कौन सका कह व्यथा ? नहीं देखा, समग्र जीवन में
जो कुछ हुआ, देख उसको मैं कितनी मौन रही हूँ
कोलाहल के बीच मूकता की अकंप रेखा-सी ?
वाणी का वर्चस्व रजत है, किंतु, मौन कंचन है।
पर, क्या मिला, अंत में जाकर, मुझको इस कंचन से ?
उतरा सब इतिहास, जहाँ निर्घोष, निनद, कलकल था;
चले गए उस मूक नीड़ की छाया सभी बचाकर
घटनाओं से दूर जहाँ मैं अचल, शांत बैठी थी।

महाराज कितने उदार, कितने मृदु, भाव-प्रवण थे!
मुझ अभागिनी को उनने कितना सम्मान दिया था!

पर, चलने के समय कृपा अपनी क्यों भूल गए वे?
रहा नहीं क्यों ध्यान, दानवाकृति इस बड़े भवन में
कहीं उपेक्षित, शांत एक वह भी धूमिल कोना है,
कभी भूलकर भी जातीं घटनाएँ नहीं जहाँ पर,
न तो जहाँ इतिहासों की पदचाप सुनी जाती है;
जहाँ प्रणय नीरव, अकंप, कामना स्निग्ध, शीतल है,
अभिलाषाएँ नहीं व्यग्र अपनी ही ज्वालाओं से...

फिर वह स्वाभाविक रूप से प्रेयसी और पत्नी के बीच तुलना करने लगती है और उस क्रम में निवेदन करती है—

स्थापित जहाँ शुभेच्छु, समर्पित हृदय विनम्र त्रिया का,
उद्वेगों से अधिक स्वाद है जहाँ शांति, संयम में;
एक पात्र में जहाँ क्षीर, मधुरस, दोनों संचित हैं,
छिपे हुए हैं जहाँ सूर्य-शशधर एक ही हृदय में;
जहाँ भामिनी नहीं मात्र प्रेयसी विमुग्ध पुरुष की,
अमृत-दायिनी, बल-विधायिनी माता भी होती है।

पति से उपेक्षित और प्रेमिका से पराजित औशीनरी दु:ख और निराशा की चरम अवस्था में पश्चात्ताप करती है कि उसने भी पत्नी की जगह प्रेयसी का आचरण क्यों नहीं किया? वह सुकन्या से कहती है—

गँवा दिया सर्वस्व हाय, मैंने छिपकर छाया में,
अस्वीकृत कर खुली धूप में आँख खोल चलने से।
देवि! प्रेम के जिस तट पर अप्सरा स्नान करती है,
गई नहीं क्यों मैं तरंग-आकुल उस रसित पुलिन पर?

पछताती हूँ हाय रक्त आवरण फाड़ व्रीड़ा का
व्यंजित होने दिया नहीं क्यों मैंने उस प्रमदा को
जो केवल अप्सरा नहीं, मुझमें भी छिपी हुई थी?

विद्वानों ने औशीनरी के इस कथन पर भी भिन्न मत प्रकट किए हैं। 'कल्पना' में भारतभूषण अग्रवाल ने 'उर्वशी' पर आधुनिक परिप्रेक्ष्य में विचार करते हुए विस्तार से अपनी प्रतिक्रिया व्यक्त की थी। उसमें वे कहते हैं : "अपने विवाह से पुरूरवा का संपूर्ण व्यक्तित्व चरितार्थ नहीं हो सका है, क्योंकि औशीनरी उसकी धर्मपत्नी तो है, सहधर्मिणी नहीं है, पति उसका साथी नहीं 'आधार' है। इसीलिए वह पुरूरवा के विकास में योग नहीं दे पाती। बाहर तो प्रतिपल उसके जीवन के नए आयाम खुलते जाते हैं, स्वर्गलोक तक उसका स्यंदन

पहुँचता है, पर घर में वही एकरस कामनाहीन समर्पण। परंपरा से बँधी अविकसित व्यक्तित्व वाली नारी वह दांपत्य-सुख कैसे ले या दे सकती है जो मुक्त और विकसित व्यक्तित्व की पूर्ण नारी द्वारा ही संभव है। उर्वशी के प्रति पुरूरवा का आकर्षण इसी उच्चतर भावभूमि पर अंगीकृत हो सकता है, दैहिक विलासिता की परंपरागत भूमि पर नहीं।'' भारतजी के इस कथन में सच्चाई है, लेकिन उसे दूसरे रूप में उपस्थित करने की जरूरत थी। स्वभावतः डा. रामविलास शर्मा की प्रतिक्रिया इसके बिलकुल उलट है। वे कहते हैं, ''पतिव्रता औशीनरी को क्षोभ है कि वह गणिका उर्वशी के समान अपनी काम-लीला द्वारा राजा को रिझाकर अपने साथ न रख सकी : 'रही समेटे अलंकार क्यों लज्जामयी वधू-सी ?/बिखर पड़ी क्यों नहीं कुट्टमित, चकित, ललित, लीला में ?' दुर्भाग्य से यह चकित ललित लीला हर शहर की सड़क पर दिन दूनी रात चौगुनी बढ़ती जाती है किंतु इससे गृहस्थ जीवन स्वस्थ और सुदृढ़ होने के बदले और भी खोखला होता जाता है।'' कहने की आवश्यकता नहीं कि कवि के निकट डा. शर्मा ही हैं, भारतजी नहीं, क्योंकि हम देख चुके हैं कि उसे आधुनिकाएँ पसंद नहीं थीं।

औशीनरी के नारी-व्यक्तित्व को मातृत्व का आयाम उर्वशी से उत्पन्न पुरूरवा के पुत्र से ही मिलता है। सारे द्वेष और ईर्ष्या-भाव को तजकर वह आयु से कहती है—

फला न कोई शस्य, प्रकृति से जो भी अमृत मिला था,
लहर मारता रहा टहनियों में सूनी डालों में।
किंतु, प्राप्त कर तुझे आज, बस, यही भान होता है,
शस्य-भार से मेरी सब डालियाँ झुकी जाती हों।
हाय, पुत्र! मैं भी जीवन भर बहुत-बहुत प्यासी थी;
शीतल जल का पात्र अधर से पहले पहल लगा है।

दिनकरजी में जो अनेक द्वंद्व बद्धमूल थे, उनमें से एक द्वंद्व निवृत्ति और प्रवृत्ति अर्थात् संन्यास और प्रेम का भी था। इसका समाधान जैसे उन्होंने गार्हस्थ्य-जीवन में पाया था। यह वह जीवन है, जिसमें प्रेम में संन्यास और संन्यास में प्रेम की स्थिति होती है। तुलसीदास ने भी दोनों के बीच संघर्ष का समाधान इसी रूप में किया था : 'तुलसी घर बन बीचहीं राम प्रेमपुर छाइ'। उनका उपदेश है कि घर में ही गृहत्यागी की तरह रहकर राम से प्रेम करना चाहिए। हमें 'उर्वशी' की भूमिका में ये पंक्तियाँ मिलती हैं, ''प्रकृति और परमेश्वर की एकता की एक अनुभूति, संन्यास और प्रेम के बीच संतुलन की एक झाँकी महर्षि च्यवन के चरित्र में झलक मारती है। जो नदी पुरूरवा के भीतर बेचैन होकर गरज रही है, वही च्यवन में आकर स्वच्छ, सुस्थिर, शीतल और मौन है।'' क्यों ? इसलिए कि च्यवन ने योग के लिए न भोग का निषेध किया है और न भोग के लिए योग का। लेकिन दिनकरजी को पता है कि योग और भोग का समन्वय एक अति दुष्कर कार्य है, इसलिए वे इसे भी निश्चयपूर्वक प्रश्न के उत्तर के रूप में प्रस्तुत नहीं करते। उन्होंने लिखा है कि 'संन्यास

में समाकर प्रेम से और प्रेम में समाकर संन्यास से बचना जितना कठिन है, संन्यास और प्रेम के बीच संतुलन बिठाना, कदाचित्, उससे भी कठिन कार्य है।' इसके बावजूद च्यवन और सुकन्या की कथा पुरूरवा और उर्वशी की कथा का विरोध करती प्रतीत होती है। यह बात भी छिपती नहीं कि कवि पूर्णतः आश्वस्त न होते हुए भी इस कथा को स्पृहा से देखता है। चतुर्थ अंक में स्वाभाविक रूप से सुकन्या कहती है—

योग-भोग का भेद अप्सरा की अबंध क्रीड़ा है;
गृहिणी के तो परम देव आराध्य एक होते हैं,
जिससे मिलता भोग, योग भी वही हमें देता है।
क्या कुछ मिला नहीं मुझको दयिता महर्षि की होकर?

अकारण नहीं कि वह अप्सरा-धर्म के सख्त खिलाफ है—

शिखर-शिखर उड़ने में, जाने, कौन प्रमोद-लहर है!
किंतु, एक तरु से लग सारी आयु बिता देने में
जो प्रफुल्ल, घन, गहन शांति है, वह क्या कभी मिलेगी
नए-नए फूलों पर नित उड़ती फिरनेवाली को?

आगे वह बहुत उच्च शब्दों में दांपत्य-प्रेम का महत्त्व बतलाती है—

अप्सरियाँ जो करें, किंतु, हम मर्त्य योषिताओं के
जीवन का आनंद-कोष केवल मधुपूर्ण हृदय है।
हृदय नहीं त्यागता हमें यौवन के तज देने पर,
न तो जीर्णता के आने पर हृदय जीर्ण होता है।

एक-दूसरे के उर में हम ऐसे बस जाते हैं,
दो प्रसून एक ही वृंत पर जैसे खिले हुए हों।
फिर रह जाता भेद कहाँ पर शिशिर, घाम, पावस का?
एक संग हम युवा, संग ही संग वृद्ध होते हैं।

इस प्रसंग में सुकन्या की जुबानी च्यवन की उस बात का भी महत्त्व है, जो उन्होंने प्रसूता उर्वशी को देखकर कही थी। प्रेम में जहाँ संतान उत्पन्न करना यौवन और सौंदर्य का क्षरण करनेवाला माना जाता है, वहाँ गार्हस्थ्य-जीवन में वह स्त्री को नई महिमा से मंडित करता है। च्यवन के शब्दों में—

बाँध रहा जो तंतु लोक को लोकोत्तर जगती से,
उसका अंतिम छोर, न जाने, कहाँ अदृश्य छिपा है।
दृश्य छोर है, किंतु, यहाँ प्रत्यक्ष त्रिया के उर में!

नारी ही वह महा सेतु, जिसपर अदृश्य से चलकर
नए मनुज, नव प्राण दृश्य जग में आते रहते हैं।
नारी ही वह कोष्ठ, देव, दानव, मनुष्य से छिपकर
महाशून्य, चुपचाप, जहाँ आकार ग्रहण करता है।

हम पुनः सुकन्या की ओर लौटें। गार्हस्थ्य और सांसारिक जीवन के प्रति उसके मन में गहन लगाव है, जिसका पता वहाँ चलता है, जहाँ वह अपने आश्रम में उर्वशी की त्रासदी के प्रति अपनी प्रतिक्रिया प्रकट करती है। उसकी वह प्रतिक्रिया उस त्रासदी की भोक्त्री स्वयं उर्वशी की प्रतिक्रिया की तरह ही अत्यंत उत्कट है। वह कहती है—

कौन भामिनी है, जो अंगज पुत्र और प्रियतम में
किसी एक को लेकर सुख से आयु बिता सकती है?
कौन पुरंध्री तज सकती है पति के लिए तनय को?
कौन सती सुत के निमित्त स्वामी को त्याग सकेगी?
यह संघर्ष कराल! उर्वशी! बड़ा कठिन निर्णय है।
पुत्र और पति नहीं, पुत्र या केवल पति पाओगी,
सो भी तब, जब छिपा सको निष्ठुर बन सदा तनय को,
और मिटा दो इसी छिपाने में भविष्य बेटे का।

सखी! दुष्ट मुनि ने कितना यह भीषण शाप दिया है!
इससे तो था श्रेष्ठ भस्म कर देते तुम्हें जलाकर।

गार्हस्थ्य-जीवन बच्चे के बिना कभी पूरा नहीं हो सकता। सुकन्या में जैसे अकूत पति-प्रेम है, वैसे ही अकूत वात्सल्य भी। आयु उसका अपना पुत्र नहीं है, लेकिन वह उसके प्रति जो वात्सल्य दिखलाती है, वह विलक्षण है। चतुर्थ अंक के अंत में जब उर्वशी उसके आश्रम में ही रहने की बात कहकर चलने लगती है, तो सुकन्या उसे उसकी गोद से ले लेती है और जो कुछ कहती है, वह 'उर्वशी' काव्य के अंतिमांश का वह स्थल है, जिससे उच्छ्रित होनेवाली वात्सल्य-सुधा काव्य को अभिसिक्त कर देती है। यह दिनकर की काव्य-कला का अत्यंत मनोहर दृश्य भी है। पंक्तियाँ नीचे उद्धृत हैं—

यह आश्रम की जोत, इंदु नन्हाँ इस पर्ण-कुटी का;
सखी! तुम्हारा लाल हमारी आँखों का तारा है।

घुटनों के बल दौड़-दौड़ मेरा मुन्ना पकड़ेगा
कभी हरिण के कान, कभी डैने कपोत-केकी के।
और खड़ा होकर चलते ही बड़ी रार रोपेगा
शशकों, गिलहरियों, प्लवंग-शिशुओं, कुरंग-छौनों से।

फिर कुछ दिन में और तनिक बढ़कर प्रतिदिन जाएगा
होम धेनुओं को लेकर गोचर-अनुकूल विपिन में।

और साँझ के समय चराकर उन्हें लौट आएगा
सिर पर छोटा बोझ लिए कुश, दर्भ और समिधा का।

फिर पवित्र होकर, महर्षि के साथ यज्ञ-वेदी पर
बैठ हमारा लाल मंत्र पढ़-पढ़कर हवन करेगा।

हवन-धूम से आँखों में जब वाष्प उमड़ आएँगे,
तब मैं दोनों नयन पोंछ दूँगी अपने अंचल से...

5

'उर्वशी' को आधुनिक हिंदी कविता की उस परंपरा में रखकर ही देखा जा सकता है, जिसमें उसकी रचना हुई है। प्रयोग कमोबेश सभी अच्छे कवि करते हैं, जिससे उनकी विशिष्टता सूचित होती है, लेकिन किसी जातीय कवि की कविता को शुद्ध प्रयोग की कसौटी पर चढ़ाकर जाँचने की कोशिश समीचीन नहीं। दिनकरजी उत्तर-छायावादी परंपरा के कवि थे, जिनका पूर्ववर्ती काव्य-परंपरा से भी गहरा संबंध था। उन्होंने कविता लिखना शुरू किया, तो उनके सामने जो रचनात्मक समस्या थी, उसका उल्लेख उन्होंने एकाधिक स्थलों पर किया है। लिखा है कि उनकी सारी कोशिश इस बात को लेकर थी कि सुमित्रानंदन पंत के स्वप्न को मैथिलीशरण की स्पष्टता के साथ कैसे शब्दबद्ध करें। तात्पर्य यह कि उनका लक्ष्य था छायावादी कल्पनाशीलता और लाक्षणिकता को द्विवेदीयुगीन वास्तविकता और इतिवृत्तात्मकता की भाषा में उपस्थित करना। इसमें उन्हें पूरी सफलता तो मिली ही, उत्तर-छायावादी मस्ती और जिंदादिली के लहजे ने उनकी कविता को अतिशय आकर्षक बना दिया। इसका प्रमाण उनकी व्यापक लोकप्रियता है, जो हिंदी क्षेत्र में मैथिलीशरण के बाद किसी अन्य कवि को प्राप्त नहीं हुई।

दिनकर-काव्य के पाठक जानते हैं कि उसकी भी दो धाराएँ हैं— एक धारा 'हुंकार' और 'सामधेनी' की कठोर क्रांतिकारी कविताओं की और दूसरी 'रसवंती' और 'द्वंद्वगीत' की कोमल प्रेम और शृंगारपरक कविताओं की। जैसे उनकी पहली काव्य-धारा 'कुरुक्षेत्र' में शीर्ष पर पहुँचती है, वैसे ही उनकी दूसरी काव्य-धारा 'उर्वशी' में। निस्संदेह यह आत्यंतिक विभाजन नहीं है, क्योंकि पहली धारा की ओजस्विता दूसरी धारा को भी एक दीप्ति प्रदान करती है और दूसरी धारा की कोमलता पहली धारा को भी एक सौंदर्य, जिससे उसके प्रभाव में अमोघता संभव होती है। बहरहाल, 'उर्वशी' कवि की कोई आकस्मिक कृति नहीं है। 'रश्मिलोक' की भूमिका में दिनकरजी ने लिखा भी है कि " 'उर्वशी' को

देखकर चकित होना व्यर्थ है। सारी की सारी 'उर्वशी' 'रेणुका' के कवि के रक्त में प्रच्छन्न थी।" इससे भी महत्त्वपूर्ण बात उन्होंने यहीं पर यह कही है कि 'भिन्न-भिन्न कवियों के हाथों में कलमें थमाकर प्रत्येक युग एक ही कविता की रचना करता है।' मैं इसे इस रूप में स्पष्ट करना चाहूँगा कि प्रत्येक युग की कविता एक होती है, वह एक या अनेक कवियों द्वारा अनेक रूपों में क्यों न लिखी जाए। आशय यह कि 'कुरुक्षेत्र' से लेकर 'उर्वशी' तक की भावधारा ही नहीं, 'नील कुसुम' से लेकर 'हारे को हरिनाम' तक की भावधारा भी एक ही युग की भावधारा को न्यूनाधिक पूर्णता के साथ हमारे सामने लाती है। वह भावधारा उत्तर-छायावादी युग की भावधारा है, अपनी अपेक्षित गतिशीलता के साथ, जिसके सबसे बड़े और सबसे समर्थ कवि थे रामधारी सिंह दिनकर। 'उर्वशी' पर उसके प्रकाशन के बाद जो आलोचनात्मक प्रहार हुए, वे उस मानसिकता से, जिसे हिंदी की नई कविता ने जन्म दिया था। जो विद्वान् और आलोचक उस मानसिकता से मुक्त थे, उन्होंने यथासंभव उसका सकारात्मक और वस्तुपरक मूल्यांकन किया। डा. रामविलास शर्मा का नाम लिया जा चुका है, एक और नाम है आचार्य हजारीप्रसाद द्विवेदी का।

इस लेख में शुरू से अंत तक 'उर्वशी' को 'काव्य' कहा गया है, जबकि वह नाटक के रूप में लिखित है। उसकी शुरुआत भी रेडियो-नाटक के रूप में ही हुई थी, लेकिन दो अंकों के बाद कवि ने उसकी कथा में निहित संभावनाओं को देखकर उसे स्वतंत्र रूप से रचा। परिणामतः ऊपर से तो वह नाटक ही रहा, लेकिन उसका तृतीय अंक नाटक के ढाँचे से निकलकर प्रबंध-काव्य के निकट आ गया। अंतिम दो अंकों में 'उर्वशी' पुनः अपने नाटकीय रूप को प्राप्त करने की कोशिश करती है, लेकिन कुल मिलाकर उसकी आत्मा मूलतः काव्य की ही बनी रहती है। ऐसी स्थिति में उसे अधिक से अधिक नाट्य-प्रबंध या प्रबंध-नाट्य कहा जा सकता है। काव्य-जगत् के लिए यह कोई नई घटना नहीं है, क्योंकि महाकाव्य तक नाटकीय शैली में लिखे गए हैं। स्वयं दिनकर का 'कुरुक्षेत्र' नामक प्रबंध-काव्य मूलतः संवादों में ही रचित है। ऐसी स्थिति में 'उर्वशी' का काव्य होना कोई दोष नहीं है। इस काव्य की सारी विशेषताएँ, वह उसकी प्रबंधात्मकता हो, या उसका छंदोविधान, या उसकी भाषिक बनावट, उत्तर-छायावादी कविता और उसमें दिनकर के अपने वैशिष्ट्य से ही संबंधित हैं। उन्होंने मैथिलीशरण से अभिव्यक्ति की स्पष्टता ही नहीं ली थी, कविता में कथा कहने की प्रवृत्ति भी ली थी, जिसके पीछे कहीं न कहीं द्विवेदी-युग के दूसरे और स्वच्छंद-चेतनासंपन्न कवि रामनरेश त्रिपाठी की भी प्रेरणा थी। दिनकर ने अपने कवि-जीवन का आरंभ ही 'प्रणभंग' नामक खंडकाव्य से किया था, जो मैथिलीशरण के 'जयद्रथ-वध' का गहरा असर लेकर लिखा गया था। क्या संयोग है कि उनके बाद के दोनों प्रबंध-काव्य— 'कुरुक्षेत्र' और 'रश्मिरथी'— भी महाभारत से लिए गए आख्यानों पर ही रचित हैं। 'उर्वशी' भी मुख्यतः पौराणिक काव्य ही है। इस पर सर्वाधिक प्रभाव कालिदास के विक्रमोर्वशीयम् नाटक का है। स्मरणीय है कि मैथिलीशरण ने भी अपनी काव्य-रचना के पहले दौर में उनके अभिज्ञान शाकुन्तलम्

नाटक के आधार पर अपने लघु काव्य 'शकुन्तला' की रचना की थी। उन्हें जैसे हरिगीतिका छंद पसंद था, वैसे ही दिनकरजी को सार छंद। ये दोनों ही छंद भिन्न लयवाले होते हुए भी अट्ठाईस मात्राओंवाले हैं। इन कवियों द्वारा इन छंदों को पसंद करने का कारण यह था कि ये आकार में लंबे थे, जिससे कविता में कथा कहने में उन्हें सहूलियत होती थी। मैथिलीशरण और दिनकर कविता में पूरे वाक्यों के प्रयोग के पक्षपाती थे और ये छंद ऐसे थे, जिनमें पूरे वाक्य सफाई से बैठते चले जाते थे। संपूर्ण 'उर्वशी' सार छंद में ही रचित है। उसका आरंभ ही इन पंक्तियों से होता है, जिनमें उक्त बातें अत्यंत स्पष्ट रूप में दिखलाई पड़ती हैं—

नीचे पृथ्वी पर वसंत की कुसुम-विभा छाई है,
ऊपर है चंद्रमा द्वादशी का निर्मेघ गगन में।

दिनकर ने सार छंद के प्रयोग में इतनी स्वच्छंदता ली है कि चरणों की संख्या को कोई महत्त्व नहीं दिया है और वाक्य आगे के चरणों में स्वाभाविक रूप से बहते चले गए हैं, तो उसमें बाधा नहीं डाली है और उनके गद्यात्मक रूप को सुरक्षित रखते हुए उन्हें पूरी सिद्धहस्तता से सँभाला है। यही बात तुकों के संबंध में भी है। सार छंद 'उर्वशी' में आरंभ में तो ज्यादातर तुकांत रूप में प्रयुक्त है, लेकिन तृतीय अंक से प्राय: अतुकांत रूप में। आरंभिक दो अंकों में विभिन्न छंदों में रचे गए दो-तीन गीत भी हैं। इसी तरह तृतीय अंक में क्रमश: पुरूरवा और उर्वशी के दो संवाद मुक्तछंद में भी हैं, जो कबित्त छंद नहीं, बल्कि हिंदी के मात्रिक छंदों की लय पर आधारित हैं। इस काव्य में बहुत ही स्वाभाविक रूप से तुकांत छंद अतुकांत में और अतुकांत तुकांत में संक्रमित हो जाता है। इसी तरह उसमें मुक्तछंद में रचे गए संवाद भी बहुत स्वाभाविक रूप में आए हैं। कई विद्वानों ने इस काव्य से छंद-संबंधी एकरसता की शिकायत की है, जबकि शास्त्र-सम्मत बात तो यही है कि प्रबंध- काव्य एक छंद में ही रचा जाए और छंद-परिवर्तन सिर्फ सर्गांत में किया जाए। तुलसीदास ने रामचरितमानस चौपाई और दोहे में ही रचा है और बीच-बीच में थोड़ी देर के लिए दूसरे छंदों का प्रयोग किया है। तुलसी की चौपाइयों से ऊब नहीं होती, क्योंकि उन्होंने अनेक जगह चौपाई छंद के शास्त्रीय विधान को छोड़कर उसकी रचना की है। कमोबेश सार छंद के प्रयोग के साथ 'उर्वशी' में दिनकर ने भी यही किया है। उस पर दृष्टि ले जाने की जरूरत है।

टी. एस. इलियट ने लिखा है कि कैसी भी लंबाईवाली रचना में अधिक और कम तनाववाले स्थलों के बीच संक्रमण-काल अवश्य होने चाहिए, जिससे कि घटते-बढ़ते संवेगों को लय प्रदान की जा सके। संपूर्ण की सांगीतिक संरचना के लिए वह एक तात्त्विक चीज है। कम तनाववाले स्थल उस स्तर की सापेक्षता में होंगे, जिस पर संपूर्ण कविता कार्य कर रही हो। वे स्थल गद्यात्मक होंगे, जिससे कि, उस संदर्भ में, कहा जा सके कि कोई भी कवि तब तक देर तक महानता के स्तर पर टिका नहीं रह सकता, जब तक वह

गद्यात्मकता का भी उस्ताद नहीं है। 'उर्वशी' में कवि ने भाषा के गद्यात्मक स्वरूप की रक्षा पर विशेष ध्यान दिया है, सार छंद का प्रयोग इसका भी प्रमाण है। उसमें पूरे के पूरे गद्य के वाक्य आते हैं, जिनसे ही दिनकरजी ने सारा कवित्व संभव किया है। लेकिन कभी-कभी, जैसा कि इलियट ने कहा है, कम तनाववाले स्थलों पर उन्हें खालिस गद्य का भी सहारा लेना पड़ा है, जिसमें सार छंद सहज भाव से सहायक सिद्ध हुआ है। इस गद्यात्मकता के कारण ही अनेक बार उन्हें अरुद्धचरणांत वाक्यों का भी प्रयोग करना पड़ा है। ये वाक्य प्रायः बड़े होते हैं, कभी-कभी तो बहुत बड़े। बड़े वाक्यों को सुव्यवस्थित रूप में देखकर गद्य पर कवि का अधिकार चकित कर देनेवाला होता है। इस तरह के दो अंश नीचे उद्धृत किए जा रहे हैं, जिनमें क्रमशः उक्त प्रकार के वाक्यों का प्रयोग हुआ है—

1. *नहीं जानती हो कि एक दिन हम कुबेर के घर से*
लौट रही थीं जब, इतने में एक दैत्य ऊपर से
टूटा लुब्ध श्येन-सा हमको त्रास अपरिमित देकर
और तुरत उड़ गया उर्वशी को बाँहों में लेकर।

2. *... उस दिन जब पति का पूजन करके*
लौटीं आप प्रमद वन से संतोष हृदय में भरके,
लेकर यह विश्वास, रोहिणी और चंद्रमा जैसे
हैं अनुरक्त, आपके प्रति भी महाराज अब वैसे
प्रेमासक्त रहेंगे, कोई भी न विषम क्षण होगा,
अन्य नारियों पर प्रभु का अनुरक्त नहीं मन होगा,
तभी भाग्य पर देवि! आपके कुटिल नियति मुसकाई,
महाराज से मिलने को उर्वशी स्वर्ग से आई।

कविता में गद्यात्मक वाक्य-विन्यास के प्रयोग का मजा भी है, जिसे हिंदी के पाठकों ने निराला के माध्यम से जाना और जिसे त्रिलोचन ने चौबीस मात्राओं के छंद रोला में रचे गए अपने सॉनेटों में उत्कर्ष पर पहुँचा दिया। भाषा से मिलनेवाले इस आनंद को टेरी ईग्लटन ने कविता से मिलनेवाला वस्तुपरक आनंद कहा है।

निस्संदेह 'उर्वशी' की भाषा में फैलाव है, जो दिनकर की काव्य-भाषा की सामान्य विशेषता है, लेकिन उसमें अर्थ की सघनता भी है और वह ऐसी है, जैसी कम शब्दों में लिखी जानेवाली हिंदी कविता में भी कम ही देखने को मिलती है। 'उर्वशी'-जैसा विचारगर्भित और दार्शनिक काव्य हिंदी में दूसरा नहीं। उचित ही प्रो. नलिनविलोचन शर्मा ने कहा था कि दिनकर की कविता में 'विचारों का संगीत' है। अकारण नहीं कि उनकी प्रत्येक कविता की एक दृढ़ वैचारिक संरचना होती है, जो प्रायः दिखलाई नहीं पड़ती, क्योंकि वह उतनी ही भावाविष्ट भी होती है। 'उर्वशी' तो उसका चरम बिंदु है। उसमें

जितने सरल और स्पष्ट रूप में गहन से गहन विचार रखे गए हैं, वह एक चमत्कार से कम नहीं है। निश्चय ही इसमें उसकी भाषा का भारी योगदान रहा है। दिनकर कविता में वक्तव्यपरकता के लिए भी बदनाम रहे हैं। आश्चर्य कि उनमें यह चीज तो देखी गई, लेकिन उसकी नाटकीयता पर अपवादस्वरूप ही किसी का ध्यान गया। नाटकीयता में केवल संवाद की बात नहीं है, पूरी विषय-वस्तु या पूरी प्रस्तुति के नाट्यीकरण की बात है। दिनकर-काव्य के गंभीर पाठक उनकी इस विशेषता से भी परिचित हैं। 'उर्वशी' की काव्य-भाषा को कवित्वपूर्ण बनाने में उसके अर्थ-गौरव और नाटकीयता के साथ-साथ उसकी चित्रात्मकता का भी हाथ रहा है। ये चित्र बहुत गहरी रेखाओं से बनाए गए हैं, जिससे उनमें मूर्ति की विशेषता उत्पन्न हो गई है, यानी रोमांटिक ताजगी के साथ-साथ क्लासिकी गांभीर्य। हम यहाँ ऐसे चार-पाँच उदाहरण देने का लोभ संवरण नहीं कर सकते—

1. *प्रकटी जब उर्वशी चाँदनी में द्रुम की छाया से,*
लगा सर्प के मुख से जैसे मणि बाहर निकली हो...

2. *खड़ा सिहरता रहता मैं आनंद-विकल उस तरु-सा*
जिसकी डालों पर प्रसन्न गिलहरियाँ किलक रही हैं,
या पत्तों में छिपी हुई कोयल कूजन करती हो।

3. *या वासकसज्जा कोई फूलों के कुंज-भवन में*
पथ जोहती हुई, संकेतस्थल सूचित करने को
खड़ी समुत्सुक पद्मराग मणि-नुपूर बजा रही है।

4. *कुछ वृक्षों के हरित मौलि पर, कुछ पत्तों से छनकर*
छाँह देख नीचे मृगांक की किरणें लेट गई हैं
ओढ़े धूप-छाँह की जाली अपनी ही निर्मिति की।
लगता है, निष्कंप, मौन सारे वन-वृक्ष खड़े हों
पीतांबर-उष्णीष बाँधकर छायातप-कुट्टिम पर।

5. *एक प्रेम वह, जो विधु-सा ऊपर उठता जाता है*
होकर बीचो-बीच किन्हीं दो ऐसे ताल-द्रुमों के
जिन वृक्षों ने कभी प्रणय-आलिंगन नहीं किया है।

यह तो कवि की ऐंद्रिय संवेदना की बात हुई, हम भावात्मक तन्मयता की अभिव्यक्ति के भी एक-दो उदाहरण देखें। उर्वशी को देखने के बाद यह उसके प्रेम में पड़े हुए पुरूरवा का आत्मसंलाप है—

1. *एक मूर्ति में सिमट गईं किस भाँति सिद्धियाँ सारी?*
कब था ज्ञात मुझे इतनी सुंदर होती है नारी?

2. *आह! कौन मन पर यों मढ़ सोने का तार रही है?*
मेरे चारों ओर कौन चाँदनी पुकार रही है?

'उर्वशी' ऐसा काव्य है, जो शुरू से अंत तक अतिशय उच्च धरातल पर चलता है। यह भी एक चमत्कार ही है कि उसमें स्खलन कहीं नहीं है। एक भी पंक्ति न अनुद्दीप्त है, न शिथिल। दिनकरजी उसे समाधि की कविता कहते थे। पंतजी को लिखे गए पत्र में, जिसका ऊपर हवाला दिया गया है, उन्होंने यह भी कहा है–

मैं घोर चिंतना में धँसकर
पहुँचा भाषा के उस तट पर
था जहाँ काव्य यह धरा हुआ,
सब लिखा-लिखाया पड़ा हुआ।
बस, झेल गहन गोते का सुख
ले आया इसे जगत्-सम्मुख।

वस्तुतः यह ऐसी कविता है, जो समाधिस्थ चित्त से ही लिखी या उपलब्ध की जा सकती थी। विद्वानों ने उसकी कुछ पंक्तियाँ उद्धृत कर, जैसे प्रणय-रोग के बारे में सहजन्या की यह उक्ति कि 'लगता है यह जिसे, उसे फिर नींद नहीं आती है,/दिवस रुदन में, रात आह भरने में कट जाती है', कहा है कि ये हलकी उक्तियाँ हैं। उनके ऐसा कहने का कारण यह है कि उन्होंने इन उक्तियों में दबे हुए व्यंग्य और उपहास को नहीं देखा। 'उर्वशी' शब्द के पूरे अर्थों में एक असाधारण काव्य है। उसकी असाधारणता का एक ही उदाहरण पर्याप्त होगा। उर्वशी गहन प्रेमानुभूति की अवस्था में कहती है–

अतल, अनादि, अनंत, पूर्ण, बृंहित, अपार अंबर में
सीमा खींचें कहाँ? निमिष, पल, दिवस, मास, संवत्सर
महाकाश में टँगे काल के लक्तक-से लगते हैं।
प्रिय! उस पत्रक को समेट लो जिसमें समय सनातन
क्षण, मुहूर्त, संवत्, शताब्दि की बूँदों में अंकित है।
बहने दो निश्चेत शांति की इस अकूल धारा में,
देश-काल से परे, छूटकर अपने ही हाथों से।
किस समाधि का शिखर चेतना जिस पर ठहर गई है?
उड़ता हुआ विशिख अंबर में स्थिर-समान लगता है।

यह सारा काव्य शुरू से अंत तक इसी स्तर पर चलता है। अधिक से अधिक यही कह सकते हैं कि उसकी असाधारणता क्रमशः और असाधारण होती जाती है। फिर मुक्तिबोध के यह कहने का क्या मतलब हो सकता है कि इस काव्य की भाषा 'अभ्यासिसद्ध', 'जड़' और 'बोझिल' ही नहीं है, उसमें 'विचित्र-विचित्र प्रयोग हैं, शब्दों की तोड़-मरोड़ है,

शब्दों की ठूँस-ठाँस है'? इससे तो यही प्रतीत होता है कि उन्हें अपने या अपने इर्द-गिर्द से जरा-सा परे की चीज भी सही रूप में नहीं दिखलाई पड़ती थी। इसकी पुष्टि उनके इस कथन से भी होती है कि उसमें "भाषा का अनायास प्रांजल, निर्मल, सरल, चंचल प्रवाह देखने को नहीं मिलता। भाषा भी समारोहपूर्वक चलती है बृहत् आयोजन के साथ। इसीलिए उसकी प्रदीर्घ पंक्तियों में सांस्कृतिक ध्वनियों और प्रतिध्वनियों का निनाद है, और बहुत-से स्थानों पर अर्थ की वायवीय शून्यताएँ हैं।" ऐसी उदात्त शब्दावली में और इतने आत्मविश्वास के साथ की गई इस टिप्पणी का निश्चय ही कोई वस्तुगत आधार नहीं है। जब कभी परवर्ती पीढ़ी का कोई रचनाकार, जिसकी दृष्टि अपने युग की या अपनी कविता से 'कंडीशंड' होती है, पूर्ववर्ती पीढ़ी के प्रतिष्ठित से प्रतिष्ठित रचनाकार या उसकी कृति का मूल्यांकन करने चलता है, तो अनिवार्यतः यह दृश्य उपस्थित होता है। शायद यही उस रचनाकार की मौलिकता अथवा विशिष्टता का स्रोत होता है। मुक्तिबोध ने 'जड़ीभूत सौंदर्याभिरुचि' के विरुद्ध जंग छेड़ी थी। उनकी अपनी सौंदर्याभिरुचि को क्या 'प्रगतिशील' के अलावा भी कुछ कहा जा सकता है?

रही बात 'उर्वशी' की समकालीनता की। इस समकालीनता की पहचान सिर्फ ऊपर से देखकर नहीं की जा सकती, क्योंकि इसे नए और पुराने कवि अपने-अपने ढंग से उपलब्ध करते हैं। कभी आचार्य द्विवेदी के उपन्यासों के प्रसंग में डा. नामवर सिंह ने कहा था कि समकालीन वही नहीं है, जो समकालीन की तरह लगता है, जिसे समझने की जरूरत है और अमल में लाने की भी। 'उर्वशी' में भारतीय संस्कृति के काम, प्रेम, दांपत्य, विवाहजनित साहचर्य-भाव, गार्हस्थ्य-जीवन, मातृत्व और वात्सल्य-जैसे चिरपोषित मूल्यों पर उपस्थित संकट का चित्रण है, अतिशय प्रांजल और निर्भ्रांत भाषा में, जिससे कि वह अधिक से अधिक पाठकों तक पहुँच सके। उसकी रचना के बाद के करीब पाँच दशकों में वह संकट दूर नहीं हुआ, बल्कि और गहराता ही जा रहा है। क्या यह हमारे समकालीन जीवन की समस्या नहीं है, फिर गैरसमकालीन का विरुद देकर इस काव्य का अवमूल्यन करने का प्रयास कहाँ तक सुविचारित था?

'उर्वशी' दिनकर-काव्य का सर्वोच्च शिखर तो है ही, वह समग्र आधुनिक हिंदी कविता का एक अत्युच्च शिखर है। दिनकर पहले से ही हिंदी के श्रेष्ठ कवि के रूप में मान्य थे। इस काव्य की रचना के द्वारा वे हिंदी के प्रथम श्रेणी के आधुनिक कवियों मैथिलीशरण, प्रसाद, निराला और पंत के साथ पांक्तेय हो गए हैं।

●●●